マラソン哲学

日本のレジェンド 12人の提言

小森貞子［構成］
月刊陸上競技［編集］

講談社

はじめに

２０２０年に東京で再びオリンピックが開かれることが正式に決まって、オールドファンは１９６４年の大会に思いを馳せる機会が多くなった。実際、国立競技場に足を運んで、生の迫力を堪能した人。当時家庭に普及し始めたテレビで、お茶の間観戦した人。あるいは、大会後に制作された記録映画で、じっくりと鑑賞した人もいるだろう。当時を知らない人にも語り継がれている、男子マラソン銅メダルの円谷《つぶらや》幸吉（自衛隊体育学校）の名。甲州街道をひた走った金メダリスト、アベベ・ビキラ（エチオピア）も、１９６４年の東京オリンピックの話題に必ず登場するヒーローだ。

その後、オリンピックの男子マラソンでメダルを取った日本選手は、１９６８年メキシコ大会の君原健二（八幡製鉄）と１９９２年バルセロナ大会の森下広一（旭化成）だけ。ともに銀メダルで、悲願の「金」には届いていない。

１９８４年のロサンゼルス大会から始まった女子マラソンでは、２０００年のシドニー、２００４年のアテネと連続金メダルを取った輝かしい歴史もある日本だが、最近の大会は層の薄さを露呈して寂しい結果に終わっている。

日本陸上競技連盟の強化委員会は2016年のリオデジャネイロ大会、さらに次の東京大会に向けての指針で「マラソン強化」を大きなテーマに掲げている。特にホスト国となる2020年の東京オリンピックでは、是非ともマラソンでメダルを取りたい。その第一歩として、「月刊陸上競技」編集部では〝マラソン・ニッポン〟を築いてきた先人たちの証言を集めることにした。マラソンとどう向き合い、どんな練習をしてきたのか。さらには、マラソンを志す後輩たちへ伝えたいことは何か。今の時代にそのまま当てはめることはできないにしても、2020年につなげるための知恵とヒントはいっぱい詰まっているはずだ。

（文中敬称略、登場人物の所属は当時）

Contents

Legend 3

瀬古利彦

マラソン15戦10勝の〝レジェンド〟

Legend 4

山下佐知子

Legend 5

有森裕子

Legend 6

中山竹通

底辺からトップに這い上がった不屈のランナー

Contents

Legend 9

高橋尚子

日本の五輪史に燦然《さんぜん》と輝く金メダル

編集/月刊陸上競技(土谷公二、小川雅生、山本慎一郎、大久保雅文)
写真/月刊陸上競技(樋口俊秀、奥井隆史、滝沢徹郎、弓庭保夫、田代 厚)
アートディレクター/小野寺達明(ケイ・デザイン)

Legend 1

Shigeru So

宗 茂

双子の弟・猛と切磋琢磨
日本のマラソン練習の礎を築いた「宗兄弟」

男子マラソンで今やサブテン（2時間10分突破）が一流の証になっているかどうかは疑問だが、日本選手で初めてその域に到達したのが宗茂（旭化成）だった。1978年（昭和53年）２月の別府大分毎日マラソンで、当時の世界歴代２位に当たる2時間９分05秒６をマーク。大分県の高校を卒業後、宮崎県延岡市にある長距離の名門チームに入り、双子の弟・猛とともに1970～80年代の日本マラソン界を引っ張った宗茂は、その後、長距離の指導者としても手腕を発揮した。

「世界一」になる方法

2008年に旭化成陸上競技部監督を弟の猛に譲って以降、トップ選手の育成の場からは距離を置いている宗茂だが「離れて見るからこそわかることがある」と、その情熱はまったく薄れていない。話し始めると、いきなり「世界一」という言葉が飛び出した。

一番簡単なことから話をすると、世界で誰が一番強いのかと言えば、世界一の練習をした者。世界一の練習を、余裕を持ってやれる人間が出てくれれば、間違いなくその選手は世界一になれる。

短距離のことはよくわからないが、たとえば100mにもいろんな練習方法があると思う。しかし、練習で100mを5本走って、すべて10秒を切って走る選手だったら、間違いなく世界のトップを狙える人材ではないだろうか。「あんな練習は絶対にできないわ」と周りの人たちが思ってしまう練習を、余裕しゃくしゃくでやれれば、その選手は「世界一」になれるということだ。

だから、基本的にはそこを目指す。「楽をして」とか「人より少ない練習で」と考える選手は、到底トップにはなれない。

●量的な練習と質的な練習

練習には、量的な練習と質的な練習の二通りがある。質的に高い練習をこなせる選手が、人がマネできないようなスピードでポーンと走ってしまうと、周りの人たちは「ウフーッ、すごい」と思う。しかし、質の高い練習はできないという選手が、ものすごい量の練習をやった時も、周りは「エーッ」と驚くはずだ。そこには「質だけの選手には絶対に負けない」という強い意志が感じられる。これはマラソンに限らず、どのスポーツにも言えるのではないだろうか。

――質を求められない選手は、量でカバーできる?

ある程度はできる。ただし、質の高い練習ができないから量だけやる、という選手の行き着く先は、たかが知れている。我々の時代、瀬古(利彦、ヱスビー食品)は質の高い練習ができる選手だった。宗兄弟はどうかというと、瀬古のように質の高い練習ができない。その代わりに、瀬古以上に量をこなす。自分の持ち味をきちんと出していくことが必要なんだと思う。

「アイツが練習してないから、こっちも練習しなくていいわ」というのではなく、「絶対にこれだけはぶれない」という、自分で自信になるものをしっかりと積み上げていく。野球で「練習できるのも素質、練習できないのも素質」という話を聞くけど、練習できる素質をきちんと身につけていくこと。それに関して、古い練習とか新しい練習の区別はない。

●より高い質を求める局面へ

我々はコツコツと走り込むことが世界へ通じる道だったが、マラソン・トレーニングの基本的な流れが確立している今は、その中でより質を上げていく段階まで来ていると思う。

たとえば、30km走を1時間30分から32分ぐらいで、何日かおきに3本やったとする。その後、60分ジョッグをしてクールダウン代わりにするとか。それだけ質的に高い練習を簡単にこなせるんだったら、その選手はマラソンを走れるだけの能力がある。30kmを1時間40分から45分で走って、それを3本ぐらいやったとしても、それはマラソン練習とは言えない。

量でカバーできないなら質を高くして、しかも余裕を持って練習ができれば、マラソンは戦える。でも、それを普通の選手にやれと言っても、まずできない。問題は、どれだけ余裕があったか。その余裕度が、最

小学校のマラソン大会で1位、2位を占めた宗兄弟は中学から陸上を始め、2人で楽しみながら走った

大分・佐伯豊南高3年時の宗兄弟。2人は陸上部顧問の横井孝義先生（後列左端）の自宅に3年間下宿してトレーニングに励んだ。前列左から2人目が茂，右端が猛

後のスタミナにかかってくる。30kmを1時間30分で、余裕を持って行けたという選手は、日本には見当たらない。もし行けたとしたら、目一杯に走って、もうレースをしたことになる。強いて挙げれば、中山竹通（ダイエー）がそういう練習をやれていた時期がある。ただ、中山の場合は練習をやり過ぎて、普段の力を試合で十分に出すことができなかった。

そうやって1km3分ペースで押して行けても、今の世界のマラソンは一気に2分50秒に上がることも多々あるわけで、それに対応するには当然スピードが必要になる。30km走が1時間35〜36分でしか行けないのなら、40kmとかをきちっと走ってスタミナを自分のものにしていかないと、マラソン選手として通用しないし、ペースが上がった時のスピードに対応できない。

亡き円谷幸吉からのメッセージ

１９５３年（昭和28年）１月９日、大分県臼杵市で誕生した宗兄弟は、小学校高学年になって走ることに目覚め、佐伯豊南高時代は陸上部顧問の横井孝義先生の家に下宿。横井は毎日のように「お前たちは将来オリンピックに出場するんだ」と言い続け、猛は当初「この先生、アホやないかと思った」と言うが、先生の思いはジワジワと兄弟の心に浸透していった。高校を卒業すると、宮崎県延岡市にある旭化成に入社。当時、メガネと長髪がトレードマークだった宗兄弟は、入社２年目の冬、１９７３年３月の延岡西日本でマラソンデビュー。茂が１位、猛が２位の兄弟ワン・ツー・フィニッシュで一躍注目の的になった。

１９６４年の東京オリンピックの年は小学校６年生で、男子マラソンの円谷《つぶらや》幸吉さん（自衛隊体育学校）

が3位に入ったのは当然記憶に残っている。それ以上にはっきりと覚えているのが、68年の1月9日、衝撃的に報道された円谷さんの自死だった。私たちの15歳の誕生日だ。

中学3年の冬で、もう本格的に陸上をやっていたし、すでに「将来はマラソンをやりたい」という夢も、漠然とだが持っていた。その日、猛と走りながら「これからのマラソン界を宗兄弟に託すということじゃないか」と話した。東京オリンピックの銅メダリストが自分たちの誕生日に亡くなったということで、そういう発想が生まれても不思議ではないだろう。

初マラソンは20歳の時。旭化成に入って2年目の延岡西日本マラソンで、私が1位（2間17分28秒6）、猛が2位（2時間17分46秒6）だった。地元の新聞には、2人の写真が大きく載った。それによって「旭化成に双子のランナーあり」ということが世間に広まり、ちょっとだけ周囲から注目されるようになった。

「やっぱり注目されるんだったらマラソンだな」

私たちはそう強く思い、自分たちの行く道はマラソンしかないと腹を決めた。

苦手な40㎞を克服するためにやったこと

一卵性双生児で顔や体型は似ているが、何から何まですべてが同じというわけではなくて、性格もさることながら走ることに関しても顕著な違いが出てきた。

私はストライド走法だけど、猛はピッチ走法で、長い距離への適性は弟の方がはるかにあった。40㎞を走り込むといっても、猛は全然抵抗がない。ところが私は苦痛で「明日は40㎞走だ」と思うだけで、前日から憂鬱《ゆううつ》だった。

いざ走り出しても、スタートして５㎞ぐらいで精神的にイライラしてくる。なぜかというと「今からあと35㎞も走らんといかんのか」と、先の長さにうんざりするから。それが35㎞を過ぎると「ああ、あと５㎞で終わる」と思って、一気に気分が晴れやかになる。40㎞の練習をすることが、私にとってものすごく精神的に苦痛だった。

――でも、やらないといけないと思っていた？

そうなんだけど、苦痛で仕方がなかった。指導者になってから、選手に「明日40㎞だけど、雨の予報が出てるから今日行くぞ」と言ったことがある。すると「はい」とすぐに言う選手と、「心の準備ができてないから、雨でもいいので明日にしたい」と言う選手がいる。猛は「今日行く」と言う選手の気持ちが理解できる。私は「雨でも明日がいい」と言う選手の気持ちがわかった。

●あえて１週間に３回の40㎞

しかし、福岡国際マラソンに向けて練習する時に、どうしてもそれを克服しないとマラソンランナーとしての大成はあり得ないと考えて、やったのが週に３回の40㎞。まず、トラックで４万ｍ走。トラックを１００周まわった。中二日置いて、ロードで40㎞走。さらに、中二日で40㎞行った。４万ｍだけで相当イヤなのに、そのイヤな気分が残っているうちに、あえて40㎞を詰めてやる。その練習を１回やってしまったら、普通は10日に１回か、せいぜい１週間に１回の40㎞走なので「週に３回と比べたらどうってことないわな」と思えるように自分を変えることができた。その後からは、40㎞の練習でも考え込まず、スッとできるようになった。

マラソン9回目となった1978年2月の別府大分毎日マラソンで世界歴代2位となる
2時間9分05秒6の日本最高記録を打ち立てた宗茂

その練習をやったのは、たぶん別大マラソンで2時間9分を出した後だと思う。それまでは、ずっと40km走がイヤだった。

失敗から生まれた2時間9分05秒6

茂は1976年のモントリオール五輪に出場しているが、日本人で初の2時間10分突破となる2時間9分05秒6（当時・世界歴代2位）をマークしたのは78年2月の別府大分毎日マラソン。その2ヵ月前、77年12月の福岡国際マラソンで、完走者53人中52位という大惨敗を喫したことがモチベーションになり、別大までの2ヵ月間はただがむしゃらに練習をやったという。

がむしゃらに練習をやってみたら、偶然にも最高の状態に仕上げることができた、ということだと思う。福岡のレースは、途中で歩いたり、立ち止まったり。その時に何を考えたかというと「もうこれは別大の走り込みや」と。すでに次のレースのことをイメージしていた。

そのころはまだ40km走に対する苦痛がある時で、40kmを走ってないと、後半のスタミナにまったく自信がない。30km以降、身体がしだいに動かなくなっていく状態を想像しただけで「怖い」と身震いした。スタミナに対する恐怖感は、常にあった。

福岡で失敗した後は、駅伝をスピード練習の一環にして、40kmは1回も行ってないが、30km走を入れている。その時に「30kmをこれぐらいで余裕を持って走れれば、マラソンではこれぐらいで走れるんだ」というイメージが、自然と頭の中に浮かんできた。

樹立するまでのトレーニングと競技会成績

※月の右のカッコ内は月間走行距離

5	完全休養
6	18km野外走
7	右膝の痛みとれる 1200m × 4 (3.30-3.30-3.32-3.19)
8	朝９kmJog 午後松林20km走
9	朝12kmJog 午後(3000m＋1800m) × 1 (8.44, 5.09)
10	18kmロード走(58.05)
11	50分Jog
12	10km T.T (29.13) 前半５km14.35
13	120分走
14	16kmロード走(51.15)
15	朝60分Jog 午後1200m × 2 (3.19,3.17) 全日本実業団体駅伝のため伊勢へ
16	50分走
17	80分走
18	**全日本実業団駅伝** **１区(16.3km)47.41①**
19	90分Jog
20	このころからガムシャラに練習ができる 1200m ×10(3.19-3.30)
21	18kmロード走(54.48) (10km通過30.55)
22	朝７kmJog 午後110分走
23	朝12kmJog 午後90分走
24	25kmロード走(1.16.55) ５kmごとの通過は 15.22-30.50-46.38-1.1.40-1.16.55
25	100分走
26	朝10kmJog 午後20kmロード走(60.59) ＋2000m × 2 (5.40, 5.37)
27	朝12kmJog 午後90分走
28	朝12kmJog 午後70分Jog
29	30kmロード走(1.34.53)
30	日南で合宿に入る（１月５日まで） 50分Jog
31	22kmロード走
	１月 (735km)
1	30kmロード走(1.36.25) ５kmごとの通過は 16.05-32.20-49.20-1.5.29-1.21.18-1.36.25
2	朝７kmJog, 午前８kmJog 午後７kmJog＋1200m×10(3.30) ＋７kmJog
3	朝10kmロード走 午後90分走
4	朝９kmロード走 午後16kmロード走(47.17) ＋６kmJog
5	朝13kmJog 午後休み
6	90分Jog
7	峠を利用しての20kmロード走 (1.10.30)
8	60分走
9	朝10kmJog　午後10kmJog＋14kmロード (47.57) ＋５kmJog
10	朝12kmJog 午後120分走
11	朝12kmJog 午後10kmロード走(31.16)
12	80分走の中に2000m × 2 (5.39, 5.34)
13	朝日駅伝のため小倉に出発 80分走
14	60分走
15	**朝日駅伝** **５区(15.9km)46.30②**
16	旭化成公認コースをつくるため50m メジャーをもって26km歩く
17	朝12kmJog 午後70分走
18	朝12kmJog 午後16kmロード(57.28)
19	朝10kmJog　午後2000m × ３ (5.49, 5.47, 5.44) ＋３kmJog
20	朝12kmJog 午後４kmJog＋30kmロード走(1.34.20)
21	80分Jog
22	朝70分走 午後40分走
23	朝10km 午後120分クロスカントリー
24	７kmJog＋16kmロード(47.38) ＋５kmJog
25	朝12kmJog 午後60分走
26	50分Jog
27	中国駅伝のため広島へ 70分走
28	70分走
29	**中国駅伝** **７区(17.7km)50.48①**
30	80分走
31	朝12kmJog 午後75分走
	２月
1	朝12kmJog 午後80分走
2	３kmJog＋20kmロード(63.27)（５kmごとの通過は16.15-32.27-48.03-63.27)＋５kmJog
3	60分Jog
4	別府入り 60分Jog
5	**別府大分毎日マラソン** **①2.09.05.6**

宗茂の1978年２月の別大マラソンで世界歴代２位を

	10月 (652km)
1	朝７kmJog，午前12kmJog 午後国体のため青森へ出発
2	午後 青森で70分走
3	朝45分Jog 午後70分ロード走
4	朝50分Jog 午後15000m(47.11.4)
5	朝45分Jog 午後5000mJog，1000m×３(2.41～42)＋５kmJog
6	朝30分Jog 午後40分Jog(含150×５)
7	**青森国体10000m** **①29.20.2**
8	三重県鈴鹿市旭化成寮にて 午後16kmロード走
9	朝９kmJog 午後80分走
10	午後14kmロード走 ＋3000m×1(8.35)
11	午後16000mＴ．Ｔ(50.34)
12	朝10000m走 午後7000mJog， 400m×７(65～66)＋6000mJog
13	朝50分走，午後50分走 全日本実業団のため松本市へ出発
14	朝50分走，午後12000mJog＋1000m×１(2.42)＋400m×１(60)＋5000mJog
15	午前50分Jog
16	**全日本実業団10000m** **①29.12.1**
17	延岡へ帰る 午後60分Jog
18	朝10kmJog 午後80分走
19	朝14kmクロスカントリー 午後テレビ局へ
20	午後120分クロスカントリー
21	朝12kmJog 午後6000mJog＋(2000m＋1000m)×３ 5.53-2.48-5.47-2.47-5.47-2.41
22	40kmロード走(2.33.00)
23	40分Jog
24	朝12kmロード走 午後４kmJog＋18kmロード走(56.13)
25	朝12kmロード走，午後７kmJog 日本選手権のため東京へ出発
26	代々木公園にて80分走＋100m×５
27	朝10km走 午後8000mJog＋1000m×２(2.40，2.40)
28	70分走
29	**日本選手権10000m** **⑤29.10.4**
30	**日本選手権5000m** **⑥14.06.6**
31	60分Jog

	11月 (400km)
1	80分Jog
2	九州一周駅伝のため長崎へ 70分走
3	朝30分走 午後60分走
4	**九州一周駅伝１日目** **２区(17.5km) 52.37③**
5	朝30分走 午後70分Jog
6	80分走
7	朝30分走 午後60分走
8	**九州一周駅伝５日目** **２区(19.8km) 61.58①**
9	50分Jog
10	**九州一周駅伝７日目** **６区(20.8km) 62.51②**
11	60分Jog
12	**九州一周駅伝９日目** **８区(18.2km) 53.47①**
13	60分Jog
14	朝８kmJog 午後80分Jog
15	70分走
16	完全休養
17	朝10km走 午後17kmロード走(57.10)
18	朝12kmJog，午後80分走 右膝が痛む
19	朝７kmJog 右膝が痛むのでハリを打つ
20	80分走 右膝が痛む
21	12kmJog＋2000m×１(5.37) 右膝が痛む
22	朝７kmJog，午後60分Jog 毎日駅伝のため大分市へ
23	**毎日駅伝**(１区を走る予定だったが膝が痛むため補欠選手にかわってもらう)
24	右膝が痛むため完全休養
25	右膝が痛むため完全休養
26	右膝が痛むため完全休養
27	50分Jog 右膝少し回復し，国際マラソン出場を決める
28	福岡入り 大濠公園10周(20km)
29	大濠公園８周16kmＴ.Ｔ(52.30)
30	朝10km走 午後20kmJog

	12月 (695km)
1	10kmJog
2	朝８kmJog 午後14kmJog
3	12kmJog
4	**福岡国際マラソン** **(52)2.37.45**

マラソン・トレーニングの基本型

別大マラソンで2時間9分を出したのが25歳の時。猛と2人で「これがマラソン・トレーニングだな」というのを作り上げたのが、27歳の頃ではなかったか。大雑把に言えば、レースの3ヵ月前から40km走を何回か入れる。少なければ3回から5回、多ければ8回から10回程度。それによってスタミナを身につけて、最後はスピード練習を入れて身体を軽くしていって仕上げる。もう少し詳しい説明は猛に譲る。

40kmという距離が、適正かどうかではない。そういう長い距離を走ることにおいて、より精神的な余裕を持ってマラソンを走れるようにすることが目的で、さらにもっと楽に行けるように、時々は50kmとか60kmも入れていく。

練習を始めたばかりの時、40kmを2時間20分で走るのは相当きつい。それが、練習の最後の方になると、2時間10分で行っても「楽だな」と思えるようになる。そんな感じに仕上げていけば「トレーニングは順調です」と言うことができる。そうやって自分にどれだけスタミナがついたかを把握した。

●選手たちの意識改革を

私がやった40kmを週に3回という練習は、自分で考えたからできたことで、人にやらされたら、距離に対する不安がますます大きくなりかねない。あくまでも、その練習の中に本人の意思がどれだけ入っているか。

私は、選手に気を遣いながらやっている指導者の意識を変えるよりも、選手自身の意識改革をやった方がずっと早いと思っている。選手の方から前向きに「こうしたい、ああしたい」と言ってきたら、指導者が「それはダメだ」と言うことは滅多にない。「俺は練習して強くなるんだ」という選手を育てた方が、強化の近道だ。練習は「やらない」と「やれない」がある。「やれない」のも素質だからとやかく言えないが、そういう選手を若手が目標にしたら大きな成長はない。

「俺は日本で一番練習やった」という選手がエースになって活動しているチームは強い。選手が動かなければ、指導者がどんなにいろいろ言っても、良いチームづくりはできない。

それは「チーム・ジャパン」として考えた場合も同じだと思う。「練習をやった者が勝つんだ」という意識を植え付けないと、世界には出て行けない。

●練習が「やれない」タイプ

私たち兄弟が旭化成に入った頃、チームで強かったのが佐藤市雄さんだった。19歳で日本選手権の5000mに優勝して、その2年後には5000m、1万mの2種目優勝を果たしている。駅伝の走りも強烈で、他のチームから長く〝ヒゲの市雄〟として恐れられた存在だ。

しかし、練習はそれほど「やれない」タイプの選手だった。たぶん月間の走行距離は500㎞ぐらいだったと思う。それでも試合で結果を出す。最初は「すごいなあ」と思って見ていた。しかし、最終的に「市雄さんと俺たちは練習量が違うんだから、今負けていてもいつか逆転できる」と思った。「だから、俺たちは練習するんだ」という気持ちで走り込んでいた。

確かに、佐藤市雄さんタイプの選手はいる。練習はあまりできなくて、でもすごいものを持っていて、という選手。その実力は認めないといけないが、マラソンとなったら厳しい。自分たちは「マラソンで結果を残すんだ」という思いでやっていたから、そもそもスタンスが違った。

一時、そういうタイプの選手が多くなって、マラソンを目標としない選手が増える傾向にあったが、ここに来てまた流れが変わってきている。特に大学生や卒業してすぐの選手が変えようとしていて、すごくいいことだと思っている。2020年の東京オリンピック開催が決まった今、明確な目標に向かって、きちんと計画を立ててやっていくことが、絶対に必要だと思う。「1年先も見えていません」という選手とは、いずれ大きな差が出てくる。

オリンピックでの失敗

茂は、ソ連のアフガニスタン侵攻に反対して西側諸国が参加をボイコットした1980年のモスクワ大会を含め、1976年のモントリオール、84年のロサンゼルスと3度オリンピックの男子マラソン代表に選ばれた。しかし、モントリオールは20位、ロサンゼルスは17位と、オリンピックにあまり縁がなかった。

オリンピックをはっきりと意識したのは、社会人になって間もなくの1972年。たまたま陸上部の人たちと早朝ボウリングに行っていて、ミュンヘン・オリンピックのテレビ中継を観た。その時、男子400mハードルでものすごい世界新記録が出た。名前も記録も忘れたが（注・ウガンダのジョン・アキーブアで47秒82）、スタンドの盛り上がり方がすごかった。ボウリングをやりながら、半分ボケーッと観ていただけなのに「俺もオリンピックに出たい」と思った記憶がある。

——その4年後、茂はモントリオール五輪に出場することになる。

そうなんだけど、自分より猛の方が「モントリオールへ行きたい」という意志は強かった。実際、猛はその前年の福岡国際マラソンで2時間12分52秒0の自己ベストで走り、それがその年の日本ランキング2位（1位は2時間12分40秒の宇佐美彰朗）。猛の方が五輪代表に近かったのだ。

「いやあ、猛が（五輪に）行って、俺が行かないわけにはいかん」と思って、それから必死に練習をやった。その後、ニュージーランドで1ヵ月間の合宿をやって、高校時代にインターハイ（1970年の和歌山大会）の5000mで優勝した同期の服部誠（東農大教）らに揉《も》まれ、猛から引っ張られるようにして練習した。合宿の最後に、コーチの高橋進さんが自分の足で歩いて設定した42・195kmを2時間13分で走って「俺もマラソンをやれるんじゃないか」という思いを深くした。そこでオリンピックが本当に明確な目標になった。「本気でやらないと猛に置いて行かれる」と……。

余談だが、服部はそのニュージーランド合宿で宗兄弟の練習の多さに驚いて、日本に帰ってから焦って練習したことがその後の失敗を招いた、という話もある。

そして、モントリオール五輪イヤーのびわ湖毎日マラソン（4月）で、私が3位に入って代表入り。猛はなんと38位の大不振で、代表を逃した。本当は猛がオリンピックに行った方が、結果は出ていたと思う。

参加できなかったモスクワ五輪は、今さらあれこれ言ってもどうしようもないが、モスクワに行っていれば、次のロスでの失敗はなかったと思う。それは猛にも、瀬古にも言えること。結果的にロス五輪は「暑さを克服する」という段階で間違った方向を選択してしまった。僕ら兄弟と瀬古、3人一緒の失敗だった。当時は、暑い中でのレースだから、暑いところで練習して身体を慣れさせておく、という発想しかなかった。わざわざニューカレドニアとか宮古島とか暑いところへ行って合宿して、どんどん疲労を蓄積していった。

そう言えば、モントリオールでは、試合の前日にステーキを食べた。「試合前は炭水化物を多く摂らないといけない」というような話は、今なら市民ランナーでも知っていることだが、当時は日本代表ですら知識を持ち合わせてなかった。

最も印象に残っているレース

20歳で初めてマラソンを走った茂は、結局1989年2月の出身地のレース（別府大分毎日マラソン）で引退した。16年間で、計26回のマラソン歴。弟の猛はそれからまだ9年も走り続けるが、茂は本格的に指導者の道に入り、旭化成の監督だけでなく日本陸連の強化委員会でも手腕を発揮することになる。生涯ベストは78年2月の別大で出した2時間9分05秒6。その後、2時間10分台で5回走っているが、2時間10分を切ったのはロサンゼルス五輪の代表選考レースだった83年12月の福岡国際（2時間9分11秒）だけとなった。

一番と言って良いほど最高の状態で体調を仕上げることができたのが、そのロス五輪の選考会だった。その年（1983年）の2月、東京国際マラソンにタンザニアのジュマ・イカンガーが来て、途中から吹っ飛ばした。瀬古が日本最高（当時、2時間8分38秒）を出して、2位の猛も僕の記録を上回った（2時間8分55秒）。その時に、イカンガーが「福岡に来る」という話だったから「これはまたアイツが来て飛ばしたら大変なことになる」と思って、とにかく自分の調子を上げるしかないと考えた。

福岡国際の4日前の16km走は、47分11秒ぐらいで余裕を持って走れた。まだまだ抑え気味の走りだったし、自分で「これは行ける」と確信を持てた。どんなハイペースでも対応できる……。

ところが、いざスタートしたら誰も行かない。スローな展開になって、脚がぎくしゃくした。35kmから脚が動かなくなり、37kmあたりで先頭集団から脱落。ラスト2・195kmを過ぎてやっとのことで前に追いついて、伊藤国光（鐘紡）と猛を抜いて日本人2位でゴールしたんだけど、最高の仕上がりをレースにうまく生かせなかった。

あの大会がオリンピックの最終選考会でなければ、たぶん自分で飛び出していたと思う。その時も「行こうかな」と思ったが、やっぱりオリンピックが懸かっているし「怖い」という気持ちがあって行けなかった。最近のレースのように5㎞15分のペースメーカーがいたら、余裕を持ってついて行けたはずだ。

2時間9分で走った別大は、決して作戦で飛び出したわけではない。スタートして最初の5㎞が「15分20秒ぐらいかな」と思ったら、意外にも14分台だった。「エッ」と驚きながらも「じゃあ、行けるところまで行っちゃおう」と思って行っただけ。30㎞を1時間29分30秒で通過している。

●ペースメーカーは必要か？

いろんなレースをしたので、42・195㎞がどんなものか、自分は十分過ぎるほどわかっていた。しかし、良い状態を作ってスタートラインに立たないと何もできない。逆に言うと、良い状態を作ってしまえば、どういう状況にも対応していけた。

今は30㎞までペースメーカーがついて、本当の勝負はそれ以降になる。「さあ、これから」という30㎞過ぎになって日本人がいなくなっていたら、テレビを観ている人はどう思うか。それよりもスタートからレースを観ないと、どんな展開になるかわからないよ、という方がずっとおもしろいのではないだろうか。私は、ペースメーカーは要らなかったと思っている。

あまりにも記録を追いかけ過ぎていた面があって、逆にペースメーカーをつけることで、出るべき記録に栓をしていたとも言える。今後、アフリカの選手がスタートしてガーンと飛ばして行って、ゴールしたらとてつもない記録が出ていた、ということだってあり得る。

スタートからどういうことが起こるかわからないのがマラソンの魅力だし、もし記録を出したかったら、スタートしてすぐ自分で行けばいい。それぐらいのおもしろみがないと、マラソンファンにそっぽを向かれてしまうのではないか。

弟・猛へのライバル心

自分がマラソンをやっている時は「まだやれる」という気持ちでトレーニングを積み上げていくのが楽しかったし、試合でも練習でもワクワク感いっぱいだった。40㎞走を克服できたという達成感は、猛よりはるかに大きい。もっとも猛は、最初から長い距離に抵抗がなかったのだから、比較にならない。

猛の後ろについて40㎞行く時は、私がいつも「きつい、きつい」と言いながら走る。すると、前を走っている猛がスッと振り向いて「うるせえ」と。私が結婚したのが22歳。猛は28歳だから、私が結婚した後もしばらく寮に住んでいた。その間、住まいが離れていたので、一時期、40㎞を別々にやったことがある。なぜかと言うと、猛と練習するのが苦痛だったから。猛が40㎞を余裕しゃくしゃくで走るのに対して、自分はまったく余裕がない。猛と一緒に走らなければ、比べる必要がないと思った。自分でやった練習に対して、自分が満足すればいい話だ。

だから、100円玉を2枚持って、1人で走りに出る。のどが渇いたら、自動販売機でコーラを買って飲む。当時はまだ100円の時代だった。飲んでる間は、時計を止めた。そして、水道の蛇口で口をすすいで、また走り出す。それでゴールしたら2時間17分とか。猛はストップウォッチを止めずに給水していた。それで、2時間17分と私と同じようなタイムでゴールする。その時に自分はどう思うかというと「ああ、猛と同じ練習ができた」と。自分でそう思えばいいんだと思う。

別々にやった時期はせいぜい1～2年。猛と比べるから自分が精神的にイヤになるのだから、一緒にやらなければいいという発想だった。それも1つの方法だと思う。比べないといけない時は比べる。比べなくていい時は比べないで、自分がやった練習に対して自己満足する。「これでやれる」という自分を作っていく。

――「練習で負けても、試合では俺の方が強いんだ」という開き直りはできなかったのか？

そういう気持ちは確かにあった。あるけど、人間は裏付けがほしい。その意味で「自己満足」があってもいいと思う。

競技と自分との距離

現役時代は、走ることが生活のすべてだったと言っていい。「宗さんたちは（お酒を）飲みに行かないし、たばこも吸わない。夜も9時ごろには寝る。そんな生活をしていて、苦しくないのか」と、当時マスコミの人によく聞かれた。

私たちは「それが当たり前だから、何とも思わない。これが普通だから」と答えていた。夜中まで飲んで、二日酔いのまま朝練習で起きる方が、よっぽど苦痛だった。やっていることが当たり前という気持ちになってくれれば、それをきついと思うことはない。

競技と自分があって、自分は競技と向かい合うことになる。ここは猛と若干違うかもしれないが、その間が近過ぎるとたぶん選手にとって良くない。

高校時代、寝ても覚めても走ることしか考えてなかった時は、競技と自分がまるっきり一緒だった。一心同体で、夜寝ても競技の夢を見る。それが、社会人になると、仕事や家族、人間関係などで競技と自分の間に隙間ができてくる。間が開いていくんだけど、その間をいかに透明な状態に保つか。それが濁《にご》ってきてしまったら向こう側が見えないから、隙間を排除するのではなく、いかに透明に保つかが大事になってくる。

間に何が入ろうとも、競技のことをしっかり見ることができる眼と心を持つ。1年365日のうち数回は羽目を外したこともあるけれど、基本的には競技にマイナスになることはしない。それが重荷になって、ストイックになることもない。競技中心の日常は、すべて「普通」だった。

●まずは自分を信じること

自分たちの時代はインターネットもないし、携帯電話もない。だから、瀬古がどんな練習をやっているのか、情報がまったく入って来なかった。自分が一生懸命競技と向き合うと同時に、そういう見えないライバルとも向かい合わなければならなかった。

「瀬古はもっとすごい練習をやってるんじゃないか」と思ったら、今自分がやっている練習で満足するわけにはいかない。「もっともっと練習しないといけないんだ」と思っていた。

今はいろんな情報が入り過ぎて、考えなくていいことも考えるから、競技に対してまっすぐ向き合うことができない状況になっているのではないか。入って来なくていい情報を、入れ過ぎるところがあるのだと思う。

まずは自分を信じることが大事なのに「誰々の練習が気になる」とか、そっちの方向にばかり目が向いている気がする。挙げ句に、大して練習しないで結果を出す選手がいて、その情報を聞きつけ「じゃあ、練習しない方がいいんだ」と思ってしまったら、その選手の成長はない。

２０２０年東京五輪に向けて

――では、２０２０年の東京オリンピックで、日本選手がメダルを取るためには、どうしたらいいだろう。

宇賀地強（コニカミノルタ）のような「練習ができて強い」エースを育てることだと思う。次のリオ五輪では彼のような選手にぜひ良い結果を出してもらいたい。ただ、その次のオリンピックとなったら、彼に追いつき、追い越す選手が出て来ないといけない。

東京オリンピックでは、今の大学生が中心になると思う。18〜22歳の選手をどういう方向で育てるか。「この選手、おもしろいよね」という人材は、あちこちの大学にいる。そんな選手たちが、きちっとした方向で練習を積み上げていくことが絶対に大事だと思う。

「自分が強くなるための近道は、練習をすることだ」と思える選手がいい。素材としては抜群だけど、練習ができないのか、やらないのか、積み上げていけない選手がいる。そういう選手は「俺、今練習やってて楽しい」と思う時期を持てるのかどうか。自分たちは、今やっている練習が楽しくて興奮する、という時期があった。

練習をやらなくて結果を出すと、次もやらなくていいと思うから、結果だけを見て過程を見なくなる。やったことに対しての結果を求めるようにしないと、勢いのある年齢を通り越したら、あとは一気に落ちるしかない。

人にできないことをやれた選手が、やっぱり上がっていく世界だ。女子マラソンでオリンピックの金メダルを取った高橋尚子も野口みずきも、豊富な練習をやることによって、絶対的な自信を自分の中に植え付けていったのだと思う。

オリンピック前にポッと出て来て、選考レースでポッと走った選手は、本番で絶対に結果を出せない。早めに日本陸連が何人かをピックアップして、本人たちの意識づけも含め、長期的に強化していく必要があるだろう。狙って、狙って、狙っていって代表になる、という選手じゃないと、結果は出せないと思う。

●不満が成長を阻害する

人間は自分を支えるものがあるから我慢できる。練習をやらされているのだったら、我慢できない。たとえば、不満を抱えた選手がいたとする。不満も、バネに変える不満と、全部エネルギーを吸い取られる不満とがある。たまには指導者なしの選手もいるが、競技の世界では普通、指導者と選手がいる。選手が試合で結果を出せなかった時に「あんな練習やりたくなかったのにやらせたからだ。練習が間違ってる」と思ってしまったら、その選手の成長はない。「俺の力が足りなかった」と思える選手は、まだまだ伸びる。

勝った時には「指導者をはじめ周囲の人たちのお陰」と思い、失敗した時には「自分のせい」と思える。そういう方向にいかないと、人間の成長はないような気がしている。


――なかなかそうは思えなくて、失敗したら「人のせい」と思いがちだが……。


そういう考えを持っている選手に、結果はついて来ない。自分が一生懸命やっている時に、不満を生み出してはいけない。不満があると苦しめない。苦しくなると逃げるから。本当に強くなりたい気持ちがあれば「苦しくなってからが練習だ」と思えるけど、不満があったらそこから逃げる。

また、指導者に対して素直な振りをしても意味がない。自分自身に対して、競技に対して、いかに素直になれるか。そこが勝負の分かれ目になってくるのではないだろうか。

宗茂のマラソン全成績

回数	開催日	大会名	記録	順位	備考
1	1973. 3. 4	延岡西日本マラソン	2.17.28.6	優勝	
2	1973.12. 2	国際マラソン（現・福岡国際）	2.23.24	18位	
3	1974.12. 8	福岡国際マラソン	2.18.32	16位	
4	1975.12. 7	福岡国際マラソン	2.15.50	16位	
5	1976. 4.18	毎日マラソン（現・びわ湖毎日）	2.18.05	3位	五輪選考会
6	1976. 7.31	モントリオール五輪	2.18.26.0	20位	
7	1976.12. 5	福岡国際マラソン	2.14.59.0	4位	
8	1977.12. 4	福岡国際マラソン	2.37.45	52位	
9	1978. 2. 5	別府大分毎日マラソン	2.09.05.6	優勝	世界歴代2位, 日本最高
10	1978. 4.16	毎日マラソン（現・びわ湖毎日）	2.17.13.4	3位	
11	1978. 7. 8	ミルトンケーネス・マラソン（英国）	2.22.27	4位	
12	1978.12. 3	福岡国際マラソン	2.11.41.2	3位	
13	1979. 4.15	毎日マラソン（現・びわ湖毎日）	2.13.26	優勝	
14	1979. 7.29	プレ五輪（モスクワ）	2.13.20	2位	
15	1979.12. 2	福岡国際マラソン	2.10.37	2位	五輪選考会
16	1980.12. 7	福岡国際マラソン	2.10.23	5位	
17	1981. 2. 1	別府大分毎日マラソン	2.11.30	優勝	
18	1981.12. 6	福岡国際マラソン	2.10.19	3位	
19	1983. 2.13	東京国際マラソン	2.13.18	10位	
20	1983.12. 4	福岡国際マラソン	2.09.11	3位	五輪選考会
21	1984. 8.12	ロサンゼルス五輪	2.14.38	17位	
22	1985. 2.10	東京国際マラソン	2.10.32	優勝	
23	1985. 4.17	ワールドカップマラソン	2.12.27	17位	
24	1985.10.13	北京国際マラソン	2.10.23	優勝	
25	1987. 5.10	ロンドン・マラソン	2.14.53	17位	
26	1989. 2.09	別府大分毎日マラソン	2.12.49	5位	

宗茂の種目別年次ベスト（1953年1月9日生）

太字は自己ベスト

年度	年齢	5000m	10000m	ハーフ	マラソン
1970年	17歳	14.58.4			
1971年	18歳	14.35.0	30.14.2		
1972年	19歳	14.25.0	29.38.0		
1973年	20歳	14.05.8	29.02.8		2.17.28.6
1974年	21歳	13.58.6	29.15.4		2.18.32
1975年	22歳	14.10.0	29.16.6		2.15.50
1976年	23歳	14.06.20	29.05.8		2.14.59.0
1977年	24歳	14.04.5	28.37.1		2.37.16
1978年	25歳	**13.40.8**	**28.17.6**	**1.04.18.6**	**2.09.05.6**
1979年	26歳	13.51.7	28.22.2		2.10.37
1980年	27歳	13.48.8	28.36.6		2.10.23
1981年	28歳	14.13.7	29.03.66		2.10.19
1982年	29歳	13.44.55	28.36.47		
1983年	30歳	13.43.44	28.53.3		2.09.11
1984年	31歳		29.37.0		2.14.38
1985年	32歳		29.28.09		2.10.23
1986年	33歳				
1987年	34歳				2.14.53
1988年	35歳			1.16.32	
1989年	36歳				2.12.49
実績		■1976年　モントリオール五輪 マラソン20位 ■1980年　モスクワ五輪　マラソン代表 ■1984年　ロサンゼルス五輪 マラソン17位			

Legend 2

Takeshi So

宗　猛

「自分たちを生かす道はこれしかない!」
小学生のうちに気づいたマラソンへの道

1984年のロサンゼルス五輪男子マラソンで4位に入賞している宗猛（旭化成）だが、双子の兄の茂と同様、小さい頃から運動が得意だったわけではない。しかし、小学校6年の校内マラソン大会で茂が1位、猛が2位となり、「自分たちを生かす道はこれしかない」と悟った。あとはその道をまっしぐら。脇目も振らずに突っ走った。

大分で培われたマラソンへの興味

宗猛は2008年に双子の兄・宗茂から受け継いだ「旭化成陸上部監督」の任務を2013年度末で後輩の西政幸に託し、14年4月からは総監督という立場に。しかし、12年のロンドン五輪後に就いた日本陸連強化委員会の男子長距離・マラソン部長という要職は、16年のリオ五輪まで任期があり、日本の男子マラソン界を牽引する立場に変わりはない。1月9日に62歳の誕生日を迎えたばかりの宗猛。双子の兄弟が大分県臼杵市で産声を上げる1年前の1952年（昭和27年）1月20日に、今の「別府大分毎日マラソン」の第1回大会が行われ、彼らはマラソンを身近に感じながら育った。

オリンピックを目指すようになってからは「マラソンと言えば福岡」という意識だったが、大分出身の私たちにとって、マラソンとの最初の出会いは別大になる。10歳の時の第12回大会（1963年）では、寺沢徹さん（倉レ）が2時間15分15秒8という当時の世界最高記録で優勝している。それはすごくインパクトがあった。寺沢さんは、その2年後の別大マラソンでも、2時間14分38秒の日本最高（当時）をマークした。

しかし、強烈にマラソンという競技が自分の頭にインプットされたのは、1964年（昭和39年）の東京オリンピックだ。臼杵市立福良ヶ丘小学校6年生の時。アベベ・ビキラ（エチオピア）が独走で優勝して、ゴール後フィールドの芝生に寝転がってストレッチをしているシーンは、はっきりと目に焼き付いている。円谷幸吉さん（自衛隊体育学校）がトラックに入ってからヒートリー（英国）に抜かれ、3位でゴールするシーンも忘れられない。学校の講堂に集まって、みんなでオリンピック中継のテレビを観た記憶はあるが、自分の目に焼き付いた映像がその時のものか、あとで映画やニュースで観たものかははっきりしない。

その頃、大分県内一周駅伝というのもあって、それが小学校の真下の道を通った。私たちは授業中でも外に出て、旗を持って応援した。身を乗り出すようにして興味を示す私たちを見て、茂の担任の先生が「宗君たち、走るの速いんだから、こういう駅伝で走れたらいいねぇ」と声をかけてくれたことを思い出す。小学校時代、私と茂は3年まで同じクラスだったけど、4年からは別のクラスに分かれた。

●小学6年の校内マラソン大会でワン・ツー

未熟児で生まれたせいか、小学校低学年のうちはしょっちゅう風邪をひいて休んだ。体育も得意ではなく、運動会も嫌いだった。しかし、4年になるとガラッと変わった。体育の時間に長距離走をやると、私も茂もクラスのトップになったのだ。長距離といっても、たかだか2㎞ぐらいだったと思う。そして、6年の時の校内マラソン大会では、茂が1位で、私が2位。勉強でも運動でも目立つことがなかった私たち兄弟が、初めて目立つ場所を見つけた。「長距離だったらみんなに勝てるんだ」と、不思議な気持ちにもなった。

野球が上手な子は「将来、プロ野球の選手になりたい」という夢を持つんだろうけど、球技はからっきしダメだった。だけど、長距離なら人より速い。「将来はマラソン選手になろうかな」と、ちょっとずつ思い始めていた。というより「これしか自分を生かす道はないのかな」という思いで、選択の幅は狭かった。我々の時代は長距離しかやれない子が長距離をやっているケースが多かったけど、最近の長距離選手はみんな器用で「小さい頃、何やってた？」と聞くと「サッカーやってました」とか「野球やってました」という子が結構いる。チーム内でたまに球技をやるとビックリするぐらいうまくて「今の子は身体能力が高いな」と感心してしまう。

●中学2年から県内一周駅伝に出場

大分県内一周駅伝というのは郡市対抗で、5日間かけて県内を一周する。今でも県の一大イベントだが、中学生や高校生は出られなくなった。でも、当時は中学2年生から出られて、一般の人や高校生と同じチー

小学校6年生だった宗兄弟に強烈なインパクトを与えた1964年の東京五輪のマラソン。銅メダルを獲得した円谷幸吉（自衛隊体育学校、右）の力走で日本中が沸いた。左へ優勝したアベベ（エチオピア）、2位のヒートリー（英国）

小学校低学年までは体が弱かった宗兄弟（右が兄・茂、左が弟・猛）だが、4年生の体育の授業での長距離走でいずれもクラスのトップになったことで〝自信〟が芽生えたという

旭化成に入社2年目、20歳になった直後の1973年3月、延岡西日本マラソンで42.195kmに初挑戦した宗兄弟。茂（右）、猛でワン・ツーを占めた

ムで走った。中学3年の時、茂は初日に11km、2日目に15kmと連チャンで出場した。私は中学2年で12km、15km、10kmと3回出走した。それでも、我々が「走りたい」と言って出ていて、強制されたわけではないので、苦にならなかったし、逆に「おもしろいね」と思っていた。

高校（佐伯豊南高）時代は、中間テストとか期末テストの期間の〝試験休み〟を利用して、勝手に長い距離を走っていた。陸上部顧問の横井孝義先生の家に下宿していたので、学校の部活動は禁止でも「お前らが勝手にやる分には問題ない」と言ってくれた。

学校の練習は長い距離を走ってもせいぜい20kmだが、そういう時は30km走も。1回、茂と2人で「40km行こうか」という話になって、40km走ったこともある。それは先生に「やれ」と言われたわけではなくて、自分たちで「やろう」と言ったことだから、走ることが楽しかった。

20歳になって間もなくマラソン初挑戦

宗兄弟が高卒で旭化成に入社したのが、1971年（昭和46年）の4月。マラソンへの意欲はますます高まって、その思いがぶれることはまったくなかった。

入社の際の面接で、私たちは「マラソンでオリンピックに行きます」とはっきり宣言している。それは高校の横井先生の影響が大きかった。横井先生は幼い子供がいるにもかかわらず我々2人を自宅に下宿させ「お前らは高校で終わる選手じゃない。絶対にオリンピックに行けるんだから」と3年間言い続けてくれた。朝晩の食事だけでなく、毎日お弁当を作って持たせてくれた先生の奥さんには、いくら感謝してもしきれない。

そう言われ続けると「そうなんだ。人より努力すればオリンピックに行けるんだ」と思うようになるものだ。だからこそ入社の面接で「オリンピックに行きます」と言ったのだが、面接官はビックリしていた。陸上部の先輩からは「お前ら、ホラ吹きだな」と揶揄《やゆ》された。

●練習をやらない方が強くなれる?

当時の旭化成陸上部には強い選手が何人もいたが、さほど練習量は多くなかった。毎週木曜日と日曜日は、完全休養していた。それでも強い。「練習で無理をしない方が強くなれるのかな」と、1年ちょっとだけど思った時期がある。しかし、先輩に習って休みを入れていたら、どんどん走れなくなっていった。その時、茂と「俺たちはやっぱり練習するしかないよね」と確認し合った。素質の高い人は練習しなくてもそれなりに走れるけど、素質のない我々は「とにかく練習するしかないんだ」と気づかされた。入社2年目に入った頃だと思う。

●延岡西日本マラソンでデビュー

元のように練習するようになって、その年度末(1973年3月)の延岡西日本マラソンに出たい、と監督たちに申し出た。周りの人は猛反対したけど我々の意志は固く、「どうしても走らせてほしい」と訴えた。スプリント能力は元々ないので、5000mや1万mでやっていくには最後のキレに難点がある。だったら、練習を積めばスタミナはつくわけだから、スピードのない我々の生きる道はマラソンしかない。そう信じていた。延岡西日本マラソンに出られることになったのは良かったが、20歳と2ヵ月で迎える初マラソンに向けての練習はあまりできてなかった。40km走は1回だったか。それでも私は茂よりやっていた。茂は「あっちが痛い、こっちが痛い」で、練習不足は否めなかった。結果は、茂が2時間17分28秒6で優勝して、私が2時間17分46秒6で2位。茂は「マラソンは簡単じゃ」と思ったし、私は「茂より練習しても勝てなかったのだから、マラソンはもっと練習しないといけないんだ」と強く思った。

猛はそれから25年かけて、計43回のフルマラソンを走った。うち優勝は5回。ベスト記録は1983年（昭和58年）2月の東京国際マラソンで出した2時間8分55秒（2位）だった。

43回のマラソン歴で、1回だけ途中棄権がある。1987年（昭和62年）12月の福岡国際。翌年のソウル・オリンピックの代表選考会だった。その他にも「精神的なリタイア」はいくつかあった。「今日は無理だわ」と思いながらも、ゴールまで行ったレース。それははっきり言って「途中棄権」と同じようなものだ。

試行錯誤のマラソン練習

マラソン・ロードを歩み始めた宗兄弟は、チームでの練習をこなしながら、独自にマラソンに向けての練習を追求していった。

当時はチームとして駅伝主体の練習をやっていたので、さほど距離は踏まなかった。「もっと練習しないとマラソンは走れない」と思った我々は、たとえば今日の練習が30㎞走だとすると「40㎞行きます」と。でも「駅伝があるからそれはダメだ」と言われたこともある。そのうち「勝手にやれ」とサジを投げられ、あとは2人で勝手にやっていた。しかし、今の実業団チームの練習のように、コーチがついて給水してくれるわけではない。暑い日は100円玉を数枚持って走りに出て、自動販売機で缶飲料を買って飲んだ。12月の福岡国際マラソンが目標だったら、8月の終わりか9月初めの気温が30度を超える中でも40㎞走をやった。とにかく9～10月は「距離を踏む」ことが大事だと思っていた。

●初めの頃は〝運まかせ〟

マラソンを始めて初期の頃は「たまたま体調が良くて走れた」ということがあった。レースの日に体調が良かったというだけで、それは運まかせ。「そんなのおかしいだろう」ということで、大会にピークを持って行くためにはどうしたらいいか、かなり試行錯誤した。

私はきちんとスケジュールを組んで練習をやる方だったが、茂は全然スケジュールを組まずに、私の練習に相乗りしてくる。今日の練習は無理となると「俺はジョッグにするわ」とか。基本は私の練習で、自分に合ったところをピックアップし、アレンジしていた。茂が2時間9分05秒6で走った別大マラソンの前の練習だけは、自分でスケジュールを組んでやった。結果的に、あの練習が我々の最終調整に生きてきた。茂はストライド走法でバネのある走りだから、私のようにガンガン練習すると、まったく走れなくなる。私はピッチ走法なので、長い距離を走ってもそんなにバテない。だから、練習量は茂より私の方がはるかに多かった。とはいえ、練習が多すぎて失敗したレースもかなりある。

マラソン・トレーニングの大きな流れ

――では、宗兄弟が試行錯誤の末にたどり着いたマラソン・トレーニングの流れは、どんなものだろうか。

●基礎づくりの練習

12月初めの福岡国際マラソンに出場することを想定して話を進める。

マラソンレースに向けての始動は8月末だが、旭化成の場合、例年7月末に大分・久住高原で10日間ほど合宿を行うので、まず山道のアップダウンを使って60km走などを入れておく。8月は3週間ぐらい休養期に充てて、ジョギングなどでつなぐ。練習をやっても1000mを2～3本とか。とにかく疲労を徹底的に抜いて、8月末からの北海道合宿に備える。8月末からいよいよマラソン練習がスタートし、9月いっぱいまで、メインは40km走。ペースは抑え気味に4回ぐらい入れて、間には5000m×1、1000m×5、400m×10など短い距離の練習をうまく刺激に使う。あとは25kmや30kmの距離走を組み込む。

たとえば、1週間のトレーニング例はこうなる。

月）30km
火）1000m×5
水）25km
木）ジョッグ
金）5000m×1
土）40km（ゆっくり）
日）ジョッグ

これは基本的な練習で、脚づくりのための走り込みになる。1ヵ月ちょっとはこれを繰り返して、しっかりと身体の基盤を作る。私は繰り返しの練習が好きだったから、基礎づくりは苦ではなかった。

●本格的なマラソン練習

10月になると駅伝などのロードレースが入ってくるので、それをスピード練習の一環に組み入れてスケジュールを立てる。その中に40km走などをうまくはさむ。福岡のマラソンを目標に決めたら、そこに至るまでのトラックレースや駅伝は、すべて練習の一環になる。私はトラックの1万mのレースを控えて、その2日前に40km走をやったこともある。

――今の川内優輝（埼玉県庁）はどんどんレースに出て、それを質の高い練習代わりにしているが、考え方としては似ていないか？

だから、私は川内を「昭和のマラソンランナーだ」とよく言うんだけど……。平成の今、川内が通用するんだったら、昭和のランナーが通用する時代なんだと思う。トラックレースがあろうが、駅伝があろうが、我々は「マラソンランナー」という基本的なスタンスは崩さない。だから、スケジュールも一切変更しなかった。ただ、茂は40km走をやって、2日後のトラックレースはまったく走れなかった。ストライド走法で、バネを使い切ってるから。それでも、レースに出て走っていた。

●最終調整

11月になると九州一周駅伝や九州実業団駅伝があって、マラソンレース以上の速い動きをする。それをうまく調整に採り入れた。3年ほどだったか、日本陸連から「宗兄弟は九州一周駅伝に出たらダメだ」と禁止された時期があった。マラソンに専念してほしい、ということだ。その時は私と茂で合宿して、自分たちでストップウォッチを押しながら練習した。その時期にはおのずと16kmのペース走などが練習に入ってくるので、九州一周駅伝に出ても出なくても、流れとしてはあまり変わらなかった。ただ、試合ではないということで、精神的には楽だった。

最後の40km走はだいたい4週間前だが、駅伝が入って前後することはあった。試合の10日前に30km走を1時間32～33分でやり、3日前に16km走を47分15秒から48分ぐらい。そして、試合の前日に2000mを入れ、基本的には5分40秒あたりが設定タイムになった。

　私は10日ぐらい前にやる30㎞走で、レースの結果はおおよそ読めた。それをきちんとやれれば「今度のマラソンは悪くても2時間10分を切るな」とか。あと、レース前にジュマ・イカンガー（タンザニア）のようなスピードランナーが来ることがわかっていたら、どんなペースになるのかわからないので、速くなっても対応できるような動きづくりを入れて準備した。

40㎞走の意義

――マラソンの距離は42・195㎞だが、マラソン・トレーニングにおいては「40㎞走」が定着している。そもそも40㎞という発想はどこから出てきたのだろうか？


　私たちは40㎞だけでなく50㎞、60㎞、80㎞、120㎞も走った。1つには「42・195㎞を走るには、40㎞ぐらい余裕を持って走れないと厳しいよね」ということ。40㎞でも不安だというのであれば、60㎞に延ばして「1・5倍の距離を走れればもう大丈夫だろう」と……。「距離を増やしていくのは、その練習自体が無駄」という人もいる。でも、それだけ走れれば、距離に対する精神的な不安が消える。裏返して見れば、距離に対する不安を消すために練習を積んでいくわけだ。

　近ごろはスマートな選手が多いから、我慢する練習はだんだん苦手になっている。それが、今の日本マラソン界のレベルダウンにつながっていると私たちは思うけど、「その考え方は古い」と言う人も大勢いる。

スタミナには「肉体的スタミナ」と「精神的スタミナ」があって、マラソンには特に「精神的スタミナ」が重要な要素になる。私は「無駄だ」と思える練習が、一番「精神的スタミナ」を養うのに適していると思っている。それを排除していって、スマートな練習ばかり追い求めたら、特に夏のマラソンでの成功はないのではないか。2020年の東京オリンピックは、猛暑の中のレースになるのは必至だ。そこのスタートラインに、スマートな練習だけやった選手が立っても、最後まで持つわけがない。東京オリンピックは、相当タフな練習をやった選手でないと結果を出せないと思っている。

冬場のレースで、たとえば「30kmまでしか練習で走ってません」というような選手が、たまたま本人の体調やレースの流れが合致して、思わぬ力を発揮することがある。これは、無欲で臨んだ初マラソンのケースが多い。ただ、「初マラソンが生涯最高記録でした」という選手もたくさんいる。それは欲がなかったから出せた記録で、次から「自分はもっと行けるはずだ」と欲を持って走ると、結果を出すのがむずかしくなる。

本当に強い選手は、狙って結果を出す。これはマラソンだけでなく、他の一般種目でもそうだと思う。狙って力を出せる。そこまでアベレージを上げていかないと、世界では通用しない。

2度のオリンピック代表

兄の茂は1976年のモントリオール大会、80年のモスクワ大会(不参加)、84年のロサンゼルス大会と3度オリンピック代表になっているが、猛はモントリオール大会を逃して、モスクワ、ロサンゼルスと2回代表入り。実際に出場してマラソンを走ったのはロサンゼルス大会の1回だけで、メダルにあと一歩及ばず

兄弟で出場した1984年のロサンゼルス五輪。五輪初出場の猛（右）は4位に入賞したが、1976年モントリオール大会（20位）に次ぐ2度目の五輪だった茂は17位と振るわなかった

4位という成績だった。

1984年のロス・オリンピックの年は、長い長い夏だった。60年余も生きてきて、あれぐらい長い夏はなかった。「オリンピックは暑い中でのレースになる」ということで、3月からニュージーランドに行って合宿した。4月には宮古島。ニューカレドニアにも行った。その大会から女子マラソンが五輪種目に入ってきて、代表入りした増田明美（川崎製鉄千葉）も一緒に合宿していた。

北海道の士別で最終合宿をやった時、監督の広島日出国さんが練習コースに寒暖計を持ってきて「34度」と言っていたのを思い出す。そういう中で最後の30㎞走をやったら、私は何とかゴールしたけど、茂はヘロヘロの状態。結局、熱中症で発熱して、東京で行われたオリンピックの結団式でも「きつい、きつい」と連発していた。

ところが、現地のロスに入ったら、意外と涼しい。「もっと早くロスに来ていればよかった」と言っても後の祭り。夏のマラソンは疲労を残したらアウト、ということをその時に学んだ。ただ、その失敗が1991年東京世界選手権の谷口浩美（旭化成）や、1992年バルセロナ・オリンピックの森下広一（同）の練習に生きた。

谷口は金、森下は銀のメダルを獲得するわけだが、彼らのスケジュールは私が組んだ。メニューは結構抑え気味だった。それが物足りないのか、森下は行き過ぎるので「もっとペースを落とせ」と、しばしば言っていた。当時、茂は日本陸連の特別強化部委員だったので、先にバルセロナ入りしていた。私と森下がまだ日本にいる頃、茂が現地から電話してきて「森下の調子はどうだ？」と。男子マラソンの日まで、あと2週間。「今、森下がレースしたら、絶対に金メダルだね」と私は答えた。それぐらい調子は良かった。韓国の選手と競り合って、わずかに金メダルに届かなかったのは、気持ちの面で少し下降線だったなと思っている。

●オリンピック4位の価値

ロスの4位より、モスクワのオリンピックに出られなかったことの方が悔しい。しかも、自分ではどうすることもできない事由で出られなかったのだから、なおさらのこと。当時の世界のレベルからして、私たち兄弟も瀬古（利彦、ヱスビー食品）も、一番メダルのチャンスがある大会だった。3人とも勢いがある、選手として一番大事な時期に、それを発揮するチャンスを逃した。

4年後、ロスのオリンピックもその3人が代表になった。しかし、そろって体調不良では戦えない。茂は完走すらむずかしいと思っていた。私も最後の30㎞走をやっと走り切った状態だから、好成績は望めなかった。それでも、ロス入りしてから徐々に体調が上がっていって、茂は「何とか完走できるだろう」というところまで持ち直したし、私も粘って4位に入賞した。そうはいっても、メダリストとして名前が残るかどうかは大きい。3位と4位の差は、1番違いとはいえ大きな隔たりがあることを実感する場は少なくない。

マラソンは人生のすべて

――四半世紀で43回のマラソンを走ってきた猛。自分にとって、マラソンとはいったいどういう存在だったのだろうか？

そもそも「マラソンをやりたい」と思って我々は走り始めた。高校時代には「オリンピックに出たい」と思い始め、それを競技人生の最終目標として練習に取り組んできた。それも1回だけでなく「複数回出たい」

という欲の深い気持ちがあった。

モスクワ大会は残念ながら参加できなかったが、代表という意味では兄弟で計5回。1国1種目に最大で3人しか出られないオリンピックに、兄弟で5回というのは、代表回数からすればほぼ目標を達成したと思っている。しかし、それに対して「メダルを取りたい」という思いは達成されなかった。4位に終わったロス・オリンピックのゴール後の写真は、ガックリした表情で撮られている。

●マラソンの魅力は〝やったもん勝ち〟

自分にとってマラソンは人生そのもの、人生のすべて、と言っても過言ではない。現役を退いても指導者としてマラソンに関わり、会社の定年を迎えてもなお指導の現場に立たせてもらっている。

マラソンは、やっていておもしろかった。マラソンの一番の魅力は〝やったもん勝ち〟ということ。我々は素質があった方ではないから「練習をやるしかない」と思って努力した。そうしたら、世界でも通用するマラソンランナーになれた。5000m、1万mではとてもじゃないが、それだけのレベルに届いていない。


――ということは、努力さえすれば誰にでも可能性があるということだろうか？


ある。誰にでも可能性があるから、しっかり走り込んでいったらいいのに、と思う。スピードのない我々が、そうやって世界に出ていったんだから……。

今はスピードのある選手が多い。うまく走り込んで行きさえすれば、我々よりはるかに高いレベルのマラソンランナーになると思う。ただ、そういう選手が距離を踏まない。走り込まない。「もったいないよね」と思う。本人が何を目指すかということだから、これは人から言われてどうこうではない。自分でそう思わないと、たぶん厳しい。人から言われてやる世界は、たかが知れている。自分で「これが必要だ」と思えば、どんなに苦しい練習でも我慢ができるものだ。

●やってきたことの発表の場がレース

マラソンはレースでいきなり走れるわけではなくて、その前に過程がある。自分の身体をだんだん作り上げていく過程があって「今回はこれぐらいで行けそうだ」とか、スタートに着く時点で結果がおおよそ見当がつく。そういう全体を含めておもしろいのが、マラソンだ。やってきたことの発表の場が、マラソンレースということになる。何の準備もせずにスタートラインに着いても、レースには参加できない。

やった練習によって「自分が思っていたように走れたなぁ」とイメージ通りの時もあれば、「やっぱりこんなものか」と思う時もある。選手を見ていてもそう。練習の出来からして「2時間13分かな」と思う選手が2時間11分で走ったら「これはすごいね」と思う。逆に、「2時間8分台を出すかな」と思っていた選手が2時間10分だったら「なんだ、こんなものか」と。

自分が走る時も、選手を見ていても、練習の過程を知ると「これぐらいかな」と予測が立つ。それを超えた選手は「がんばったな」と思うし、超えなければいくらレベルの高い選手でもガッカリする。ペースメーカーがいない以前のレースだと、たまたまレースの流れがスローになったけど、走っているうちに調子が出てきて、ビルドアップしていったら「これだけ行けたよね」と満足できるレースもあった。しかし、ペースメーカーが30㎞まで行く今のレースでは、そのおもしろみはない。

ロンドン五輪（２０１２年）で入賞した中本健太郎（安川電機）のように、遅れながらもきちんと自分のペースを刻んできて、順位を上げてくると「おお、ここまで上がってきたか」という感動がある。そこも、マラソンのおもしろさだ。

マラソンに価値観を見出せるか

私はチームの後輩に当たる陸上選手と結婚したということもあるが、新婚旅行に行っても練習時間の確保が優先課題だった。合宿で何度も行っている北海道に1週間ほど出かけ、この日の朝練習はここでやって、夕方の練習はここ、と全部決めておいた。時には女房が自転車で伴走した。大沼を周回して25km走とか、札幌の円山競技場で400m×10本のインターバルをやるとか。いつ、どんな時でも練習がメインだった。

――それを今の選手たちにも求めるか?

選手が、競技に対してどれほどの価値観を持っているかで決まると思う。中途半端な気持ちでメダルが取れれば楽だが、まずそんなことはあり得ない。自分の生活すべてを懸けるつもりでやらなければ、まず無理だろう。しかし、それだけの価値はある。何といっても2020年に東京オリンピックが来るのだから。そこに価値を見出せた選手は、すべてを懸けてやる。価値を見出せない選手は、そこまでやらないはずだ。

次のリオ五輪は現有勢力で戦うしかない。しかし、東京オリンピックでは、今の高校生や大学生が主軸になってくる。そのあたりの選手が意識を変えるかどうかに、東京オリンピックの命運が懸かっている。今までは大学生と話をしても、目標がイマイチ曖昧《あいまい》で、ピンと来なかった。だが、少なくとも今の20歳代前半は、2020年の東京オリンピックが決まったこともあって「東京でメダルを取りたい」と言う選手が増えてきた。

目標が明確になったせいか、反応が今までと全然違う。そこから逆算して、その前年の世界選手権にマラソンで出たいとか、それにはその選考会に出ないといけないとか、おのずと流れが決まってくる。

●幹の太い選手に

育成ということでは、練習しないと強くならないわけだから、楽な方向に走らないで、基礎からきちんと積み上げていく。どういう条件下でもきちんと力を発揮できるような、幹の太い選手にならないと、東京オリンピックでは走れないと思う。ぜひそういう選手になってほしい、と願うばかりである。脚づくりから始まる基礎的な練習ができなかったら、絶対に無理だと思う。

あとは、どれぐらい本気になってやるのか。線の細い選手は、マラソンには厳しい。幹を太くするには、走り込みしかない。月間の走行距離とかはどうでもいい。やはりポイントの練習で、長い距離をしっかりと踏むことが大事になってくる。ポイント練習をしっかり押さえてやって、月間走行距離が1000km行くならいいが、ダラダラ走って距離だけ稼いでも、実のある練習にならない。

茂は40km走を週に3回やって、長い距離への抵抗感を払拭したが、40km走をイヤイヤやっていたら故障する。自分が「これをやるしかない」と思ってやれば、故障はしない。長い距離への抵抗感をなくすには、自らの意志で、何回も走るしかないと思う。私たちはニュージーランドで1ヵ月合宿した時に、60kmとか80kmとか超長距離を走ったが、故障しなかった。自分たちで組んだスケジュールで、「これをやろう」と決めてやる練習だから、トレーナーもいないのに身体が持ちこたえた。「それは特別」と思う人がいるかもしれないが、サロマ湖の100kmマラソンなどに出る市民ランナーも大勢いるわけで、そんなに特別視することもない。

2020東京オリンピックに向けて

――宗兄弟は駅伝をうまくマラソン・トレーニングの一環として採り入れ、スピード練習の代わりにしていたが、近ごろは「駅伝があるからマラソンに専念できない」という声もよく聞く。やはり「駅伝重視」の傾向にあるのだろうか？

一概にそうとも言えなくて、マラソンで2時間8分台、9分台の選手を輩出しているチームの指導者は、きちんとマラソンを見ながら指導している。最近は大学の指導者の中にも、マラソンを見据えて指導してくれている方がいるので、それは頼もしく感じている。ただ、マラソンはほとんど見ずに、駅伝だけを見ている指導者が多いのも確かだ。関東の大学は、箱根駅伝に出られるか出られないかが学生の募集に大きく関わってくるというし、実業団チームを持っている会社も、求めるものは駅伝だ。

●マラソンの途中に駅伝がある

そういう中で、我々は駅伝を指導に使ってマラソンを目指す。「駅伝の途中にマラソンがある」のではなくて、「マラソンの途中に駅伝がある」というふうに発想を変えないといけない。

駅伝だけしか見ていない選手は、結局は、駅伝も通過できない。そのあたりの考え方は、選手だけでなく指導スタッフも持つことが重要で、どう意識を変えられるか。選手も指導者も意識改革ができないと、先に進まない。我々は指導者に逆らってまでマラソン練習をやった方だが、それができるかどうか。

●過去の事例を「昔のこと」と切り捨てていいか？

1991年の東京世界選手権で谷口が金メダルを取った時の感激は、今でもはっきりと覚えている。当時の指導に携わった1人として、２０２０年に再び東京の街を先頭で走ってくる選手が現われることを切望して止まない。その成功事例はずいぶん前のことになるが、「そんな昔のことは関係ないよ」と言って片付けてしまって良いものだろうか。私は、うまく掘り起こして、良いものをすくい上げ、その上で新しいものをつけ加えていくのがいいのではないかと思う。それをしないで「昔のことだから」と全部排除したら、まったくゼロから始めることになる。

とにかく、東京オリンピックのマラソンレースは、高温多湿の悪条件になることは間違いない。となると、自己ベストからプラス３〜４分。２時間８分の選手だったら、２時間12分。それで走れれば、絶対に入賞ラインに入ってくる。暑さに強くて、パーソナルベストに近い記録で走れる選手が出てくれば、入賞はできる。冬は2時間6分40秒で走ったけど、暑くなったら2時間19分かかります、という選手では戦えない。

東京オリンピックは、本当の意味で「戦える選手」を選ぶしかない。それが大前提になる。マラソンを職業とし、賞金レースで食べているアフリカ勢は、もしかしたら気象条件のリスクを考えて、東京での夏のレースは避けるかもしれない。そう考えると、日本の選手たちにも十分に上位進出のチャンスがある、と見ている。

向けたトレーニング・メニュー

※月の右のカッコ内は月間走行距離

月	7月（892km）	
日	Sub	Main
1		19km
2	12km	3000m+2000m+1000m 8.33 5.37 2.39
3	12km	70'Jog
4	12km	5km 15.40 16kmを猛暑のため5kmで中止
5		14kmJog
6		12kmJog
7	14km	1000m×9（200m） 2.54〜2.46
8	14km	16km 49.48（25.55　23.53）
9	14km	22km
10	14km	80'
11	14km	20km 60.24（29.57）
12	14km	75'Jog
13	14km	40km 2.11.13
14		14km
15		70'Jog
16	12km	73'Jog
17		2000m×2　　5.40　5.38
18	12km	14km
19		16km
20		14km（2000m×1　5.52）
21	12km	18km 70'
22	14km	30km 1.55.30
23	14km	16km 48.38　28℃
24	14km	76'Jog
25	14km	80'Jog（100m×5）
26	14km	5km 15.52 20km予定を5kmで中止
27	14km	2000m×3　5.55　5.50　5.42
28	14km	22km 1.18.20
29	17km	30km 1.37.20（48.06） 暑い30℃
30		10km
31	10km	90'Jog（22）
	7/6〜14　士別 7/21〜30　士別	

	8月（605km）	
	Sub	Main
		18km
		1000m×8（200m） 2.52〜2.44
	17km	55'Jog（サンタモニカ）
		76'Jog（18km）
	12km	5000mペース走 14.13
		100'Run（25km）
	11km	70'Jog
	10km	15kmペース走 44.55
	11km	62'Jog
		74'Jog
	6km	70'（2000m×1　5.39）
		ロサンゼルス五輪マラソン 4位 2.10.55
		休
		60'Jog
		70'Jog
		12km
		75'Jog
		15km
		休
		70'Jog
	13km	70'Jog
		70'Jog
	10km	84'(20km)
		100'(22km)
		75'Jog
		400m×10（200m） 66〜64 ラスト61
	11km	20km 76.36
	11km	10kmJog
		16kmJog
		1000m×2+5000m×1 2.56　　　15.04
	8/3〜14　ロサンゼルス 大会スタート30℃，ゴール28℃	

月	5月（1021km）	
日	Sub	Main
1	↑ 12km	94'Run
2	14km	1000m×10（200m） 平均2.54.5
3	11km	40km　2.21.17
4	13km	90'Jog
5	15km	90'Run
6	13km	1000m×10（200m） 2.53〜2.55 ラスト2.47
7	14km	45km 2.44.11
8	9km	80'Jog
9	14km	95'Run
10	13km	3000m×2（600m） 平均8.47.5
11	↓ 8km	40km 2.23.15
12	15km	15kmJog
13		20kmJog
14	12km	2000m×3（400m） 5.50　5.47　5.42
15	11km	10000mペース走 29.48.8
16	12km	73'Jog
17	12km	1000m×7（200m） 2.50〜2.49
18	12km	40km 2.19.06
19		16kmJog
20		96'Jog（20km）
21	↑ 15km	20kmJog
22	16km	30km 1.49.20
23		90'Jog　　（風邪）
24		70'Jog　　（〃）
25	14km	40km 2.23.47
26	↓ 14km	15kmJog
27		15kmJog
28	12km	85'Jog
29	12km	2000m×5（400m） 5.48　5.44　5.43　5.44　5.40
30	12km	20000m 63.29
31	12km	70'Jog
	5／1〜11　宮崎 5／21〜26　宮古島（風邪）	

月	6月（900km）	
日	Sub	Main
1	12km	5000mペース走 14.35
2		30km 1.57
3		90'Jog
4		15km（1500m 4.25）
5	15km	15kmJog
6		15kmJog
7		65'Jog
8		80'Jog
9		65'Jog
10	18km	15km
11	12km	1000m×8（200m） 2.54〜2.48
12	12km	22kmJog
13		100'Run（25km）
14	9km	20km　63.09
15	12km	1000m×3（200m） 2.56 2.49 2.45
16		22km（2km×3） 5.53　5.52　5.47
17	20km	110'Run(27km)
18	↑	95'Run
19		2000m×5（400m） 5.45　5.44　5.44　5.43　5.38
20	15km	30km 1.35.42
21	15km	90'Jog
22	15km	1000m×2（200m） 2.44　2.44
23	14km	10000mT.T 29.14
24	16km	95'（23km）
25	13km	20km 1.02.53
26	16km	90'Jog
27	15km	400m×10（200m） 63〜61
28	6km	40km 2.14.51
29	↓	16km
30		83'Jog
31		
	6／18〜29　札幌 左足首痛	

43回のマラソン経験を持つ宗猛。2012年ロンドン五輪後から日本陸連強化委員会の男子長距離・マラソン部長を務め、2016年リオ五輪に向けて日本マラソン界を牽引している

宗猛の種目別年次ベスト（1953年1月9日生）

太字は自己ベスト

年度	年齢	5000m	10000m	ハーフ	マラソン
1970年	17歳	15.06.0			
1971年	18歳	14.44.0	30.13.2		
1972年	19歳	14.20.8	30.06.4		
1973年	20歳	14.21.2	31.30.0		2.17.46.6
1974年	21歳	14.00.0	29.50.2		2.16.38
1975年	22歳	14.07.4	29.25.0		2.12.52
1976年	23歳	14.01.0	29.15.4		2.18.42.4
1977年	24歳	13.54.5	28.29.0		2.17.35
1978年	25歳	13.45.50	**27.59.3**		2.12.48.6
1979年	26歳	**13.42.30**	28.23.0		2.10.40
1980年	27歳	13.48.9	28.18.3		2.09.49
1981年	28歳	14.02.0	29.27.0		2.11.29
1982年	29歳	13.44.66	28.43.68		
1983年	30歳	13.43.94	30.30.0		**2.08.55**
1984年	31歳		29.39.6		2.10.55
1985年	32歳				2.10.23
1986年	33歳				
1987年	34歳		29.38.0	**1.03.52**	dnf
1988年	35歳	14.19.9		1.05.36	2.10.40
1989年	36歳	14.05.5	30.08.0	1.03.54	2.12.53
実績		■1980年　モスクワ五輪　マラソン代表 ■1984年　ロサンゼルス五輪 マラソン4位			

宗猛のマラソン全成績 ※1988年以降はコーチ業兼任

回数	開催日	大会名	タイム	順位	備考
1	1973. 3. 4	延岡西日本マラソン	2.17.46.6	2位	
2	1973.12. 2	国際マラソン（現・福岡国際）	2.19.08	7位	
3	1974.12. 8	福岡国際マラソン	2.16.38	11位	自己新
4	1975. 4.20	毎日マラソン（現・びわ湖毎日）	2.23.36	20位	
5	1975. 8. 3	プレ五輪（モントリオール）	2.32.38.3	6位	
6	1975.12. 7	福岡国際マラソン	2.12.52	6位	自己新
7	1976. 4.18	毎日マラソン（現・びわ湖毎日）	2.29.32	38位	
8	1976.10. 3	コシチェ・マラソン（チェコスロバキア）	2.18.42.4	優勝	
9	1976.12. 5	福岡国際マラソン	2.24.15	19位	
10	1977.12. 4	福岡国際マラソン	2.17.35	9位	
11	1978. 2. 5	別府大分毎日マラソン	2.12.48.6	2位	自己新
12	1978. 4.16	毎日マラソン（現・びわ湖毎日）	2.15.15.4	優勝	
13	1978. 7. 8	ミルトンケーネス・マラソン（英国）	2.20.10	優勝	喜多秀喜と同着
14	1978.12. 3	福岡国際マラソン	2.16.08	15位	
15	1979. 4.15	毎日マラソン（現・びわ湖毎日）	2.14.30	4位	
16	1979. 7.29	プレ五輪（モスクワ）	2.15.01	3位	
17	1979.12. 2	福岡国際マラソン	2.10.40	3位	自己新　五輪選考会
18	1980.12. 7	福岡国際マラソン	2.09.49	2位	自己新
19	1981. 2. 1	別府大分毎日マラソン	2.11.32	2位	
20	1981.12. 6	福岡国際マラソン	2.11.29	5位	
21	1983. 2.13	東京国際マラソン	2.08.55	2位	生涯ベスト
22	1983.12. 4	福岡国際マラソン	2.09.17	4位	五輪選考会
23	1984. 8.12	ロサンゼルス五輪	2.10.55	4位	
24	1985. 4.14	ワールドカップ・マラソン（広島）	2.11.01	8位	
25	1985.10.13	北京国際マラソン	2.10.23	2位	
26	1987.12. 6	福岡国際マラソン	途中棄権	—	五輪選考会
27	1988.10.16	北京国際マラソン	2.10.40	3位	
28	1989. 4.16	ワールドカップ・マラソン（ミラノ）	2.12.53	8位	
29	1989.10. 8	メルボルン・マラソン（豪州）	2.18.13	優勝	
30	1990. 3.11	びわ湖毎日マラソン	2.13.58	2位	
31	1990. 4.22	ロッテルダム・マラソン（オランダ）	2.16.10	6位	
32	1990. 8.11	モスクワ国際マラソン	2.15.21	3位	
33	1991. 2.10	東京国際マラソン	2.12.37	11位	
34	1991. 4.21	ワールドカップ・マラソン（ロンドン）	2.13.15	27位	
35	1992. 3.15	カタルーニア・マラソン（スペイン）	2.17.51	9位	
36	1993. 2. 7	別府大分毎日マラソン	2.15.32	7位	
37	1993. 4.19	ボストン・マラソン	2.23.08	31位	
38	1993.10.10	世界ベテランズ・マラソン（宮崎）	2.22.29	優勝	
39	1993.12.19	防府読売マラソン	2.15.58	5位	
40	1995. 3.19	びわ湖毎日マラソン	2.18.37	27位	
41	1995.12.17	防府読売マラソン	2.18.51	7位	
42	1996. 2. 4	別府大分毎日マラソン	2.16.32	8位	
43	1998. 2.15	延岡西日本マラソン	2.20.17	8位	

Legend
3

Toshihiko Seko

瀬古利彦

マラソン15戦10勝の〝レジェンド〟
カリスマ指導者に導かれて世界を席巻

宗兄弟の一番のライバルだった瀬古利彦（現・DeNA総監督）は、学年では宗兄弟より4つ下の58歳。フルマラソンは15戦10勝と最強ランナーを誇り、福岡国際マラソンの3連覇だけでなくボストン、ロンドン、シカゴの世界メジャーマラソンも制覇。トラックレースもそうだが、切れ味鋭いラストスパートが瀬古の〝代名詞〟で、国内だけでなく世界のランナーから恐れられた。ただ、オリンピックだけは縁がなく、宗兄弟と代表になった1980年のモスクワ大会は日本のボイコットで不出場、84年のロサンゼルス大会は体調不良で14位、最後のマラソンになった88年のソウル大会も9位に終わった。自己ベストは、86年のシカゴで優勝した時にマークした2時間8分27秒。ちなみに、日本人で初めて2時間8分台を出したのが瀬古で、83年の東京国際マラソンがその舞台。優勝記録の2時間8分38秒は、当時の日本最高、世界歴代4位だった。

運命的な出会い

1956年（昭和31年）7月15日、三重県桑名市で、男ばかり3人兄弟の末っ子として生まれた瀬古利彦は、外遊びが大好きな、運動神経抜群の子供だったという。明正中学校では野球部に入り、ピッチャーで5番打者。だが、足の速さも群を抜いており、野球部の顧問が陸上部の顧問を兼任していたこともあって、陸上の大会に出場するようになった。野球での勧誘もあったというが、高校は陸上で決めて強豪校の四日市工高へ。高2（1973年）の全国インターハイはちょうど三重県の伊勢市で開かれ、瀬古は男子800m、1500mの2種目を制して地元のヒーローになった。翌年の久留米インターハイ（福岡）では5000mを含めて3冠を狙ったが、この種目はのちにエスビー食品でチームメイトになる、2年生の中村孝生（群馬・前橋工高）にロングスパートで逃げられて2位。しかし、800mと1500mは得意のラストスパートを炸裂させて、2年連続の2冠。国体では高2、高3と1500m、5000mで2年連続2冠を果たし、高校長距離界の歴史に燦然《さんぜん》とその名を刻んだ。

そんなスーパースターが、早大を受験して落ちた。挫折を知らないままエリートコースを突っ走ってきた瀬古は激しいショックを受け、周囲の人たちはアメリカ留学で立ち直りを図る算段をつけた。

●失意の米国留学

最初私は、その話を断った。受験に失敗したんだから、1年後に受かるように、日本で受験勉強しなきゃいけない。それなのに、何でアメリカまで行かなければならないのか。ちょうど日本陸連が有望な大学1年生の海外留学制度を設けた年で、男子走幅跳の大山雅人（早大）と棒高跳の木川泰弘（順大）が決まっていた。彼らはきちんと大学に受かっているのだから、それはうれしい話だろうが、一緒に行く私は浪人の身。

肩身は狭いし、行く目的もはっきりしなかった。ただ、私がどんなに「イヤだ」と言っても、親と関係者でそういう話になってしまったのだと思う。どこかに「大人の顔を立てないといけない」という思いがあって、1975年6月にカリフォルニアへ向かった。

一応、南カリフォルニア大（USC）への留学という経歴になるが、英語の勉強も陸上の練習もまったく身が入らず、無為に過ごした半年だった。プラプラと遊んでばかりで練習をほとんどせず、ジャンクフードを食べていれば、体重はどんどん増えてくる。高校時代の筋肉質の身体はすっかり緩んで、「ランナー・瀬古」の面影は消えていった。一番太った時で、体重は68kg。10kgもオーバーしていた。

元々「行きたくない」と思っていたぐらいだから、後悔の念はすぐに募った。毎日思うことは「早く時間が過ぎないかな」。自堕落とまでは行かないにしても、その一歩手前の生活にほとほと嫌気がさして、予定を少し早めて帰国。それからは猛勉強して、2度目のチャレンジで早大教育学部に合格した。

●干天《かんてん》の慈雨《じう》

1976年（昭和51年）4月、晴れて大学生になった。19歳の春だった。入学式前に千葉・館山で早大競走部の合宿があり、私も参加することになった。1964年の東京オリンピックに1万mで代表になったOBの船井照夫さん（東急）が、当時中長距離ブロックのコーチをやっていて、私は新宿駅で船井さんと待ち合わせをした。そこで紹介されたのが、私の師となる中村清さんだった。中村先生も早大競走部のOBで、1936年のベルリン・オリンピックに1500mで代表になっているのだが、当時の私はどんな方か何も知らなかった。船井さんが「この選手が瀬古です」と言うと、「お前かぁ、インターハイはテレビで観たよ。あの最後のキレはすごかったな」と柔和な表情で言う。〝鬼コーチ〟の片鱗《へんりん》も見せず、館山に着くまでの数時間、ずっとしゃべっていた。緊張していた私は詳しい内容まで覚えていないが、アメリカでの生活について聞かれたり、自分が東急で船井さんたちを指導していた頃の話をされていたと思う。「ずいぶん話が長い人だなあ」というのが、初対面の時の印象だった。

中村清は大正2年（1913年）生まれだから、瀬古が初めて会った時、すでに還暦を過ぎていた。多能多趣味で知られ、特に陸上への情熱は半端ではなかった。第二次大戦中は日本陸軍の憲兵隊長として大陸で任務に就いたそうだが、その目に止まったのが、瀬古の軸がぶれないフォームとキレのあるスパートだった。

当時、早大の長距離は15人しかいなかったが、館山に着くと、先輩方が「清さんが来ちゃった。大変だ」と言っている。「何が大変なんですか？」と聞くと、「あとでわかるよ」と。中村先生はその年の秋から、早大の監督に就任した。

館山合宿の最終日、いつも通りの長いミーティングが終わろうかという時に、中村先生は地面に生えていた草をむしって「私は『これを食ったら世界一になれる』と言われたら食う」と言って、土のついた草をむしゃむしゃと食べた。そして「瀬古、マラソンをやれ。君なら世界一になれる」と、私の目を見て言った。その行動と迫力にビックリした私は、とっさに「はい」と返事していた。ビックリと同時に「こういう人がいるんだ」とすごく感激したのを覚えている。確かに、話が3～4時間に及んだり、自分の顔を叩いたり、「エッ」と思う行動が多かったけど、当時私には「誰かに教えてもらいたい」という強い欲求が渦巻いていた。

アメリカで「このままじゃつぶれていく」という気持ちがずっとあったので、「誰かに引っ張り上げてもらいたい」というような藁《わら》をもすがる気持ち。そこで強力な個性の師に出会ったことが、私のマラソン人生の原点になる。自分の心が渇き切っていたので、砂漠の砂に水を撒くように、中村先生の言葉がスーッと入ってきた。それがマラソン選手になれた一番のポイントで、高校チャンピオンのまま大学生になっていたら、素直に「はい」と言っていたかどうか怪しい。

早大入学にあたって運命的な出会いをした
中村清監督

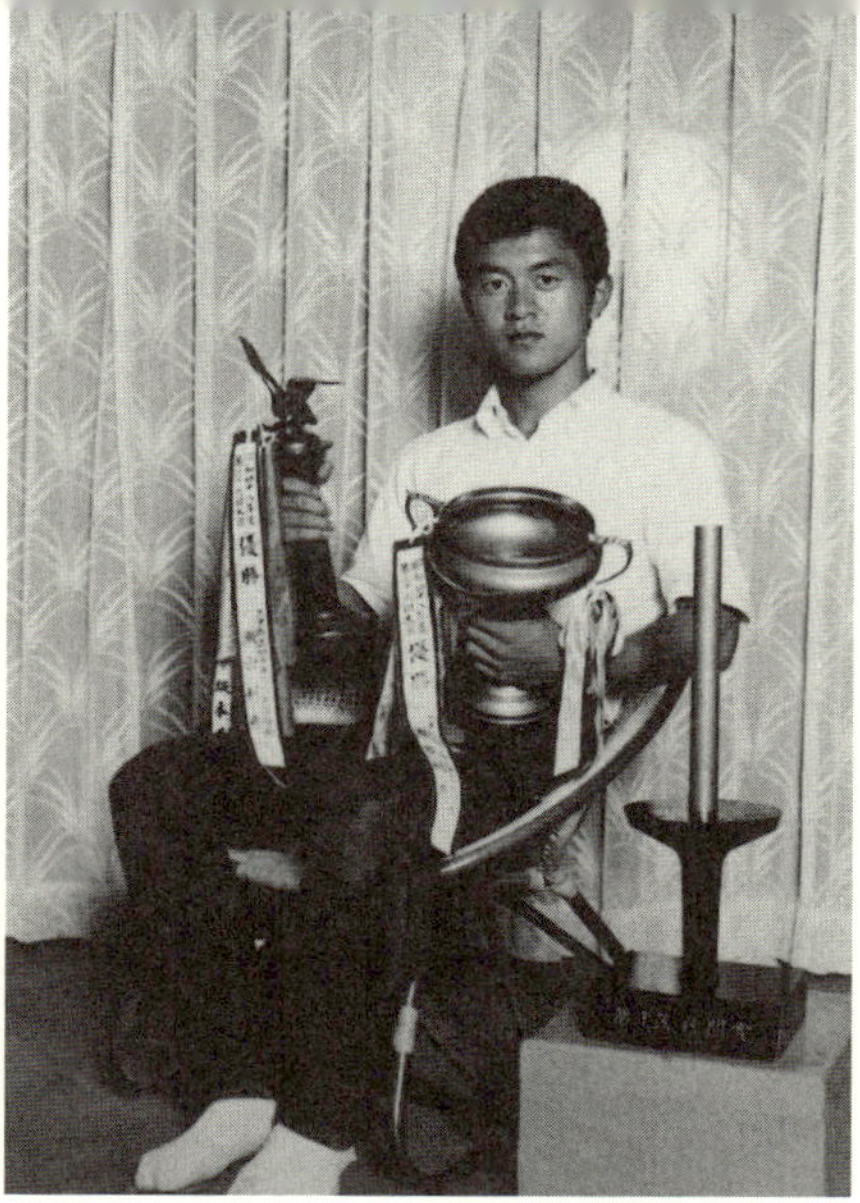

三重・四日市工高時代に中長距離で数々のタイトルを手にした
瀬古。インターハイでは800m、1500mで2年連続2冠に輝いた

大学1年目からインカレで優勝する
など活躍した瀬古。箱根駅伝は4
年連続で花の2区を務め、3、4年
時には区間新記録をマークした

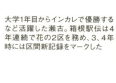

マラソンへの興味

——自分は中距離ランナーと思っているのに、いきなり「マラソンをやれ」と言われ、「はい」と答えてしまった。本当にマラソンが走れると思ったのだろうか？

「そんなのできるわけない」と思っていた。1年間ほとんど走ってなくて、体重もかなりオーバーしているのだから、マラソンなんてできるわけがない。だいたい、自分は８００ｍ、１５００ｍが専門の選手だから、マラソン選手になることすら考えたことがなかった。テレビでマラソンの中継を観ると、君原（健二）さんも宇佐美（彰朗）さんも、みんな苦しそうな顔で走っていた。「あんな苦しいのはできるわけがない。俺には無理だ」と、ずっと思っていた。それなのにマラソン選手になったわけだから、人間という生き物は不思議だと思う。

●嫌いだった長距離走

元々、私は骨太の身体で筋肉もあるので、マラソン向きの体型とは言えない。宗兄弟も中山竹通君も谷口浩美君も、マラソンランナーは基本的に細身だ。それに、長い距離を走るのが、高校時代から好きじゃなかった。90分ぐらいは走ったことがあるが、それも年に数回ではなかったか。15~16㎞の距離が一番得意で、合宿明けの時など学校がある四日市から自宅のある桑名まで、走って帰ったりした。それぐらいなら気持ち良く走れた。教えてくれる人が中村清ではなかったら、学生時代にマラソンをやってなかったと思う。「俺はスピードがあるから、トラックで勝負する」というような、どこかで聞いたことがあるセリフを堂々と吐いていたかもしれない。

――当時、中村は「こいつ（瀬古）をマラソンで世界一にするためには何だってやる。生命だって惜しくはない」と言っている。

それは私にではなくて、マスコミの人たちに言ったんだろうけど、本人に会ってみて、「こいつは何か違うな」と感じてくれたんだと思う。たぶん当時はものすごく純粋で、目の輝きも違っていたはずだ。

●この人に何がなんでもついて行こう

そこで、私は決めた。何を言われようが絶対に「はい」と言って、多少理不尽なことがあってもこの人について行こう、と。ついて行かなかったら、あとはつぶれるだけ。それがわかっていたから、19歳の決心は固かった。中村先生のすごい情熱が私にはわかったので、私生活のことを言われても抵抗がなかったが、急に「髪切って来い」とか言われる上級生は抵抗があったかもしれない。

最初は東伏見の寮に入り、中村先生の住まいがある千駄ヶ谷に私が行ったりしていた。私が千駄ヶ谷に引っ越したのは、大学1年の2月に京都マラソンを走った後だと思う。先生の家からすぐ近くなので、2～3日に1回は私の部屋に来て、いきなり冷蔵庫を開け閉めして帰る。夕飯は先生の家で食べたが、朝と昼は自炊していたので、冷蔵庫に何が入っているかチェックしに来ていた。

卒業後は「ちょうど部屋が空いたからここに住め」と言われて、先生の家の敷地内にあるアパートに入った。「まずい」と思ったが、もはや「ノー」はない。私たちはヱスビー食品陸上部に入り、その後も師弟関係は続いた。

中距離から即マラソンランナーへ

――すべてを「イエス」と言うのは、しんどくなかったか?

しんどい時もあったけど、それしかないと思っていたから我慢できた。特に学生時代は何もわからないわけで、「はい」と、言うことを聞くしかないと思っていた。それは自分で決めていたので、決めた以上はやろうと思った。途中で投げ出したりするのは、イヤだ。ただ、中村先生も人間だから、嫌いなところやイヤな面も見えてくる。だけど「俺を指導できるのはこの人しかいない」と信じて、そこは目をつぶった。

中村先生の求めるものはだんだん高くなり、厳しくなっていった。たとえば「人としゃべっちゃダメ」「外で食事するな」とか。特に、外食は厳禁だった。「俺の目の前で食べないと、どれだけ食ったかわからない。それがわからないと指導できない」と言われた。食べるのはお前らの仕事で、それを管理するのは俺の仕事だ、という。言われてみればそうだが、その管理はすごかった。365日一緒だから。

わずかな息抜きは、銭湯に行った帰りに、風呂屋の隣の酒屋で缶ビールと魚肉ソーセージを買って、グイッとやる時。日体大を卒業してヱスビー食品に入ってきた中村孝生君と「今日もがんばったな」とか言いながら飲んだビールはうまかった。

●リディアード方式の練習

大学1年のうちにマラソンをやることは、早い段階で決まっていたんだと思う。しかし、ウエイトオーバーの身で、急に長い距離の練習をやらされたから、初めはケガばかりしていた。

私たちもよくニュージーランドへ合宿に行ったが、中村先生はあの「リディアード方式」というトレーニングを提案したアーサー・リディアード（ニュージーランド）と親交があり、直接教えを受けていた。リディアードの練習には８００ｍからマラソン選手まで、1週間に1回か10日に1回、20マイル（約32㎞）を走るというのがあって「お前もマラソン選手になるんだから、10日に1回は20マイルぐらい走ろうな」と言われた。

大学の練習は毎週月曜日が休みだったので、その時に「今日は多摩湖まで行こう」とか、「今日は代々木公園で走ろう」と、長い距離を走った。でも、しょっちゅうケガで、治って、走るとケガ、の繰り返し。だから、大学1年の箱根駅伝前は3週間ぐらいしか練習していない。箱根は2区を任されたけど、区間11位とひどい成績に終わった。秋の日本インカレは５０００ｍで優勝していたので、ある記者に「インカレで勝ってるのに11番、情けないね」と言われた。「練習してないんだからしようがないでしょ」と言い返したかったが、さすがにそれもできず、悔しさを噛みしめた。

苦しかった初マラソン

瀬古は大学1年の終わり、１９７７年（昭和52年）2月13日の京都マラソンで、初めての４２・１９５㎞に挑戦した。故障続きであまり練習ができず、2時間26分00秒で10位。苦しいレースになった。

「箱根（駅伝）が終わったらすぐマラソンをやるから」というのは、入学してそう経たないうちに言われたと思う。練習をやればやるほどケガをするので、自分では「大丈夫かなあ」と不安だった。

初マラソンはとても苦しかったので、しっかりと覚えている。練習してないんだから、苦しいに決まっているのだが……。40kmは1回しかやってない。箱根の後に、東宮御所でゆっくり。とりあえず完走しないと、自分がこれからどうやっていったらいいのかわからないと思ったので、何があろうがゴールまで行こうと思っていた。30km以降は、5kmごとのタイムが20分、21分もかかってる。ラスト2・195kmは、10分ぐらいかかったのではなかったか。歩き同然。「止めていいよ」と言われたら止めていたかもしれないけど、誰も言ってくれなかったから、どうにかして歩を進めた。

●金メダリストの言葉

よれよれになってゴールしたら、中村先生が同年配の男性と話をしていた。早大時代、先生は1936年のベルリン五輪に1500mで代表になったけど、そこでチームメイトだった孫基禎さん。ベルリン五輪のマラソン金メダリストだ。孫さんは韓国の人だが、当時日本の統治下にあって、日本の代表として出ていた。

中村先生は孫さんに私のことを一生懸命説明していた。孫さんが「中村さんの教えを受けたら大丈夫。今日は良くなかったけど、ずっと信じてやりなさい」と、肩を叩きながら励ましてくれたのを覚えている。聞くところによると、2人は同い年で、中村先生は朝鮮半島で生まれて、韓国語が話せる。ベルリン五輪のマラソンの時も先生は孫さんたちの応援に行って、孫さんが30km地点で「水くれ!」と韓国語で叫ぶから、水をあげたそうだ。ただ「素質は俺の方がある」と、中村先生は思っていた。なのに「自分はトラックで予選落ちして、孫は金メダル」。その時に「世界で戦うにはマラソンしかない」と強く思ったそうだ。その思いをずっと抱いていて、40年後に私に巡り会う。「お前のような中距離選手をマラソン選手にするのが俺の夢だ」と、大学1年の頃からずっと言っていた。「将来はスピードマラソンになる」ということも、当時から先読みしていた。ベルリンの悔しさをずっと心に秘めながら、なかなかスピードランナーと巡り会わなかったのではないか。

さて、初マラソンを終えた私は「マラソンというのは、練習しないとえらいことになるな」と身に染みてわかった。「もう二度とあんなに苦しい思いはイヤだから、先生が言うペースをきちんと守って練習しよう」と心に誓った。それが2回目のマラソンにつながった。

オリンピックへの思い

2回目のマラソンはその年（1977年）の12月、福岡国際だった。2時間15分00秒1で5位入賞を果たすと、翌年（78年）の福岡では2時間10分21秒の日本学生最高（当時）でマラソン初優勝。さらに、79年の福岡で2連覇を果たし、宗兄弟とともにモスクワ五輪（80年）の代表に選ばれるが、ソ連のアフガニスタン侵攻に反対する西側諸国のボイコットに日本も同調して、不参加の憂き目に遭った。その悔しさを晴らすかのように、80年の福岡国際マラソンでは、見事に3連覇を達成。社会人になっていた瀬古は、81年4月のボストン・マラソン優勝まで、一直線に突っ走った。

福岡国際マラソンは「モスクワ五輪の大事な選考レースになるから、逆算して3年がかりでやろう」ということだった。大学4年（79年）の時、初めてボストンに出た（2位）けど、それはオリンピックに向けて「外国にどんなヤツがいるか見よう」という中村先生の戦略だ。私は大学時代に計5回フルマラソンを走っている。

●自分には無理

そもそもマラソンランナーになることすら考えてなかったのだから、オリンピックへの夢なんて全然なか

大学2年からは箱根駅伝の1ヵ月前に毎年、福岡国際マラソンに出場。2年時は日本人トップの5位、3年時から3連覇。翌年のモスクワ五輪の選考レースだった4年時（写真、1979年12月）は旭化成の宗兄弟との三つ巴のラスト勝負を制した

った。まず、大学2年までは、オリンピックを考えられるレベルではなかった。マラソンを始めたといっても、2時間15分。1万mも28分30秒ぐらい。初めて「世界大会」を意識したのは、大学3年（78年）の6～7月にヨーロッパ遠征に出かけ、DNガラン（ストックホルム）の1万mで27分51秒6と、初めての27分台を出して優勝した時だったと思う。

――高校時代にあれだけ強くても「将来はオリンピック選手」と思わなかったのか？

全然思わなかった。特に長距離には速い人が大勢いて「こんなの無理だ」と尻込みしていた。高校を卒業した年にアメリカへ行った時も、大山や木川は「モントリオール（五輪、76年）がどうの」と話していた。私は人ごとのように聞いていて「すごいなあ。もうオリンピックを意識してるんだ」と、ただ驚くばかりだった。私が初めてオリンピックを意識したのは、大学3年の時の福岡国際マラソンで優勝してからだ。

●伝家の宝刀

ラストスパートのこともよく聞かれたけど、陸上の初めての大会だった中学2年の三重県秋季陸上2000mで、最後の100mでスパートして勝ったのがきっかけ。せこい勝ち方だったが、これなら勝てる。当時は野球部だったし、そんなに練習してないので、その後は全部それで行くことにした。力を温存しておいて、最後にパパッと出る。100％に近いぐらいそのやり方で、逆に言えばそれしか勝つ手段はないと思っていた。全国高校駅伝は2年の時に1区（9・6㎞＝当時のみ）で区間賞を取ったが、その時も同じ方法で勝った。

強いと言われても〝伝家の宝刀〟があったから勝ってただけの話で、自分でレースを引っ張っていたら絶対に勝ってない。自分の力は自分でわかっていて、最初から行っても勝てないと思っていたので、ラストで切り替える方法をずっと取っていただけ。マラソンを始めてからは、中村先生に「最後まで出るな」と言われた。トラックレースなら、スパートするタイミングはだいたい残り３００ｍぐらいから考える。ラスト２００ｍが、一番自分に合っていた。それまでは余計なことを考えず、後ろで溜めておく。私の中に、最初から「記録狙い」はない。勝つだけ。勝てば記録は出ると思っていた。記録を出したいから前に出る、というレースはほとんどなかった。〝捨てレース〟はあったが、負けてはいけないレースは絶対に勝つ。そういう意味で、今までにないマラソン選手だったんだと思う。私を含めて当時の「中村門下生」は、「何かやってくれるんじゃないか」という期待感を持たれる選手たちだった。

ライバル・宗兄弟

１９８０年のモスクワ五輪、１９８４年のロサンゼルス五輪と２大会続けて、日本の男子マラソンの代表は瀬古、宗茂、宗猛のトリオだった。選考レースとなった福岡国際マラソンでは、ともに瀬古が優勝。ほとんど同時に平和台競技場に入ってきても、瀬古のスパートに宗兄弟はかなわなかった。

●衝撃だった2時間9分05秒6

結果的に私が先着したけど、自分がマラソン選手になれたのは宗さんたちがいたからだと思っている。当然、中村監督の教えはあるが、宗茂さんが別大マラソンで2時間9分05秒6を出した時（１９７８年）は、大きな衝撃を受けた。「ああ、こんな人がいるんだ」と……。

中村先生は以前に日本陸連の強化の仕事もやっていて、モントリオール五輪の前、日本のマラソンのトップ選手が集まったニュージーランド合宿にコーチとして行ったことがある。宗さんや伊藤国光さん（鐘紡）、喜多秀喜さん（神戸製鋼）らがいたのだと思う。私はその時にどんな練習をしたのかを、全部中村先生から聞かされた。「宗兄弟がどれだけ練習しているのか知ってるか」というので、聞くと、40㎞を1日に2回やったとか、5000mを8本やったとか。90分ジョッグや1000m×10本は「休養だ」と。まだ1回も40㎞を走ったことがない頃の話なので「40㎞を2本もできる人が世の中にいるんだ」と思ってビックリした。自分もそんな選手になりたいと思ったが、「できないよな」と不安の方が大きかった。

後に宗兄弟に確認すると「40㎞×2」の練習メニューは、どうやら「30㎞×2」の間違いらしい。中村はすでに亡くなっており、瀬古を奮い立たせるためにわざと誇張して言ったのかどうかは定かでない。ただ、そのニュージーランド合宿で「80㎞走」はやったことがあるそうだ。

そんな練習内容を聞いていたところに、茂さんが2時間9分で走った。「やっぱり練習しないといけないんだ」と思って、その頃から真剣に「自分もマラソン選手になろう」と思い始めた。なにしろ、茂さんの記録は世界歴代2位（当時）。その年の世界ランキング1位だった。歴代1位の選手（デレク・クレイトン、豪州）は引退していたので、事実上、茂さんが世界ナンバーワンだ。ということは、茂さんに勝てば世界で1番になれる。「これは宗さんに勝つしかない」と思った。目の前に世界一がいるのだから。

次の福岡国際マラソンは、宗兄弟のどちらかに勝とうと思って、ちょっと真剣に練習をやった。5000mを何本もやったり、40㎞を少し速いペースで行ったり。20㎞も設定タイムを上げたりして、練習の質を徐々に上げていった。目標が明確になった途端、それはすぐに実現して、茂さんが記録を出した年の暮れ、1978年12月の福岡で宗兄弟2人に勝ってしまう。3回目のマラソンで、初めての優勝だった。今も、あの時の茂さんのような選手が出てきたら、みんな「オオッ」となるんだと思う。

茂さんは日本人で初めての2時間10分突破だったが、今ならせめて2時間6分突破が求められるだろう。誰かがそれをやってくれれば、みんなが「自分も」と思うはずだ。いわゆる「スピードランナー」と言われている選手がやれば、なおさらいい。男子は人材がそろっていると思うけど、1人先陣を切って「宗茂」のような存在になってほしい。それには1人で飛ばして行って、最後の5kmを14分台で上がれるスタミナとスピードが必要だ。

質を求めたマラソン・トレーニング

瀬古のマラソン・トレーニングも基本的には宗兄弟がやっていたメニューとそんなに変わらず、3ヵ月ぐらいかけて40km走などのポイント練習を組み込んでいった。ただ、練習の質はだんだんと高くなっていったという。

中村先生はだいたい10日ごとにメニューを出してくれて「ここはこうやろうか」とお互いに話し合って決めた。たとえば12月の福岡国際マラソンに出るなら、9月から走り込みに入って、試合をアクセントに挟んでいく。全日本実業団対抗選手権の2万mをどう使おうか、とか。40kmを何回、30kmを何回とやることは決まっているので、それをどこに当てはめるか。

3ヵ月間のマラソン練習で、40kmを5~6回というのは、他のチームとそう変わらないと思う。ただ、2時間10分かかることはめったになくて、速ければ2時間5~6分で走っていた。私は量よりも質を高めてやっていた。そうしないと、宗さんに勝てないと思ったから。宗さんと同じことをやっていたのでは勝てない。

そう信じていた。スタミナで勝負するタイプではないので、20㎞も60分で走ったら次は59分半、その次は58分前後で走ろうという話になってくる。40㎞も2時間7分では遅いと思ったので「それなら2時間5分、6分で走れるな」という話だった。

●当時から目標は2時間5〜6分

その当時から、我々はマラソンで2時間5分台を出す練習をやっていた。「最後の5㎞をどうすれば14分30秒で行けるか」という話を、中村先生と常々していた。「そうすれば絶対に誰にも負けないな」と。ビル・ロジャース（米国／1976〜79年のニューヨーク4連覇、78〜80年のボストン3連覇をはじめ、数々のマラソンを制覇）だろうが、誰だろうが。

それには、20㎞まで楽に行けるスピードを身につけよう。それならば、後半の30㎞から40㎞あたりが楽になるだろう、と話し合った。要は、余裕度の問題になる。余裕があるかどうかで勝負が決まる。マラソンは30㎞からだから、30㎞までにきつかったらどうしようもない。そこまで涼しい顔で行かないと、話にならない。スタミナも大事だが、ある程度スピードに対する余裕度もないとダメなので、私はスピード持久力をずっと意識して練習していた。だから、20㎞の練習はいつも58分30秒あたりを目標に走っていた。

――マラソンで、35㎞から40㎞を14分30秒にペースアップできたレースはあるか？

それは、残念ながらできなかった。そこまで行かなかったから、ベスト記録が2時間8分台どまりだった。1㎞3分ペースで最後まで行けば、2時間6分台が出る。自分の力からして、それは行けると思っていた。だから、30㎞レースによく出た。青梅マラソン（30㎞）は1人で行って1時間29分台なので、人について行ったらもっと楽なはず。自分はそれが究極のマラソンだと思っていた。それで、最後の5㎞を14分30秒に上げれば、2時間6分は切れる。当時からそう思っていて、その練習をしようと毎日追求していた。

――やはりマラソン練習に40㎞走は必要だと思うか？

当然レースで40㎞以上走らないといけないのだから、それだけの距離を走れる脚を作らないといけない。そのためには40㎞を何回も踏んで、距離に慣れることは必要だと思う。それが自信につながるのは、当たり前の話だ。私は、40㎞では足りないとずっと思っていた。レースで42・195㎞走るのに、練習は「40㎞でいいんですか」ということだ。レースまでまだ日にちがある時期には、脚づくりのために50㎞とか60㎞とか超長距離をやった方が、40㎞がより身近に感じられると思う。人間は走れてくると、嫌いだったものも好きになる。楽に走れるようになるから。最初のうちは30㎞、40㎞がきつくてしようがなかった。でも、やっているとだんだん楽になってくる。やればやるほど「慣れてくるものだ」と思った。練習は決して楽しいものではない。だけど、うまく走れると喜びにつながって「じゃあ、次はもっとうまく走ってやろう」と思う。結果が出ると「もっと高いレベルでやろう」と欲が出てくるものだ。

縁がなかったオリンピック

当時の最強ランナーとして世界に認められた瀬古だが、オリンピックにだけは縁がなかった。１９８０年のモスクワ五輪は無念の不参加で、４年後のロサンゼルスを目指したが、体調をうまく合わせられずに14位。「だったらもう１度」と１９８８年のソウル五輪にも出場。中山竹通（ダイエー）が４位に入った大会で、

瀬古は9位にとどまった。ロンドン、シカゴ、ボストンと世界の名だたるメジャーマラソンの「歴代優勝者」に名を連ねる選手が、オリンピックのメダルだけは手にできなかった。

モスクワはオリンピックの前年にコースの下見に行って、競技場も見学した。中村先生がバックストレートを指さして「あそこでスパートするからな」と。だから、練習ではいつも「ここがモスクワの競技場」と思って、ラスト200mからガーッと切り替えた。ジョッグの時も、最後に必ずガーッと行く。いつ、何時もシミュレーション。トラックレースも負けてはいけなかった。

モスクワ五輪がなくなったのは大きい。最高に調子が良くて「負けるはずがない」と思っている時期だった。たぶん、宗さんたちも同じ思いだろう。すべてがガラガラと崩れた。モスクワ五輪に出られていれば、おそらく次のロスまでもっと余裕を持って練習ができたと思う。心臓に持病を抱えていた中村先生は「もうこれが最後の挑戦」と思ったのかどうか、ロス五輪に向けてはかなり焦っていた。「マラソンで世界一」の夢は、まったく意に反したことで断ち切られた。それをロスで実現しようと、みんなピリピリして練習していた。私はそんな性格ではないのに、精神的にかなり疲れたのを覚えている。

ロス五輪の結果は、見えていたと思う。レース前から完全に疲れていた。暑さ対策でグアムに行き、高温の中で30km、40km走。さすがに「走らされてる」という感じになっていた。

●「ノルウェイの森」でケガ

モスクワからロスまでの4年間が、順調だったわけではない。1981年4月のボストン・マラソンで優勝し、絶頂の気分を味わった後、1年10ヵ月もマラソンから遠ざかった。村上春樹著の「ノルウェイの森」は1987年初版だが、私はそれよりだいぶ前に「ノルウェイの森」でケガをした。ボストンの興奮がさめやらぬ81年6月末、例年どおりヨーロッパ遠征に出かけ「ノルウェイの森」で練習している時、木の根っこにつまずいて足首を捻挫。日差しの少ない北欧の人が公園で日光浴をしていて、ちょっとよそ見をした時という、まったくの油断だった。最初のうちは、試合続きだったので「これで休める」というぐらいの軽い気持ちだったが、走りたくなって練習するとまた痛くなり、治るのに1年以上かかった。

最終的には膝だったけど、長引くケガでその頃は暗かったと思う。親も心配して、たまに部屋まで様子を見に来た。女っ気はもちろんないし、洋服ダンスにも定番のスーツが1着ぶら下がってるだけ。親父は驚いて、知り合いに「うちの息子は修行僧のような生活をしている」と言ったらしい。当時は、休みがないのが当たり前だった。休みがあると、かえって困ることもあった。出かけるところもないし、着ていく服もない。人間、当たり前にしてしまえば、それが当たり前になる。

長い故障期間を経て、瀬古は1年10ヵ月ぶりに不死鳥のようによみがえる。1983年2月の東京国際マラソン。ロドルフォ・ゴメス（メキシコ）を40㎞過ぎに逆転し、日本人で初めての2時間9分突破となる2時間8分38秒（当時世界歴代4位）で優勝。瀬古はこれを、自身のベストレースに挙げる。

復活レースとなった1983年の東京マラソンは、練習も完璧、気持ちも完璧だった。やっと走れた喜びで、うれしかった。38㎞過ぎまでジュマ・イカンガー（タンザニア）が先頭を引っ張ったんだけど、35㎞から40㎞が17分05秒もかかっている。先頭集団にいて、自分も「遅いな」と思っていた。ジョッグのような状態だった。しかし、出られなかった。宗猛さんもいたはずだが、やはり出なかった。「勝つしかない」と思っていたので、どんなにスローペースでも「勝てる」と思うところまで辛抱するしかなかった。今考えると「もったいなかったな」と思う。あそこで出ていれば、2時間7分30秒あたりの記録に届いたと思う。あのレースは最初の5㎞も200〜300m距離が長いのではないか、と指摘された。先頭集団が15分57〜58秒というのは、かかり過ぎだろう。

福岡V4、ボストンV2をはじめマラソン15戦10勝と大活躍した瀬古。自己のベストレースはゴメス（メキシコ、左端）に逆転勝ちし、当時の日本最高記録・世界歴代4位である2時間8分38秒で優勝した1983年2月の東京国際という（先頭が瀬古）

1984年のロス五輪で14位にとどまった瀬古（左）は、故障でまともな練習ができなかった1988年（写真）のソウル五輪でも9位どまり。4位に入賞したライバルの中山竹通とレース後に握手をかわした

2時間6分台を出せる練習はしていたので、自分で行く気になれば行けたはずだ。しかし、長いブランクの後のレースで、慎重に進めるように中村先生にも言われていた。確か、2週間前の20kmを58分35秒で走っている。1週間前の5kmは、13分50秒ぐらいだった。

常に「マラソン選手」を意識しよう

一時「若いうちからマラソンをやるのはどんなものか」という風潮があった。20歳からマラソンをやってきた瀬古は、それをどう感じていたのか……。

私はマラソンを始めた年齢が早過ぎたと思っていないし、やってはダメだとも思ってない。ある程度スピードのある選手は「1万mで27分ちょっとを出してからマラソンを」とか言うけど、27分ちょっとで走ってもトラックでは世界に通用しない。だったら、マラソン練習をしながら、トラックレースで27分20秒でも30秒でも出した方が、よっぽど価値がある。トラックで成功した後にマラソンに転向した高岡寿成君（カネボウ）のことが、みんなの頭にあるのかもしれないが、彼は別格で、マラソン練習をしたくてもケガが多くてできなかった、という話だ。

当時から、私も宗兄弟も、マラソンをやり、駅伝をやり、それでもトラックの1万mは27分台で走っていた。気持ちはいつも「マラソン選手」だ。今の選手はトラックがあって、駅伝があって、ついでにマラソンだから、マラソンレースができない。そうではなくて、マラソンが主なら、何でもできる。マラソン練習をやれば、1万mの27分30秒はすぐに切れると思う。

ただ、2020年の東京オリンピックが決まった。これがいい。若い世代が「マラソンをやろう」と思い始めている。そういう意識になれば、苦しい練習でもやろうとする。思っていなかったら、マラソン練習なんて誰もしない。駅伝だけ考えている選手は、命がけの練習をしない。する必要がないから。駅伝のついでにマラソン練習、といったら、大した練習ができないし、マラソンの結果も知れている。年がら年中「俺はマラソン」と思ってないと、実のある練習はできない。

5年後なんてあっという間で、今すぐに始動しないと間に合わなくなる。私が中村先生に教えてもらったような意識を、今の20歳前後の選手に持たせないといけない。トラックでいくら速くても、マラソンは練習しないと走れない。この考えに、今も昔もない。若いうちからしっかりと練習できる人は、ぜひマラソンを目指すといい。練習できない人は、本人が変えようと思わないと無理だ。私も最初は「向いてない」と思ったけど、変えようとして、変えられた。中村先生の言葉だけでは、なかなか火がつかなかったかもしれない。宗さんの2時間9分05秒で火がついて、競技生活の晩年は中山君が焚きつけてくれた。

●練習はプラスアルファが大事

「自分はマラソン選手になるんだ」というのを常に意識して、トラックも駅伝も走れるようになったら、練習を人より増やす。みんなが30km行くなら、35km。5000m×2本だったら、自分は3本やる。3本がメニューなら、4本。そういうことが大事になる。

今は駅伝のための練習が主で、30kmなら誰でも走れる。30kmを1時間45分ぐらいで走っていたら、簡単だし、ご飯もうまい。ただ、そんなのやっていても練習にならない。走るなら、1時間30~35分。速いペースで押していく練習。その方がよっぽど試合に直結する。もし30kmが1時間45分だったら、次の日に5000mを14分30秒で3~4本やれと言いたい。それが本当のマラソン選手。残念ながら今、うちのチームにそれをやれる選手はいない。30kmを1時間45分でやるなら、プラス10kmを30分台でスーッと行く練習もある。そうしたら、計40kmで、後半の練習になる。それが、今は30kmしかやらない。はっきり言って、練習が甘い。

40km走ったら、もう一押し、あと2~3kmやればいい。マラソンは42・195kmあるのだから。私は、40km走の後に、プラス5kmのタイムトライアルとかやった。フラフラになって、確かにきつい。でも、それをやっておくと、35kmからも脚が持つ。それが自信になる、「絶対に大丈夫」と。「絶対に大丈夫」と思えれば、走りのバランスも良くなるし、疲れない。42kmを「長い」と感じたら、気持ちの中で終わり。それを克服するには、練習しかない。私たちはよく、試合が終わってそのまま練習で10km以上走ったりしていた。そういう〝練習の虫〟が出てきてほしい。

●目に見えることだけが練習ではない

もう一つ後輩たちに言わせてもらうなら「泥臭いことをしなさい」と強調したい。目に見えないことをしないとダメ。目に見えることだけが練習ではないのだから。まずは、歩くこと。今はすぐ近くのコンビニエンスストアに行くのに、自転車に乗る。そんなことをしないで、まず歩く。歩くことが、一番のストレッチになる。見えている練習なんて大したことなくて、そういう見えないところでどうするか。私は学生時代、両手に石を持って、安全靴を履いて歩いていた。中村先生は「トレーニングシューズで歩くな」と言う人で、「歩きにくいシューズで歩け」と。みんな、上はトレーニングウエアでも足は革靴だったりした。

マラソン練習は苦しいから「やれ、やれ」と言ってもできっこない。本人がいかにそこに価値観を見出すか。あとは、指導者がいかに自信をつけさせるか。成功体験を重ねると、うまい方向へ転んでいくことが多い。

瀬古のマラソン全成績 ※世界歴代，日本最高，日本学生最高は当時

回数	開催日	大会	順位	タイム	備考
1	1977. 2.13	京都	10位	2.26.00	新人賞獲得
2	1977.12. 4	福岡国際	5位	2.15.00.1	日本人トップ
3	1978.12. 3	福岡国際	優勝	2.10.21	世界歴代10位，日本学生最高
4	1979. 4.16	ボストン	2位	2.10.12	世界歴代9位，日本学生最高
5	1979.12. 2	福岡国際	優勝	2.10.35	モスクワ五輪選考
6	1980.12. 7	福岡国際	優勝	2.09.45	世界歴代8位
7	1981. 4.20	ボストン	優勝	2.09.26	世界歴代5位・大会記録
8	1983. 2.13	東京国際	優勝	2.08.38	日本最高・世界歴代4位
9	1983.12. 4	福岡国際	優勝	2.08.52	ロス五輪選考
10	1984. 8.12	ロサンゼルス五輪	14位	2.14.13	
11	1986. 4.20	ロンドン	優勝	2.10.02	
12	1986.10.26	シカゴ	優勝	2.08.27	自己最高・世界歴代10位
13	1987. 4.20	ボストン	優勝	2.11.50	
14	1988. 3.13	びわ湖毎日	優勝	2.12.41	ソウル五輪選考
15	1988.10. 2	ソウル五輪	9位	2.13.41	

瀬古の種目別年次ベスト（1956年7月15日生）　★＝当時日本記録

年度	年齢	5000m	10000m	マラソン
1976-77年	20歳（大1）	14.22.2		2.26.00
1977-78年	21歳（大2）	13.49.3	28.34.8	2.15.00.1
1978-79年	22歳（大3）	13.35.8	27.51.6	2.10.21
1979-80年	23歳（大4）	13.34.4	28.02.6	2.10.12
1980-81年	24歳（社1）	13.31.0	27.43.5	2.09.45
1981-82年	25歳（社2）	13.58.2	★27.51.93	2.09.26
1982-83年	26歳（社3）	13.36.1	28.39.4	★2.08.38
1983-84年	27歳（社4）			2.08.52
1984-85年	28歳（社5）		28.11.25	2.14.13
1985-86年	29歳（社6）	13.30.94	★27.42.17	
1986-87年	30歳（社7）	★13.24.29	27.45.45	2.08.27
1987-88年	31歳（社8）	13.38.65		2.12.41
1988-89年	32歳（社9）			2.13.41
実績	■1980年　モスクワ五輪 マラソン代表 ■1984年　ロサンゼルス五輪 マラソン 14位 ■1988年　ソウル五輪 マラソン9位			

1978年福岡国際マラソン前のトレーニング

9/1		23km
2		12km変化走
3		12000m＋200m＋100m
4		20km
5		15km（200m×5）
6		3000m（8.19） 8000m＋1000m＋200m×3
7		8km
8		60分
9		1000m＋400m＋200m＋100m
10		5000m（14.13）
11		14km
12		13km
13		13km
14		30分jog　400m　300m
15		早慶戦1500m（3.50.6）
16		25分jog　1000m
17		5000m（13.57） レース後18km 1000m×2
18		20km
19		75分
20		15km
21		3000m（8.13） 8km＋1km＋400m 200m＋50m×2
22		60分
23		14km
24		1000m
25		8カ国陸上 10000m（②29.20.8）
26		20km
27		37km
28		30km
29		16kmの中1000m×2
30		20km（64.30） 外苑　2周＋1周×2
10/1		25km変化走

2		13km
3		3000m(8.14)8km＋1km＋400m＋200m＋100m＋50m＋50m
4		20km
5		17km
6		35分　1000m　200m×3
7		日本インカレ 5000m予14.42決①13.49.5
8		日本インカレ 10000m②2857.0
9		15km
10		17km
11		21km
12		20km（63.02）
13		25km変化走
14		90分　1000m×5入れる
15		70分
16		20km（60.05）＋5km
17		42.195km（2.24.11）
18		9km　休　故障
19		8km　〃
20		50分
21		休
22		60分
23		31km変化走
24		3000m×5　1000m×3 9.10-8.59-9.00
25		15km
26		外苑22周（1.33.43）
27		5000m（1/2）200m×5
28		23km
29		60分　2km＋1km
30		5000m（14.28） 12000m＋1km
31		50分
11/1		80分
2		30分　1000m×2

3		20km（59.40）4km＋1km
4		60分
5		12km 3000m×3＋1000m
6		25km
7		7kmjog　2km＋1km
8		36km（1.54.20）＋5km
9		90分
10		27km走
11		17km
12		10000m（29.40） 3000m（9.15） 5000m（15.06）1200m
13		15km
14		50分
15		50分 1000m×4
16		43km走
17		25km変化走
18		60分の中1000m×2
19		府中20km（59.21）
20		85分
21		30km走
22		30分 1000m×2
23		静岡19.2kmレース（57.44）
24		60分
25		75分
26		外苑4周（15.08）＋1km
27		17kmjog
28		70分の中で2km，1km
29		20km（62.40）＋1km
30		60分
12/1		78分
2		6kmjog　2km（5.34）
3		**福岡　優勝 2.10.21**

1986年シカゴマラソン前のトレーニング

7/25		
26		
27		6km　箱根75分
28		40分　80分
29		30分　50分
30		40分　70分
31		40分 外苑10.6km+2周+1周
8/1		15km
2		15km変化走
3		80分走
4		35km（2.08）
5		120分
6		5km×2
7		12.5km
8		13km
9		13km
10	↑	9.5km
11		21km
12		16km
13		50km（3.01）
14		5km×3　15.59-14.12-16.12
15		13km　2km+1km　11km
16	ニ	16km
17	ュ	10km
18	｜	40km（2.15.15）
19	ジ	70分
20	｜	1.25km×10　13km
21	ラ	13km
22	ン	34.5km（1.56）
23	ド	8.5km
24		10kmレース（28.56）
25		65分
26		65分
27		95分
28		16.5km走（70%）
29		12km
30		40km（2.13）

31		14km　12km
9/1		1.5km×7
2		14.5km
3		64分
4		5km×2　14.10　15.32
5		7km
6		レース19.5km（56.36）
7		60分クロカン
8		14km
9		40km（2.11.10）
10		14km
11	↓	帰国　11.5km
12		12km
13		12km
14		東宮33km（1.56.37）
15		22km
16		河口湖　16km
17		1000m×10
18		34km走（1.57.35）
19		12km
20		13km
21		22km
22		10.5km　+2km（5.36）+1km（2.47）
23		12.5km
24		40km（2.08.36）
25		16km
26		8km
27		8km　1km×2
28		6km
29		アジア大会（ソウル）10000m③29.31.90
30		16km
10/1		12km
2		16.5km
3		外苑2周×5+1周×3
4		東宮40km

5		16km
6		13km
7		外苑12km+1周3.51
8		外苑20km（59.36）6kmjog
9		東宮30km
10		14km
11		16km
12		14km
13		20km
14		外苑9.3km　1$\frac{1}{2}$周（5.57）
15		30km（1.32.15）+1周
16		12km
17		20km
18		外苑4周（15.05）+2周+1周
19	↑	14km／シカゴ40分
20		20km
21		12km
22	シ	17.5km走（53.06）
23	カ	10km
24	ゴ	12km
25		2km（5.54）
26		**シカゴ　優勝 2.08.27**

※7月10日～9月10日はニュージーランド合宿

Legend 4

Sachiko Yamashita

山下佐知子

女子マラソンで日本の「メダル第1号」
東京世界選手権で銀、バルセロナ五輪は4位

世界選手権は第1回(1983年)のヘルシンキ大会から行われている女子マラソンだが、オリンピックはその翌年(1984年)のロサンゼルス大会で正式種目になった。それら世界大会で日本の「メダル第1号」になったのが、1991年の東京世界選手権で銀メダルを獲得した山下佐知子(当時・京セラ、現・第一生命監督)。その勢いで、1992年のバルセロナ五輪では4位に入賞。鳥取大教育学部を卒業し、いったん教職に就きながらも、マラソンへの夢を断ちきれずに実業団へ飛び込んだ小柄な女性が、一途な思いを実らせて、夏のマラソンレースで輝いた。

マラソンへのあこがれ

1964年（昭和39年）の東京オリンピック開会式は、その後「体育の日」として祝日に制定された10月10日だが、山下佐知子はその51日前、64年8月20日に大阪市で誕生し、6歳の時に両親の郷里である鳥取市に移った。「寒さには弱いが、暑さにめっぽう強い」という体質は、真夏に生まれたことが影響しているのか。地元の県立鳥取東高から国立の鳥取大学教育学部に進学したのが1983年（昭和58年）。ちょうど翌年のロサンゼルス五輪から女子マラソンが採用されることになり、佐々木七恵（ヱスビー食品）と増田明美（川崎製鉄千葉）が代表入り。中学1年から陸上部に入り、高校時代は800mで3年間インターハイに出場している山下は、女子マラソンの先駆者とも言える佐々木や増田のレース、それを報じる記事などに興味津々だった。

一番印象に残っているのが、佐々木さんが85年の名古屋国際女子マラソンで優勝したレース。3月だから、大学2年の終わりごろだと思う。ちょうど大学の卒業式シーズンで、友達とワイワイ集まっていた記憶があるが、私はテレビにかじりついていた。

●佐々木七恵の引退レース

ロス五輪に出場（19位）した佐々木さんは、その名古屋のレースが引退レースだった。結婚も決まっていたんだと思う。そこで、自己ベストを出して優勝。格好良かった。「こんな終わり方があるんだ」と思って、うらやましくもあった。増田明美さんは高校生の時からパーッと出てきて、すごく天才に見えた。あこがれるというより、別次元の人に思えた。佐々木さんは岩手県の先生をやっていたのに、マラソンをやりたくて教職を捨て、東京に出てきて中村（清）先生に師事した。そういう苦労人のようなイメージがあって、あこがれの存在になった。のちに私も同じような道をたどるのだが、心のどこかで佐々木さんとリンクさせていたのだと思う。

初めての挫折

山下は鳥取市の稲葉山小学校時代から、足自慢だったという。

小学校の校内マラソン大会は、女子が100人ぐらいいる中で、1年の時は6番だったけど、2年生からはずっと1番。運動会でも、足は速い方だったと思う。一昨年、その学校が創立60周年を迎えて、校内に〝山下ロード〟みたいな1周500mぐらいのジョギングコースを造った。その「コース開き」の式典に呼ばれて、後輩に当たる小学生と一緒に走ってきた。

鳥取東中学校で陸上部に入り、3年の時に800mで全日本中学校選手権に出ている。鳥取東高時代は3年間インターハイに出ているが、全国大会に行って戦えるレベルではなくて、準決勝どまり。今思うと、本番に強かったのではないか。1年の時にインターハイに出られるなんて思いもしなかったのに、なぜかひょっこり中国地区大会で6番に入ってしまった。

大学は、中学2年の時に父が亡くなっているし、「地元の大学」という選択肢しかなかった。公務員試験も受けていたので、鳥取大に落ちたら公務員になっていたはずだ。その頃は、すべて近場でしか物事を考えてなくて「本当は筑波大に行きたいけど、うちはお金がないから行かせてくれないよね」と母親に突っかかってみても、どこまで本気だったか。願書だけは取り寄せても、鳥取を出て自活する覚悟はなかったんだと思う。

大学時代は、ほとんど陸上のことしか頭になかった。陸上部監督の油野《あぶらの》（利博）先生が、陸上競技の文献を集めるのが趣味で、研究室に行くと陸上に関する論文や書籍、雑誌がいっぱいある。私はそこに入り浸って、ひたすら本を読んでいた。私がトレーニングに疑問があって聞くと、油野先生は「じゃあ、この論文を読んでみろ」と。そのうちに、本棚の片っ端から読みあさる感じになった。私にとって夢中になれる、楽しい時間だった。

●地元の「わかとり国体」で周回遅れ

その頃、オリンピックは単なるあこがれで、流行歌手や映画スターにあこがれるのと一緒。「いいなあ……」と、うっとりする対象に過ぎなかった。

それよりも、昭和60年（１９８５年）に地元・鳥取で開かれる「わかとり国体」の方が大事で、私もその代表候補に入っていたので、そっちに向かってまっしぐら。小さな県だから、団結力も強かった。大学3年で迎えた地元の国体は、成年女子共通５０００ｍに出場したが、脚を痛めていたこともあって全然走れず、撃沈した。私の最初の挫折は、そこになる。先頭の人に1周抜かされるような有様だったので、情けないこと極まりなかった。でも、応援はすごい。「地元の国体で活躍できたら、どんなにいいだろう」と思っていたのに、それができず、悔しいやら、恥ずかしいやら。

この経験があったので、東京に世界選手権が来ると知った時、ものすごいフラッシュバックがあった。舞台を変えて、絶対に地元の大会でがんばりたい――。鳥取だったら県民が大勢競技場に来て、鳥取の選手を応援してくれる。舞台は違うけど、東京の世界選手権に日本の選手として出たら、日本のみんなが応援してくれるだろう。国体のリベンジではないけれど、私はそこでみんなに喜んでもらうために走ろうと思った。

国体に向けての強化合宿では、前年のロス五輪に女子やり投で代表になった森美乃里さん（鳥取・智頭中教）や、男子競歩の園原健弘さん（鳥取アシックス）、女子ハードルの秋元千鶴子さん（鳥取女短大教）ら日本を代表する選手たちがいた。そういう人たちから受けた刺激は、大きかったと思う。ある時、森さんに「日本代表のユニフォームが欲しい」とお願いしたことがある。そうしたら、森さんは「そういうものは、自分で代表になってもらいなさい」と、手厳しい返事だったのを覚えている。

トントン拍子で日本代表に

山下に大きな転機が訪れたのは、大学卒業を目前に控えた１９８７年の冬。１月の全国都道府県対抗女子駅伝に鳥取県チームの１区（６㎞）で出場したら、まさに「伏兵現る」という状況で区間賞を獲得。その結果、当時２月末に行われていた横浜国際女子駅伝の日本代表メンバーに選ばれ、さらには３月末の世界クロスカントリー選手権の日本代表になり、ポーランド・ワルシャワまで遠征することになった。自分でもビックリするようなトントン拍子の出来事で、山下の見る〝世界〟は一変した。

本当は大学の卒業記念で、マラソンを走ろうかと考えていた。ソウル五輪（88年）の代表になった浅井えり子さん（ＮＥＣ・ＨＥ）を指導する佐々木功さんが、当時提唱していたＬＳＤ（ロング・スロー・ディスタンス）の本を読んで、ゆっくりゆっくり長い距離を走っていた。「これで名古屋（国際女子マラソン）でも走れたらいいな」と思ってやっていたら、自然と練習量が増え、と同時になぜかスピードも上がってきて、全国都道府県対抗女子駅伝の1区で区間賞。それで横浜国際女子駅伝の日本代表チームに入り、「駅伝の調整で全日本クロカン（千葉）に出なさい」と言われたので出たら、日本人で2位。今度は、世界クロカンの代表にもなってしまった。それまでの自分のキャリアでは、まったく考えられないことばかりだった。

特別なことと言えば、ＬＳＤを含めて距離を踏んだ、というぐらい。「マラソンを走るからには距離を踏まなきゃ」と思ってやっただけなので、「エッ！」という流れだった。距離というより時間を決めて「１２０分走」とかだったが、ゆっくりのペースなので苦ではなかったんだと思う。当時、２００ｍのベストが28秒ぐらい、４００ｍも60秒そこそこで、スピードがないわけではなかった。８００ｍのベストは、高校時代も大学時代も2分14秒。上に跳ぶようなランニングフォームなので長い距離には不向きだと思っていたが、もうちょっとやりようはあったのかもしれない。

●恩師との出会い

１９８７年3月にワルシャワで行われた第15回世界クロスカントリー選手権に出場した山下は、女子の部（５０５０ｍ）で90位（日本選手で2番手）という結果だったが、その時の女子コーチだった浜田安則（京セラ監督）に出会ったことが一つの縁だった。理論派で知られる浜田は鹿児島大を卒業後、鹿児島県の高校教員をしながら長距離、マラソンを走っていた。日本選手権は５０００ｍで1回、1万ｍで2回優勝している。その後、鹿児島県国分市（現在は霧島市）に拠点を置く京セラ陸上部の監督になり、１９８８年ソウル五輪の女子マラソン代表になった荒木久美らを育てた。

学生時代、陸上競技の専門誌も隅から隅まで読み尽くすような感じだったので、浜田さんにも、京セラ陸上部にも興味は持っていた。教員を辞めて実業団の監督に転身した浜田さんは、何か哲学を持って指導しているようなイメージで、惹《ひ》かれるものがあった。ただ、陸上部全体はベールに包まれていて、ちょっと堅苦しい感じがしなくもなかったが……。

800mでインターハイに3年間出場（1年：予選敗退、2〜3年：準決勝敗退）した実績があった山下佐知子（右端）は地元の国立大学（鳥取大）に進学。日本インカレでは1年から3000mで入賞を果たし、10000mが初めて採用された4年生の時（写真）は体育系大学の選手に交じって3位に食い込んだ

大学卒業間際の1987年3月、世界クロカン（ポーランド・ワルシャワ）の代表にも抜てきされた山下。初めての海外遠征ながら日本選手2番目の90位という成績を残した

世界クロカンへの遠征で京セラ監督の浜田安則氏と出会ったことが、山下にとって大きな転機となり、採用されたばかりの中学教員の職を3ヵ月余りで辞めてしまい、マラソン選手になるために実業団の京セラに入社した

世界クロカンは「あの人が来るんだ」と思って、浜田さんに興味津々だった。「こんな偶然があるんだ」と思いながら、帰りの機中では隣の席に座ってずっと話をした。実はその頃、私は鳥取大附属中学校へ保健体育の教員で赴任することが決まっており、それを伝えていたので、実業団への勧誘は一切なかったと思う。ただ、悩みだけは打ち明けた。私は元々教員になりたいわけではなかったけど、そういうレールに乗っている。でも、陸上だけの生活をしたい、と——。

他の実業団からは、いくつかお話をいただいた。ポッと出てきた選手だが、国立大でどれほどの練習をしているのかわからない。今の私でも、興味を持って声をかけるかもしれない。

人生の岐路

悩みに悩んだ挙げ句、山下はたった3ヵ月半の教員生活にピリオドを打ち、1987年（昭和62年）7月に京セラ入りする。

最終的に決断したのは、6月末だったと思う。鳥取にある大山《だいせん》という山に中学2年生を1泊2日だか、2泊3日で連れて行く研修行事があって、無事に下山してから教職員だけで夕食をとった。その席で、同僚の男性教師が心臓発作で急死した。「お疲れさま」と言って乾杯をした直後に、私の目の前で倒れて、すぐに救急車を呼んだが間に合わなかった。

その時に思った。「将来のために教員になった方がいい」と言われて教職に就いたけれど、将来なんてわからない。「だったら、自分のやりたいことをやろう」と。人の命のはかなさに、圧倒された。

●母親の猛反対を押し切って

教員を辞めて実業団に入るという話を母親にしたら、もう怒り心頭で会話にならなかった。しばらく口も聞いてくれなかった。今考えたら、それもそうだろう。お世話になった人たちへの不義理は、相当なものだ。校長先生に退職の旨を伝えると、予想に反して穏やかな口調で「山下さん、それは悩んでるんですか？　もう決めたんですか？」と、ひと言だけ言われたのを覚えている。「もう決めました」と言うと、「そうですか」と。私はただ、頭を下げるしかなかった。

離任式が1学期の終業式の日だった。当時はまだ「オリンピック」という言葉を口に出せるレベルではなかったので、あいさつでも一切使わず、ただ「日本代表になりたい」とだけ言った。でも、校長先生が「山下先生はオリンピックを目指すために退職されます」と言ってしまった。自分はあえて「オリンピック」という言葉を使わないようにしていたのに、「何でそんな大きなことを言うの」と、ちょっとだけ腹が立ったのを覚えている。

「マラソンをやりたい」ということは言ったと思う。マラソンをやるには時間とお金と指導者が必要だと思ったので、教員との両立は無理だという自分の判断だった。とはいえ、ひたすら指導者しか見ていなかったので、寮を見に行ったこともないし、給与がいくらかも聞いてなかった。近頃の選手が、あれこれ見学してもなかなか行く先を決められないのを見ると、自分が変わっていたんだなあと思う。ただ、自分の意思が強ければ大概のことはクリアできるし、状況に応じて変えていかないとダメだと思う。あれこれ言っても、自分の腹一つでどうにかなることは多いのではないか。

●半端ではない覚悟

浜田さんの練習は根性論ではなく理路整然としていて、無駄なことがあまりなかったので、私の中で練習に対する不満はなかった。納得できないことは、聞けば解決した。

すごくあこがれて実業団入りしたのに、「何だ、こんなものか」というような違和感もあった。自分が強くなるためにやるのだから、練習の不満があったら直接聞けばいいのに、それをしないで「やらされている」と受け取る風潮。「ケガをしたら太る」というのも、当たり前になっていた。でも私は「ケガをしたから太る」のではなく、「ケガをして練習しないのに、食べるから太るんだよね」と思っていた。

悩んだ末に教員を辞めて入った私と、覚悟のほどが違っていたのかもしれない。実業団チームに入るということは、半ばプロの道に入るということだが、当時も今も部活の延長のような気持ちで、確固たる意志を持たずに選択する選手がいやしないか。どれほどの覚悟があるのか、どれだけやりたいのか、人によって強弱はあるんだろうなと思う。私は23歳になる少し前に実業団入りして、24歳で初マラソンをやって、実質6年半の競技生活。「一旗揚げないと鳥取へ帰れない」と覚悟を決め、退路を断っての陸上人生は、猪突猛進だった。

マラソンランナーの仲間入り

山下は1989年（平成元年）3月、名古屋国際女子マラソンで念願だった42・195㎞に初挑戦。2時間34分59秒で4位（日本人2番手）と、まずまずのデビュー戦になった。

実業団に入ったらすぐにでもマラソン練習ができると思っていたのに、1年が経ってもそんな雰囲気にならない。ある時、浜田さんに「私のマラソンはいつになるんですか？」と聞いた。そうしたら「ああ、山下はマラソンに向いてるかな」というようなことを言われ、「冗談じゃない。私はマラソンをやるためにここに来たのに」と思ってかなりショックだったのを覚えている。

「じゃあ、名古屋でもやるか」という話になって、自分のためにマラソン練習のメニューを組んでもらえるようになった。それが、すごくうれしかった。初めての40kmは、トラックの4万m走。それまで20km以上はあまり走ってなかったので、ワクワクしながら練習した。

初めてのことだから、マラソン前にご飯をどれぐらい食べていいのかもわからない。当日、ウォーミングアップ中にすごくお腹が減ってきたような気がして、チームメイトにあめ玉を買ってきてもらった。お腹が減ったというのも、気のせいだったのだが……。

レースは楽で楽で仕方がなかった。浜田さんが途中で「まだ（ペースを）上げるなよ」と言う。でも、トップグループは前にいて、石倉あゆみさんというチームメイトもその中にいた。私も前に行きたくて仕方がないのに、「行くな」と止められて、30km過ぎたあたりから「もう行っていいだろう」と思ってがんばったら4番。1つ前で石倉さんが日本人トップでゴールしていて、それはメチャクチャ悔しかった。もし先頭グループについて行ってたら、表彰台に上がれたかもしれないし、途中でつぶれていたかもしれない。ただ、やっぱり「マラソンは楽しいな」という気持ちで初マラソンを終えられたので、ペースを抑えさせたのは監督の戦略だったのかなと思わないでもない。

●「30kmの壁」はなかった

私はこの名古屋からバルセロナ五輪まで、7回のフルマラソンを走っているが、「30kmの壁」を感じたことは1度もない。練習でも、終盤に大きく失速することはなかった。ベスト記録が2時間29分台なので、ガンガン行くレースをしていないからだと思う。今のように2時間21〜22分台を目指して、というのではなく、

1991年の東京世界選手権。日本国中が沸いたこのイベントで山下（左）は2位に食い込み、日本の女子マラソンで世界大会初のメダルを獲得した

東京世界選手権の表彰台に立った山下（右）。左へ優勝したワンダ・パンフィル（ポーランド）、3位のカトリン・ドーレ（ドイツ）

やはり勝負重視のレースが多かった。あとは「30㎞の壁」という話は聞いていたが、人の言っていることに対して先入観を持たないようにしていた。すごくあこがれていたマラソンはやっぱり楽しくて、「やっと自分もマラソンランナーの仲間入りができた」というのが、何よりもうれしかった。

東京世界選手権の銀メダル

折しも、１９９１年に東京での世界選手権開催が決まり、山下はターゲットをそこに絞って、代表選考レースに指定された90年８月の北海道マラソンに出場。日本人トップの２位（２時間35分41秒）になって、見事に代表入りを決めた。

その頃から、自分のやりたい世界があこがれではなくて、具体的な目標になった。それぐらいはやらないと、鳥取に帰れないと思っていた。東京の世界選手権が決まり、日本陸連が選手強化のために海外での高地トレーニングを始めたのが、その頃だと思う。私は90年の北海道マラソン、91年の東京世界選手権、92年のバルセロナ五輪と、３年続けてアメリカのガニソンという標高２４００ｍぐらいの高地に行って練習した。

●マラソン初優勝

東京世界選手権の代表発表は、確か91年の3月1日だった。なぜ覚えているかと言えば、私は3月3日の名古屋国際女子マラソンに出場予定で、まず鹿児島から東京に来て代表発表の記者会見に臨み、その足で名古屋に向かったのだ。

名古屋のレースに出るといっても、ケガをしていて、ろくに練習していなかった。代表になった直後だけに「これでボロ負けしたら格好悪いな」と思ったが、「練習の一環だから」とあえて出場した。たぶん疲労がなかったことと、「どうせ練習してないんだから外国選手と行けるところまで行って、ダメなら止めればいいか」と思ったのが良かったのかもしれない。最後まで持ってしまって、外国選手２人との競り合いに勝ち、マラソン初優勝を飾った。

「名古屋でケガをしていても勝った」という事例は、東京世界選手権に向けての練習で意図的に使った。ケガはしてないけど、ここらへんでちょっと落とした方がいいかな、とか。疲労が抜けた状態でレースに出られる状況を作りたかった。

東京世界選手権の２日目（8月25日）、午前7時にスタートした女子マラソンは、日が高くなるごとに過酷なサバイバルレースになり、山下のチームメイトの荒木久美（京セラ）は中盤で脱落したが、山下と有森裕子（リクルート）は耐えた。外国勢はワンダ・パンフィル（ポーランド）とカトリン・ドーレ（ドイツ）。有森は36㎞で遅れて４位。山下は優勝したパンフィルに遅れること、わずか４秒。２時間29分57秒の自己ベストで、銀メダルを獲得した。

「暑さ対策」とよく言われるけど、自分は元々暑いのは好きで、そんな対策は特に要らないと思っていた。だから、暑い中でわざわざ練習する必要はないと思っていたし、自分が元気だったら、東京の暑さも四谷見附の上り坂も絶対に大丈夫と信じていた。

銀メダルを取って、とりあえず不義理をして鳥取を出てきたことの埋め合わせはできたかな、と少し胸をなで下ろした。母は東京にもバルセロナにも、応援に来てくれた。鳥取を出る時は怒っていても、やはり親は一番の応援者になってくれる。でも、弱音は吐けなかった。それは当たり前だろう。猛反対を押して出て行ったのに、どんなことがあっても「つらいよ」とは言えっこない。

メダルに届かなかったバルセロナ五輪

東京世界選手権で銀メダルを取った山下は、その結果によって翌92年のバルセロナ五輪の代表に決まった。「世界選手権でメダルを取った日本人トップ」というのが、選考条件の1つだった。

日本人1番にならないとオリンピック代表に決まらないので、東京世界選手権の時は、外国選手2人と有森さん、私の4人の集団になってから、ずっと有森さんが気になった。「優勝したい」というより「有森さんに負けたらオリンピック代表になれない」という気持ちの方が大きくて……。そのうち、4人の中で有森さんの腕振りが最初に大きくなり始めた。「きつくなってるから腕を振り出したんだ」と思って、心の中で「ラッキー」と叫んだ。そういう気配を相手に悟らせないのも戦略だと思うので、私はきつくなったからといって腕を大きく振ればいいとは思わない。もちろん、腕を大きく振って、最後まで粘れる人は別だが。

●面目保った4位入賞

スペインのバルセロナで開かれた92年のオリンピックは、またも真夏のレースで8月1日午後6時半スタート。今度は有森がトップ争いを展開して、銀メダルを獲得。山下は5番手でゴールするが、4番手で入った外国選手がドーピング検査で失格になり、繰り上がりで4位になった。

実は、世界選手権が終わるあたりからチーム内でいろいろとあって、浜田さんが京セラを辞めてしまった。オリンピックまでに監督が何人も交代するごたごたがあり、私の精神状態は良くなかった。早めに五輪代表に決めてもらっているのに、身体は動かず、たぶん頭の回路もおかしかったと思う。

バルセロナではメダルを取れなかったけど、「悔しい」というより、「ホッとした」というのが正直な気持ちだった。東京世界選手権で女子マラソンは2位、4位に入り、その後とても優遇されるようになった。オリンピックの時も、選手村に入らず、別にホテルを用意してもらったり。私は他の種目との兼ね合いで「こんなに優遇されてるのに、メダルを取らなかったら申し訳ない」と思っていた。自分は取れなかったが、有森さんが銀メダルを取って「ああ、面目を保ったわ」とホッとした。「なまじっかな成績じゃダメだ」というような、義務感というか、プレッシャーというのか、ずっとそういうのに縛られていた気がする。

自分の中では「オリンピックも1つの大会だ」と思う。でも、私は周囲の人たちのことがすごく気になった。たとえば、脚が痛くなった時「あんなに応援ツアーができてるのに、欠場とかになったらどうなるんだろう」とか。東京で開かれる大会と違って、ヨーロッパまでは飛行機代も高い。それを払ってわざわざ応援に来てくれるのだから、「せめてこれぐらいは」と考えてしまう。

有森さんとは世界選手権と逆の順番になったが、オリンピックの銀メダルと世界選手権の銀メダルの、重みの違いをあとで思い知らされた。私もなまじ4位に入賞したので、帰国後にメダリストと一緒に行動することがしばしばあった。五輪メダリストへの対応は1年前とは比べものにならず「こんなに違うんだ」ということを目の当たりにした。

自分が一番輝ける場所

鳥取を出る時に「全日本実業団対抗女子駅伝で優勝したい」「国内のマラソンレースで優勝したい」「世界大会に出たい」という3つの目標があった。それをすべて達成できたところで、私の競技人生は終わった。そこから先の「何か」を見つけられなかったのだろう。太く、短いマラソン人生だった。

オリンピックの後は、ズルズルと座骨神経痛を引きずって、マラソンのスタートラインに立てなかった。故障が治らないから気持ちが萎えていったのか、今ひとつ向かうものがないから本気で治そうとしなかったのか、よくからない。それなりの達成感はあったが、「すべてやり尽くした」という感じでもなかった。だから、指導者になったのではないかなと思っている。京セラを辞めて第一生命に移籍したのが、1994年の5月。翌年の秋に選手生活にピリオドを打ち、96年から監督になった。

——自分にとって、マラソンとはどんな存在だったのだろうか？

人は何か〝その瞬間〟にはまることがある。たとえば、ロケットに乗り込む宇宙飛行士を見て「僕もなろう」とか。自分にとって、その「何か」がマラソンだった。自分が夢中になれたもの。やっぱり「惹かれた」としか言いようがない。

10kmぐらいまでの距離だと「絶対に勝ちたい」と思っても、打破できない何かがある。「このキャパしかなかったら、やりようがないでしょ」というような……。だけど、マラソンならやりようがあると思った。短い距離の練習は乳酸がたまって、呼吸も苦しい。でも、マラソン練習は、もちろん苦しい局面はあるけど、淡々としていて気持ち良さもある。それに、応援してもらえて、目立つ。根底は「自分が一番輝ける場所を見つけた」ということだ

山下佐知子のマラソン全成績

日付	大会	順位	記録	備考
1989年3月5日	名古屋	4位	2時間34分59秒	当時初マラソン日本最高タイ
1989年11月5日	ニューヨーク	34位	2時間53分15秒	
1990年1月28日	大　阪	8位	2時間33分17秒	
1990年8月26日	北海道	2位	2時間35分41秒	日本人トップ
1991年3月3日	名古屋	優勝	2時間31分02秒	初優勝
1991年8月25日	東京世界選手権	銀メダル	2時間29分57秒	
1992年8月1日	バルセロナ五輪	4位	2時間36分26秒	

と思う。もし800mでインターハイ・チャンピオンになったり、5000mで活躍できていたら「マラソンをやりたい」と思っていたかどうかわからない。

選手・指導者ともに意識改革を

――女子マラソンは2大会連続でオリンピックの金メダリストを輩出し、日本の花形種目だったが、市民ランナーが隆盛の今は、実業団でマラソンのトップを目指す選手が少なくなっている気がする。意識が駅伝に傾いているからだろうか？

確かに、今、マラソン選手を出してくるチームが少ない気がするが、うちのチームに関して言えば、マラソン志向の選手は多い。実業団チームにとって、駅伝は〝必須アイテム〟だ。ここをクリアできていないのに、なかなかマラソンに気持ちを向けられない、ということはあるかもしれない。駅伝だけならともかく、さらにマラソンもとなると、指導者も心のスタミナを要求される。というのは、マラソン練習をやりながら駅伝でも走るとなると、他の選手と練習の流れが違ってきてむずかしい。合宿を別に組むとなれば、スタッフも二手に分かれ、費用も手間もかかる。これをやるには、選手も指導者も意識改革が必要になる。

ただ、トレーナーや栄養士がチーム内にいるのが当たり前になっている中で、本来どんどん踏み込むためにケアするはずが、何か守る方に行き過ぎている気はする。もっとやれるはずなのに、一歩も二歩もブレーキをかけている気がして仕方ない。そこまでの手厚いケアがなければ、自己判断でやる中で、つぶれる時もあるだろうし、ケガをする時もある。それでもやっていくうちに、どんどん身体が変わっていくということはあるだろう。そのあたりの見極めは、とてもむずかしい。

●コミュニケーションと経験

言えることとは、指導者も選手も、そこを怖がったらダメだということ。最悪、ケガに至るリスクもあるが、誰もつぶそうと思ってやらせる指導者はいない。壊れることも覚悟でやらざるを得ない時もある、ということだ。そこで大事になるのは、選手とのコミュニケーションと指導者の経験だろう。

とはいえ、ある一定の時期はなるべくケガをしない練習のレベルで、ちょっとずつ上乗せしていくやり方が基本だと思う。「選手の身体が弱くなってるな」というのは常日頃感じることで、練習メニューというより、それ以前の発育発達段階にも目を向けることが必要だと感じている。

発育発達段階に応じた女子選手の指導

――食生活などが改善されてきているのに、なぜ身体が弱くなっているのだろうか？

いろいろ原因はあると思うが、今は中学、高校で駅伝の全国大会があり、みんな勝とうと思ってがんばっている。駅伝自体は決して悪いことではないし、チームワークを育んだりと教育上の観点からも好ましい。

ただ、そこで結果を出そうとすることで、身体を過度に絞ったり、練習の中でスピード練習の割合が高くなったり、あるいは鉄剤の過剰摂取があったり、ということが危惧される。２０２０年の東京オリンピックに向けて、日本陸連もナショナルチームを作って強化しているが、そこに至るまでの強化育成の方が大事ではないか。その前に中学生・高校生の実態を把握しないと、将来に明るい見通しは立たないと思っている。たとえば、高校生になっても初潮がないまま実業団に入ってくるケースがよくある。晩熟（おくて）な子もいるので中学時代は様子を見るとしても、「高3の冬になってまだ初潮がなかったら、一度病院に行った方がいいですよ」というような、産婦人科の医師が監修したガイドラインを作ってもいいと思う。

まずはジュニア期から、本人も指導者も本来の発育発達にもっと関心を注ぐべきだ。素材としてはとても良いものを持っていても、実業団に入ってそこの体調管理から着手するのでは、ブランクもできるし、もったいない。当然、マラソンへの移行時期は遅くなる。きちんと身体を成熟させるというか、内臓も含めて発育発達段階に応じた成長をさせる。ある時期、女性の身体はふっくらとする理由がある。指導者が長い目で見て「今はこういう時期だよな」と考えてやらないと、「生理があったら一人前じゃない」という、とんでもない考えが選手たちを支配してしまう。女子選手を預かる私は、本当に切実な問題だと捉えている。

マラソン・トレーニングの考え方

トレーニングに関しては、40㎞を何本とかというのはあまり気にしていない。ただ、42・195㎞を走り切らないとレースにならないので、まず走り切れる脚・身体づくり。それは30㎞、35㎞、40㎞などをゆっくり目に走る練習。それと、あくまでもレースペースに近いスピードで、距離を分割して5㎞を何本とか、2㎞を何本とか、3㎞を何本とか。大まかに言えば、その2つの要素がある。

最終的にはレースペースに近いところで、30㎞とか25㎞を入れる時もあった。16㎞や20㎞走を、もうちょっと押していくような。でも、それは2~3回しかやらない。

●不安はあるのが当然

マラソン・トレーニングは、10人いたら10通りだと思う。練習で30㎞までしか走ってなくても、レースで42㎞走れる人もいるわけで、これという正解はない。

――マラソンをきちんと走り切れる自信を得るために、40㎞走を何回もこなすという考えは、どうだろう?

人はどれだけやっても、何をやっても、完全に100%自信を持って試合に臨めるということがあるのだろうかと、私は思っている。いずれにせよ不安はあるものと思っているから、別に30㎞までの練習で不安があっても成功するかもしれないし、40㎞を何本もやっても失速する人はいる。不安はあるのが当然だから、私は関係ないと思っている。しかし、最後に「やるべきことはやった」とか「自分の正しいと思うことは貫いた」と思えるのは、心の拠り所というか、すごく支えにはなると思う。練習が「30㎞まででいい」と私は思ってないが、それに徹してスタートラインに立つのであれば「さあ、どうなるかな」と、多少楽しみな要素を含んで試すような気持ちでやればいい。何かにつけて「こういうのでやってみよう」という、工夫する気持ちが持てれば、成功する時もあると思う。

●まず、いかに脚づくりをするか

マラソン・トレーニングの基礎は、まずいかに脚をつくるか。脚づくりにはいろんなやり方があって、ひたすらアップダウンで走るなら、40㎞走らなくても負荷がかかる。もともとマラソンをやっていて、脚がある程度できている選手なら、そんなに長くマラソン練習の期間を取らないで、レースペースに近いスピードで押していくところから入ってもいいと思う。

●高地トレーニング

今はいろんなチームが中国やアメリカなどで高地トレーニングを行っているが、私が選手だった頃はまだ手探りで、慎重に慎重にやっていた。やっぱり一度疲労が出ると抜けにくくなるので、最初に高地へ行った時、コンディションにだけは注意した。それを考えると、最近は慣れもあって少し雑になってきている気がする。もう一度、じっくり考えてみても良さそうだ。

私は貧血にならなかったけど、高地トレーニングをやって、血液性状が取り立てて良くなるわけでもなかった。ヘモグロビン値は、いつも12g／dl前後。東京世界選手権の前もあまり良くなくて、浜田さんに「ヘモグロビン値だけで見なくていいよ。身体全体が適応していると思えばいいんだから、気にするな」と言われたのを覚えている。確かに、世界選手権の前に5000mを走ったら自己ベストが出たし、夏場にあのコースで2時間29分台で走れたこと自体、高地トレーニングの効果なんだと思う。

2020年東京五輪に向けて

――2020年に東京で開かれるオリンピックに向けて、選手たちに望むことは何か？

どこまで「やりたい」と思うか。それに尽きる。こっちがあきれるぐらい、「そんなにまでして」というぐらいの「やりたい」がないと、成功はない。「東京オリンピックはマラソンで出たいです」と言う選手は、間違いなく増えている。でも、苦しい局面でもそう思ってがんばれる選手は少ない。

●口で言うだけなら簡単

選手は割と高い目標を言う。目標は決して低くない。しかし「だったらこういうのが要るよね?」と聞くと、そこまで描けていない。

たとえば、ウエイトコントロールができずにいる選手は、そのまま練習するとケガするのが見えている。「もう少し絞らないとダメだよ」と言っても、それができない。「オリンピックに出たい」と口で言うのは簡単だが、そこに深さがないと意味がない。クレイジーなぐらいの深さが。脚が痛いからといってひたすら治療に行くだけで、ジッと我慢することを知らない選手に、深さは感じられない。

トレーナーの前に脚をただ投げ出すだけでなく、自分の手が届くところは普段からセルフケアをしているか。トレーニング環境が整った方がいいのはわかりきっているが、過保護にならない中でいかに力を育めるか。ずっと考えているところではある。練習時間だけが練習ではない。動きは身体のクセなので、日常生活の中でいつも意識してないと、矯正できない。立ち方、歩き方、階段の上り下りなど、普段から意識することが重要だろう。要するに「夢中になる」ということだ。

今の選手は情報が多いから、広く浅くの知識はある。でも、自分で「これ」というのをつかみ取る能力がないと、上に行けない。これは私にとって大事だなと思ったら、さらにそこから踏み込んで、それをものにする能力。今は情報が多くて散漫になるし、集中しづらい。

●自分の設計図を描く

将来に向けて自分で設計図が描けなかったら、指導者と相談しながら、指導者が描いてくれた設計図に則ってやるのも一つの方法だ。もしかしたら日本人にはそれが合っているのかもしれない。２０１２年のロンドン五輪に出場した尾崎好美（第一生命）もそのタイプだった。言われたことは素直にやるしかないと思ってやっていた。その結果が、２００９年のベルリン世界選手権銀メダルと、五輪代表につながった。

尾崎が08年11月の東京国際女子マラソンで、２時間23分30秒の自己ベストを出した時と、09年のベルリン世界選手権前の練習実績を表に示したが、09年は3月末に仙骨を疲労骨折し、4～5月はリハビリ生活だった。そういうイレギュラーな中でメダルにつながった例として、１つのサンプルになると思う。

●ひたすら「メダル」を！

09年のベルリン世界選手権までは尾崎がメダルを取れたが、11年のテグ世界選手権からはアフリカ勢の独壇場になった。足音はすでに聞こえていたものの、テグからの変わりようは激しかった。あれが転機になって、ロンドン五輪に向かう時はもう「メダル」と口に出せなくなった。口に出せないだけでなく、思えなくなっていた。しかし、ロンドンに出たことが無駄ではなかったと思えることの1つに、「やっぱりオリンピックはメダルに絡まないとおもしろくない」と痛感したことが挙げられる。今度はもう、自信があるなしに関わらず「メダル」としか思わない。

東京の蒸し暑さを考えたら、日本選手にも十分メダルのチャンスがある。私は、東京の夏マラソンを走った自分の経験を肌感覚として持っているので、あとは選手との巡り合わせだと思っている。まずは、自分の思いを強く持って、普段から活動していきたい。

1994年に第一生命に移籍し、95年から指導者の道を歩み出した山下監督（右）。2002年と2011年には全日本実業団女子駅伝を制し、尾崎好美（左）を2009年ベルリン世界選手権のマラソン銀メダルに導くなどの手腕を振るっている

2度目のマラソンとなった2008年11月の東京国際女子に2時間23分30秒で優勝した尾崎

2009年8月のベルリン世界選手権のマラソンで2位に食い込み、山下監督と同じ〝銀メダル〟を手にした尾崎（左）。右へ、優勝した白雪（中国）、3位のメルギア（エチオピア）

教え子・尾崎好美のマラソントレーニング①

※バイク＝自転車

		朝練習	本練習（午前／午後）	走行距離
10/1	福	ゴルフ場60'Jog, もも上げ×10	補強／10km Walk	12km
2	島	20km（4'07～3'48）	Walk，ストレッチ／5km×3（16'58"，16'39"，16'42"）	50km
3	い	ゴルフ場Jog60'	補強／プール，温泉	10km
4	わ	55'Jog	40km走（2°31'17"）／散歩，ストレッチ	57km
5	き	ゴルフ場55'Jog	60'Jog，ストレッチ	21km
6	↓		60'Jog，ストレッチ　帰京	12km
7		60'Jog	補強／60'Jog	23km
8		12km，もも上げ	50'Jog，流し5本	28km
9		40'Walk	1000m×2（3'12"，3'04"）／45'Jog，ストレッチ	20km
10		50'Jog	多摩川20kmPR（3'19"～3'35"）68'42"，5km／バイク20'，Walk20'	45km
11		コース試走	補強A，60'Jog	12km
12		バイク50'，ストレッチ		
13		駅伝コース試走，40'Jog	補強A，80'Jog，チューブ	23km
14	↑	12000m（土コース）	移動／クロカン60'Jog，もも上げ×5，流し×6	31km
15		クロカン12km	Walk，ストレッチ／16000mB-up，300m＋200m＋100m	42km
16		50'Jog	Walk，補強／クロカン70'Jog	23km
17		ロード50'	Walk，補強／クロカン1000m×10（3'24"～3'18"）	36km
18	熊	70'Jog	補強／15km p－Jog	32km
19	本	50'Jog	散歩，ストレッチ／クロカン30km	47km
20	・		散歩，ストレッチ／90'Jog，ストレッチ	17km
21	阿	45'Jog	Walk，補強／60'Jog，流し	21km
22	蘇	ロード16km	Walk，ストレッチ／クロカン（5km＋1km）×3	50km
23	合	60'Jog	Walk，補強／60'Jog	23km
24	宿	60'Jog	40'Walk，ストレッチ／8000m p－Jog，流し	25km
25		ロード10km	Walk，ストレッチ／ロード30kmPR（1°43'23"）	52km
26		Walk	Walk，ストレッチ／バイク60'，ストレッチ	
27	↓	バイク60'，ストレッチ	バイク45'，ほぐし	
28		40'バイク，ストレッチ	50'Jog，ストレッチ／Jog，Walk，バイク50'，補強	10km
29		Walk30'，バイク30'	補強，バイク60'／プール，水中Walk80'	
30		バイク75'，腹筋	補強，Walk15'，Jog10'／プール	
31		40'Walk	20'Walk，（10'Jog＋10'Walk）×3／20'Walk，40'Jog	15km

		朝練習	本練習（午前／午後）	走行距離
11/1		45'Jog	60'Jog，流し	24km
2		コース試走	1000m×1（3'05"57）	16km
3		25'Jog，動き作り	東日本実業団女子駅伝4位3区11.95km⑤39'03"	23km
4			バイク60'	
5		50'Jog	補強／60'Jog，プール	22km
6		60'Jog	補強／補強，60'Jog，流し6本	26km
7		50'Jog	2000m×3（6'21"～6'16"）／コース試走，30'Jog，Walk	22km
8		コース試走	30'Jog，補強	18km
9		30'Walk	多摩川24km（3'49"～3'20"）	32km
10		50'Jog	60'Jog，補強	21km
11		バイク60'	50'Jog，20'バイク，補強	10km
12		20'Walk, 20'バイク, 10'Jog×2	バイク10'→Jog15'，p-Jog30'，Jog10'→バイク20'	17km
13		50'Jog	2000m×2（6'36"34　6'34"11）1000m（3'04"01）	25km
14		40'Jog	40'Jog	15km
15		35'Jog	40'Jog，流し5本	20km
16		25'Jog	**東京国際女子マラソン　優勝 2°23'30"**	52km

2008年11月 東京国際女子マラソン(優勝)に向けたメニュー

		朝練習	本練習（午前／午後）	走行距離
8/1		70'Jog	60'Walk，ストレッチ／30'Jog，坂上り10本，20'Jog	24km
2		20'Jog，ストレッチ	ネダーランド30km（4'28"～3'49"），流し5本／ストレッチ	41km
3		90'Walk	身体ほぐし，水泳	
4		12km	60'Walk，補強／30'Jog，もも上げ10本，クロカン30'Jog＋20'Jog	35km
5		90'	チューブ，ストレッチ／補強，35'Jog	25km
6		80'Jog	50'Walk，補強／4000m B-up，（300m＋100m）×5	35km
7		60'Jog＋Walk	80'Jog	27km
8		35'Jog	マグノリア1往復（1°35'59"），流し5本／補強，40'Jog	39km
9		60'Jog	サイクリング／トレイル145'Jog	35km
10	ボ	60'Jog	治療	11km
11	ル	12km	サイクリング，補強／20'Jog，もも上げ流し5本，50'Jog	32km
12	ダ	90'	60'Walk／20'Jog，もも上げ15本，流し5本，補強，50'Jog	33km
13	｜	70'Jog	60'Walk／12000m（3'45"～3'40"），300m×5（53"～51"）	36km
14	合	70'Walk	80'Jog，もも上げ，ランジ，チューブ	15km
15	宿	30'Jog，ストレッチ	6000m B-up，400m×10，200m＋100m／ストレッチ，Jog，バイク40'，補強	28km
16			ガンバレルコース25km（1°42'31"），もも上げ，流し／40'Walk，ストレッチ	25km
17		70'Jog	マッサージ	13km
18		クリーク12km	50'Walk，補強／（もも上げ5本＋坂300m5本）×4	46km
19		リザボー88'Jog	70'Walk，ストレッチ／補強，50'Jog	29km
20		30'Jog＋Walk	15000m変化走（3'45～3'07）／40'Jog	38km
21		クリーク60'，もも上げ，25'Jog	60'Walk，治療	16km
22		30'Jog，ストレッチ	ネダーランド3km×8／50'Jog，ストレッチ	46km
23			トレイルJog150'／マッサージ，Walk	24km
24		60'Jog		10km
25		クリーク12km	50'Walk／（もも上げ5本＋坂300m5本）×4	42km
26		リザボー90'Jog	サイクリング，ストレッチ／コアトレーニング，チューブ，60'Jog	30km
27		クリーク12km	50'Walk／8000m B-up＋1000m	39km
28		リザボー90'Jog	水泳，スクワット，Walk／治療	18km
29		60'Jog	（サーキット＋3'走）×5／60'Jog，補強	35km
30		40'Walk＆Jog	ネダーランド40km（4'27～3'36）／マッサージ	49km
31		50'Jog		9km

		朝練習	本練習（午前／午後）	走行距離
9/1		トレイルWalk	30'Jog，もも上げ流し，30'Jog	12km
2		リザボー100'Jog	コアトレーニング／クリーク12km，もも上げ，流し	41km
3		60'Jog	60'Walk，チューブ，ストレッチ／（1000m＋400m）×5<3'13～3'14　72"～70">	33km
4	ボ	90'Jog	Walk，散歩	15km
5	ル	60'Jog	60'Jog，もも上げ流し	24km
6	ダ	60'Jog，ストレッチ	（サーキット＋3走）×5，30'Jog／マッサージ	27km
7	｜	20'Jog，ストレッチ	マグノリア30km　2°21'49"	36km
8	合		レクセンター，Walk／50'Jog	9km
9	宿	クリーク12km	40'Jog，補強／（400m×5）×3（77"～69"）	37km
10		60'Jog	50'Walk，ストレッチ／12000mPR（3'39～3'11）	35km
11			リザボー90'Jog／マッサージ	15km
12		50'Jog	60'Jog，もも上げ，20'Jog	25km
13		30'Jog＆Walk	リザボー4周（2°13'28"），流し5本／マッサージ	39km
14	↓	ストレッチ	トレイルWalk130'	
15			移動（帰国）	
16		移動	45'Jog	8km
17		60'Jog	80'Jog，ストレッチ	28km
18		土コース10000m	60'Jog，流し6本	29km
19		散歩	400×5（71"～68"）／40'Jog，バイク20'，ストレッチ	21km
20		40'Jog	6000mPR（3"20～3"04）	23km
21		60'Jog		11km
22		ウルトラマンコース	グランドクロカン40'，150m×5，20'Jog	28km
23		50'Jog	補強／60'Jog	22km
24		ストレッチ	6000mp-Jog，もも上げ，流し／2000m＋300m＋150m	23km
25			70'Jog	14km
26		8km	50'Jog，動き作り，流し	26km
27		散歩	全日本実業団陸上（山形）5000m予選16'00"37／決勝⑧15'48"80	30km
28		Walk	山寺観光，応援	
29	↑	80'Jog	ゴルフ場Jog60'，もも上げ	26km
30		10km	補強／30km　1°50'14"	51km

教え子・尾崎好美のマラソントレーニング②

※バイク＝自転車

		朝練習	本練習（午前／午後）	走行距離
7/1		リザボー２周	レクセンター	20km
2		60'Jog	（サーキット＋1'走）×5，50'Jog	25km
3			400m×5（78"～76"）	18km
4		50'Walk	50'Walk，ストレッチ／40'Jog，動き作り	10km
5	米	30'Jog	ネダーランド20km（4'09"～3'19"）／50'Walk	33km
6	国	20'Walk，50'Jog	補強／トレイルWalk	9km
7	・	70'Jog	サーキット×3，800m×3（2'45"，2'41"，2'42"）	24km
8	ボ	65'Jog	50'Walk／16000m変化走（3'48"～3'19"）	36km
9	ル	散歩	補強／85'Jog	16km
10	ダ	30'Walk＋40'Jog	クリーク60'Jog，もも上げ，動き作り	14km
11	ー	30'Jog	ネダーランド5km×6（17'29"，17'28"，19'55，17'37"，20"00，17'44"）／ストレッチ	41km
12	合		40'Walk，ストレッチ／40'Walk，ストレッチ	
13	宿	70'Jog	80'Jog	29km
14		30'Jog	リザボー2周，流し6本／60'Jog	38km
15		60'Jog	ストレッチ／1000m×10（3'19"～3'12"）	32km
16			補強／105'Jog	21km
17	↓	30'Jog	移動（ボルダー発）	5km
18			移動（帰国）	
19		60'Jog		12km
20		ウルトラマンコース，200mB-up（6'41"）	／60'Jog	28km
21		Walk＆Jog	補強，60'Jog／治療	17km
22		12km+1000m（3'08"）	JISS	17km
23		50'Jog	2000m（6'20"）＋2000m（6'18"）＋1000m（3'03"）	25km
24	↑	50'Jog	60'Jog　阿蘇へ移動	22km
25	熊	60'Jog	50'Jog	22km
26	本	60'Jog，流し６本	クロカンJog60'	24km
27	・	60'Jog	補強／クロカン1000m×10（3'28"～3'17"）	34km
28	阿	50'Jog	補強／クロカン21kmJog（12'48～11'58"）	32km
29	蘇	75'Jog	40'Jog，ストレッチ	22km
30	合	50'Jog，もも上げ	クロカン33km（11'57"～11'14"）	49km
31	宿	40'Jog	60'Jog，ストレッチ	19km

		朝練習	本練習（午前／午後）	走行距離
8/1		40'Walk	補強／90'Jog	16km
2		30'Jog	クロカン5000m×3（17'22"，17'33"，17'21"）／ストレッチ	31km
3		60'Jog	40'Jog	19km
4	熊	ロード60'，もも上げ	補強／60'Jog	30km
5	本	30'Walk	35km変化走（18'50"～17'30"）／ストレッチ	41km
6	・	40'Jog	補強／温泉	7km
7	阿	ロード60'，もも上げ	補強／クロカン60'	31km
8	蘇	45'Jog40'	40'Walk／1km×5（3'18"～3'01"）	22km
9	合	ストレッチ	30'Jog／60'Walk	6km
10	宿	ロード16km	30'Walk／40'Jog，動き作り，流し5本	33km
11		15'Walk＋15'Jog	20kmPR（3'34"～3'19"）／40'Jog，ストレッチ	39km
12			クロカン100'Jog／55'Jog	30km
13	↓	40'Jog	40'Jog，ストレッチ（帰京）	16km
14		50'Jog	40'Jog，動き作り，流し，20'Jog	24km
15		散歩	多摩川12kmB-up（3'39"～3'21"）／40'Jog	27km
16	↑	50'Jog	移動（ベルリンへ）	10km
17		散歩	コースWalk＆Jog	4km
18	ベ	コースJog	40'Jog，流し5本	22km
19	ル	45'Jog	60'B-up　Jog	25km
20	リ	40'Jog	2000m（6'38"）＋2000m（6'24"）＋1000m（3'04"）	22km
21	ン	60'Jog	40'Jog	20km
22		30'Jog	40'Jog，動き作り，流し，10'Jog	17km
23		25'Jog	**ベルリン世界選手権　マラソン 銀メダル 2°25'25"**	50km

※2009年３月末に「仙骨疲労骨折」が判明し，温泉治療やリハビリ（Walk，プール，自転車，補強）に専念した４月の全走行距離はわずか６kmだった

2009年ベルリン世界選手権(銀メダル)に向けた故障明けからのメニュー

		朝練習	本練習（午前／午後）	走行距離
5/1		60'Walk	リハビリ／40'Walkバイク，15'Jog，水中Walk60'	2.5km
2		60'Walk	30'バイク＋15'Jog，補強／120'Walk	2.5km
3		60'Walk	30'バイク＋15'Jog，水中Walk60'	2.5km
4		60'Walk	リハビリ筋トレ，30'バイク，15'Jog＋10'Jog／水中Walk30'＋40'	4.5km
5		60'Walk	水中Walk60'／補強，30'バイク，10'Jog×3	5.5km
6		60'Walk	リハビリ筋トレ，Walk／30'バイク，（10'Walk＋10'Jog）×3	5.5km
7		60'Walk	リハビリ／（15'Walk＋5'Jog）×3，バイク30'	3.5km
8		60'Walk	20'Jog，補強／（10'Jog＋10'Walk）×3，バイク60'	6km
9		60'Walk	サイクリングコース（10'Jog＋10'Walk）×5／バイク30'，補強	9km
10			水中Walk20'×3	
11		(10'Jog+10'Walk)×3	（10'Jog＋10'Walk）×3／リハビリ	12km
12		(10'Jog+10'Walk)×3	20'Jog，20'バイク，20'Walk／治療	14km
13		(10'Jog+10'Walk)×3	補強，Jog30'／水中Walk30'×3	12km
14		(15'Jog+5'Walk)×3	リハビリ，ストレッチ	9km
15		(15'Jog+5'Walk)×3	補強，バイク30'／10'Jog×6，ストレッチ	24km
16		30'Jog	高尾山，ストレッチ	6km
17			（20'Jog＋10'Jog）×3，25'バイク	11km
18		30'Jog	30'Jog＋30'バイク／リハビリ	12km
19		40'Jog	（20'Jog＋10'Walk）×3／治療	20km
20		40'Jog	補強／動き作り，40'Jog	17km
21		60'Walk	JISSリハビリ	
22		40'Jog	高尾山／20'Jog，ストレッチ	11km
23		40'Jog，バイク20'	補強／Jog60'	19km
24			30'バイク，水中Walk30'×2	
25		40'Jog＋Walk，20'バイク	2000mJog×5（8'12"～7'12"）／JISSリハビリ	23km
26		40'Jog＋15'バイク	Jog60'／治療	20km
27		30'Jog＋Walk	高尾山，ストレッチ	6km
28		60'Jog	リハビリ	12km
29		50'Jog＋30'バイク	動き作り，2000mJog×5（7'54"～7'06"）	26km
30		12km	補強，Walk／50'Jog，ストレッチ	25km
31		野川８周		27km

		朝練習	本練習（午前／午後）	走行距離
6/1	↑	ウルトラマンコース	30'補強／移動（ボルダーへ）	20km
2		50'Jog	動き作り，60'Jog	21km
3		70'Jog	補強／100'Jog	33km
4		70'Jog	Jog＆Walk100'／トレイルWalk3時間	23km
5		50'Jog, もも上げ, 動き作り, 20'Jog	30'Walk，補強／40'Jog，クリーク12km，もも上げダッシュ	36km
6		60'Walk	リハビリ筋トレ，Walk／30'バイク，（10'Walk＋10'Jog）×3	5.5km
7		30'Jog, 30'Walk	マグノリア（20'Jog＋10'Walk）×6	22.5km
8		60'Jog, もも上げ, 流し	補強／動き作り，90Jog	30km
9		70'Jog	補強／Jog，リザボー2周	37km
10		60'Jog	7000mB-up＋400m	28km
11		60'Jog	補強／トレイルラン90'＋55'Jog	37km
12		クリーク12km, もも上げ, 流し	リザボー１周Walk／ストレッチ	14km
13		30'Jog	ネダーランド20km／ストレッチ	33km
14			70'Jog，ストレッチ	13km
15	米	クリーク12km, もも上げ	25'Walk，補強／80'Jog	31km
16	国	40'Jog	2000m×5（7'17"～6'52"）／トレイルWalk79'	27km
17	・	ストレッチ	マグノリア13マイル（89'39"）／リザボー１周＋Jog	38km
18	ボ	60'Jog	補強，70'Jog	24km
19	ル	60'Jog	サーキット×4，800m×3／ストレッチ	22km
20	ダ	30'Jog	ネダーランド30km（4'10"～3'42"）／ストレッチ	43km
21	ー	70'Jog		14km
22	合	クリーク12km, もも上げ	補強／動き作り，60'Jog	27km
23	宿	60'Jog	ストレッチ／58'Jog，150m×6，30'Jog	30km
24		40'Jog	サーキット×5，Jog／400m×20（80"～78"）	28km
25		50'Jog	補強／トレイルJog85'	25km
26		クリーク12km, もも上げ	55'Walk／40'Jog，流し×5，20'Jog	27km
27		30'Jog，ストレッチ	ネダーランド40km（4'27"～4'34"）／ストレッチ	51km
28		40'Jog		8km
29		トレイルWalk75'	50'Walk／クリーク60'Jog，もも上げ，流し×5	14km
30		20'Walk＋20'Jog	1000m×3（3'15"，3'18"，3'13"）／補強，50'Jog	27km

Legend 5

Yuko Arimori

有森裕子

陸上の五輪史上 日本女子で唯一の複数メダル

マラソンは「生きていくための手段」

1992年（平成４年）のバルセロナ五輪女子マラソンで銀メダルを取った有森裕子（当時・リクルート）は、岡山市出身。陸上競技史を紐解けば、日本の女子選手がオリンピックでメダルを獲得するのは、1928年（昭和３年）のアムステルダム大会800mで銀メダルの人見絹枝（大毎）以来64年ぶり２人目で、人見の郷里は奇しくも有森と同じ岡山だった。さらに言えば、２人が快挙を達成した日も同じで、８月２日（有森の大会は日本時間。現地では８月1日）。時代背景はずいぶん違うが、走ることにすべての情熱を傾けて歴史に名を刻んだ２人の、浅からぬ縁を感じずにはいられない。有森は次（1996年）のアトランタ五輪でも銅メダルを獲得し、日本陸上界では複数のメダルを持つただ1人の女子選手になった。現在、48歳。自分のキャリアを生かしながら、スポーツ界だけでなく多方面で活躍している。

時代変われど、やり方変われど……

私はどこかで「異色」なんだそうだ。同じ陸上関係者だけでなく、他の競技の人からも「有森さんは異色だ」と言われる。私のここまでの道のりが、踏んできた経緯が、「ほとんどあり得ない話だよね」と。インターハイにも、国体にも出たことがない。でも、オリンピックでメダルを取った。「あれだけ踏ん張れたのは、有森独特だろう」と思われる。私はそういう話にしたくないのだが、「やっぱり有森さんだから」と見られてしまう。

●〝そこそこ〟世代

すでに世の中に知られている私の経緯や実績はさておいて、私は、自分自身が思っていなければいけないこと、基本的に育てなければいけないことは、変わらないと思っている。時代変われど、やり方変われど、ベースのものは同じ。それは指導者もそうだし、アスリートもそう。変わってないんだと思う。

そうは言っても、ベースの部分を育てることに耐え得る気持ちと身体がどんなものか。今の選手たちは、そこを知らない。だから、そこを伝えたいのだけれど「何で、それをしなきゃいけないの？」とか「何で、それが大事なんですか？」と来る。「意味がわからない」という顔で。挙げ句には「じゃあ、オリンピックのメダルって、何が大事なんですか？」という話になる。

一番困っていたのが〝そこそこ〟世代。そこそこ速く走れて、そこそこ市民ランナーに勝って、そこそこお金を稼げて、「みんなで集まって楽しくやればいいじゃない」という感覚の人たち。女子マラソンは、そこにどっぷりと浸かった時代が数年あった。

２０１６年のリオデジャネイロ・オリンピックは、日本の現状を考えると、まだその感覚を引きずることになるだろう。しかし、２０２０年の東京オリンピックまで、あと5年ある。5年を「短い」と言う人がいるかもしれないが、私は長いと思っている。5年ある中で、その感覚を少しは元に戻せるかな、という期待感はある。

まずは指導者の意識改革が大事だと思う。だけど、自分が指導者ではないし、指導の現場にいないという中でものを言うのは、限りがあるのかなと思っている。今でも親しくお付き合いさせていただいている指導者からは、会えば現場の大変さを聞くけれど、それですべてがわかるわけではない。でも、「知らないから何も言わない」というわけにもいかない。知らないなら知らないなりに、外からの感覚を伝えればいいし、外からできることもあるはずだ。内と外が噛み合っていけば、２０２０年に向けてうまく歯車がまわりそうな期待感もある。

「あきらめるのはイヤ」

１９６６年（昭和41年）12月17日に岡山市で生まれた有森は、生後間もなく「先天性股関節脱臼」と診断され、しばらく両脚にギプスをはめての生活を強いられた。それがのちにO脚につながって、走る時には脚を内側に蹴り上げていた。外遊びが大好きで元気いっぱいの裕子は、時に学力優秀な兄と比べられ、落ち込むことも。子供の頃は「自分に何の取り柄もない」と、小さな胸を痛めていた。

自分が「できない人間だ」というよりは、周りの人たちに太刀打ちできない悔しさのようなものを抱えていたのだと思う。いろんなことで才能のある人が、周囲に多かった。それでも、自分自身の中に「私だって何かができる」という思いがどこかにあった。「粘るんだったら、いくらでも粘れるよ」というような……。基本的に、あきらめることはイヤだった。あきらめたら、何もできない人になると思っていた。

●あまのじゃく的なしつこさ

その粘りがどこで形成されたかわからないが、親から「物事はきちんと終わるまで止めてはいけない」ということは教わった。たとえば、私の小さい頃の手伝いに「洗濯物を畳む」仕事があった。子供心に、それをやりたくない日がある。だからといっていい加減に畳んでおくと、後から母親に洗濯物を全部ひっくり返された。「いい加減にやるんだったら、やるな」と怒られる。でも、私の気持ちは「だったら、もうやらない」とはならない。自分のチャレンジの場を取られるというか、やらせてもらえないことの寂しさを味わう。自分が関わるべき作業を取り上げられることに対する執着は、どこかにあったんだと思う。それがネガティブの方に働くと、とんでもない方向に行きそうだが、私の場合は「意地」につながった。私は自分を「負けず嫌い」と思っていないけれど、結果的に「負けず嫌い」の方向に行ったのかもしれない。

それが良いメンタルかどうかは別にして、あまのじゃく的なしつこさは持っていたのだろう。だから「人がやれないことの楽しさ」とか「人が選ばないことをやるおもしろさ」とか「人が持っていないものを持っている特別感」とか、そういうことにすごく優位性を感じた。人と一緒ではないところにいることの心地良さ。そこにいれば、人と比べられることがないからだ。

●「変わってるね」と言われることの喜び

みんなと一緒はイヤだけど、自分が「いいな」と思う人や物には自然と目が留まって、マネもする。ただ、みんながやってない、知らないという世界にいれば、圧倒的に戦う人数が減る。自分と比べられる人が減る。私はそこで自分の力をものすごく発揮するタイプの人間だった。

それが長所なのか短所なのかは、わからない。「変なことをやるね」と言われれば言われるほど、「変わってるね」と言われれば言われるほど、喜びを見出す。「人と違う」というところに。

だから、失敗するとドーンと落ち込む。全然違う方向に、思考が行ってしまう。でも、そこに執着があった。「みんながあきらめちゃうならラッキー」というような。「雨の日が嫌い？　じゃあ私、雨の日好きになろう」みたいな……。今考えると、すごくイヤな性格だったなと思う。

マラソンは「ライス・ワーク」

たぶん、それをどこかで否定されるような指導者に会っていたら、今の自分はない。「おもしろい子だ」「変わってる子だ」というところに言葉をもらい、思いをもらえてきたから、うまくそれが育ったんだと思う。逆に「みんなと違う」ということでつぶされていたら、今はなかった。

私には折れなければいけない部分がなかった。折れる理由がないというか、あきらめる理由がない。自分で違う方向を見つけるので、あきらめなくていい。みんなが思いつかないことを思いつけばいい話なので。みんながやらないことをやればいい話なので。それは私にとって、むずかしいことではなかった。というより、楽しいことだった。いくつか本も書かせてもらったが、こういう表現をしたのは、たぶん初めてだと思う。

●好き嫌いは関係ない

「好きだから」とか「嫌いだから」とか、世間的には当たり前に言われる単純な理由は、私にはない。好きも嫌いも、そんなこと関係ないけど「がんばれる」と思える発想の仕方は、もしかしたら他の人には「違う」と見えるのだろう。「好きだ」ということが第一条件だと……。でも、私はそうは思わない。好きとか嫌いは、どうでもいいと思っている。

――マラソンも、特に好きでやっていたわけではない、ということか?

好き嫌いでマラソンを考えたことは一切ない。マラソンそのものがどうということではなく、レースに出るまでの過程や内容、そして出る結果に自分がやり甲斐を見出していた。もちろんそれは、結果が伴わないとダメで、結果が伴わないで続けることに意義は見出せない。それは、あくまでも「仕事」という経緯の中で出会っているものだからだ。仕事を辞めて、悠々自適になってマラソンをやるなら、好きじゃなかったらやらない。「仕事」と捉えるならば、何の対価もなかったらマラソンをやる意味がない。

私にとってマラソンは「ライス・ワーク」で、「ライフ・ワーク」に持つ興味とは全然違う。私はそこを完全に切り離している。食べる糧《かて》と、楽しみは全然違うということだ。楽しみは誰からも評価されなくていいし、自分が満足すればいい話で、それをみんなと分かち合おうとは思っていない。ただし「ライス・ワーク」は結果をきちんと出して、評価がもらえて、皆さんにシェアできること。そこの線引きは、自分の中に厳然とある。その考えが良いか悪いかは別で、みんなに当てはまるかどうかも別問題。ただ「それが自分なんです」ということだ。

私は、好き嫌い関係なく、人間はがんばれるものと思っている。好き嫌い関係なく、エネルギーを出せると思っている。チャンスさえあれば、理由はどうあれ、生み出されるものや新たな気づきが絶対にあるわけで、それによって結果を出せることもあるはずだ。

陸上の道に入る原点

岡山市立岡北《こうほく》中学校でバスケットボール部に入った有森は、年に1度の校内体育祭で輝いた。誰もやりたがらない800m走へ志願。3年間、トップでゴールした。たかが運動会だが、されど運動会。これが「五輪メダリスト」誕生の原点になる。

「ライス・ワーク」がマラソンになったのは、自分の持っているものを最大限生かして、最大の力を振り絞った時に、かたちになったものがマラソンだったということだ。

●初めて得られた評価

中学校の運動会で1番になって、人と比べられた時に初めて「できた」という評価を得た。自分でも「速く走れた」と思えて、周りの人も「有森さん、速かった」と認めてくれた。自分が持てた自信と、周りが持ってくれた評価が一致したことは、それが初めてだった。

私は美術が大好きで、絵画で賞をもらったことがある。だけど、美術や音楽など芸術科目は、観る人、聴く人によって明らかに評価が異なる。万人が「これ、いいよね」とはならない。たとえ金賞を取ったとしても、全員が評価してくれるわけではない。でも、運動会の1番は、誰もが認める1番だ。あれがなかったら、私は陸上をやっていない。あの「できる」という感覚を失いたくなかったから、高校で陸上部に入った。走ることなら、人と比べられても私は戦える。わかりやすかった。だから、その手段を失いたくなかった。

――小学生の頃は、まだその足の速さを発揮できなかった？

短い距離なら、私より速い人は大勢いた。800mという種目は長いし、つらいし、みんなやりたがらなかった。そこにチャンスが芽生えた。体育の時間のスポーツテストで、男子は１５００ｍ、女子は８００ｍをやって、それの上位者がお披露目のかたちで運動会で走ったんだと思う。
のちに、大学合格を中学校の先生に報告しに行った時、「有森さん、良かったね。走ることだけはがんばってて」と言われた。勉強は苦手で、高校受験を控えた時の三者面談で「県立高校を受けたい」と言ったら、先生に「あんた、自分の成績を知っとんかな」「やめとかれ」と言われた。受けたかったから受けたけど、案の定、落ちた。当時、自分が納得できるだけの自信を得られるものが何もなかった。だから、好きなものができると思えなかった。

――〝好きこそ物の上手なれ〟という言葉もあるが……。

それは、あると思う。あると思うけど、それを自分が本当に得たい時にその感覚を持てるかというと、そうではないことが多い。そして、その感覚が持てるまでの期間、我慢ができるかというと、そうでもない。となると、そんなことが言えるのは当分あとで、「いつか、いつか」と言い続けてくれる人がそばにいればいいけど、ほとんどの場合はそうはならない。だとしたら、導入の段階で〝好きこそ物の上手なれ〟を前面に出して子供に言ってしまうのは、私は違うと思う。結果的にそうなることはある。好きでやってこられた例もある。でも、それは環境と周りの人の影響で、ものすごく変わるはずだ。少なくとも、私はそうではなかった。

有森は私立の就実高校に進学した。陸上やバレーボールなどスポーツが盛んな女子校（当時）で、陸上部にも中学時代に実績を作った選手が集まっていた。中学校でバスケットボール部だった有森は、「運動会で１番」という拠り所だけで、陸上部顧問の狩屋彰先生に何度も何度も入部許可を頼み込んだ。

私の陸上人生は、出会った先生方に助けられながらの道のりだった。高校の狩屋先生も、私の脚を診た整形外科の医師も「いつかは……」というような見方をしてくれた。どこかしらで、あきらめないことの大切さ、とにかく辛抱することの重要さを説いてくれ、その中で起こり得る変化に価値を見出してくれていた。あきれるほど不器用なヤツだけど、見捨てなかった。「がんばっていれば、どこかでいいことがあるよ」ということを匂わせるような指導をしてもらえたんだと思う。

高校時代、親は基本的に私がやっている陸上に入り込んでこなかったから、私も「親に理解してもらおう」とは思わなかった。貧血を心配しながら、毎日のお弁当を作ってくれるだけで十分だった。

●都道府県対抗女子駅伝は3年間補欠

毎年1月に京都で開かれている全国都道府県対抗女子駅伝は、私が高校1年の冬（1983年）に始まって、その代表選手を選ぶ岡山県予選会として「山陽女子ロードレース大会」が開かれるようになった。「人見絹枝杯」だ。

高校駅伝の女子はまだ行われていなかったし、ある意味、私のような弱い選手でも試合に出るチャンスがある、良い時代だった。勝とうが、負けようが、自分の力を試す機会はあったわけだ。高校生は山陽女子ロードの10㎞の部に出たが、私は毎年12月頃になると貧血に悩まされていた。それでも、高校3年間、全国都道府県対抗女子駅伝の代表メンバーに入った。しかし、3年間とも補欠に終わっている。インターハイにも国体にも出られず、駅伝でも現地に行きながら出番は回ってこなかった。

体育教師を目指した大学時代

「体育の教員になりたい」という夢があった有森は1985年（昭和60年）、東京の日本体育大学に進学。いきなり5月の関東インカレ3000mで2位（9分57秒72）に入り、注目を集める。

本当は東京まで行かないで、大阪体育大学に行きたかったのだが、就実高から推薦で入る道がなかった。日体大は狩屋先生の出身校で、そのツテで入れたわけだけれど、推薦できる実績がなさ過ぎて、先生もほとほと困ったと思う。面接の時に面接官がジッと推薦状を見ていて「有森さんは何でここへ？」と不思議そうな顔をしていた。でも、基本的な運動能力は悪くなかったので、実技はまあまあできたのではないか。

――なぜ体育教師を目指したのか？

小学校時代、大好きだった先生が体育の教員で、元気のない子を元気にしてくれる役割の職業だと思っていた。自分のように自信が持てず、元気のない子を元気にできたら……。そんな思いがあった。父親が高校の教員で、夜間部に勤務していた時代もあったので、生活指導などに熱心だった。そういう父の姿からも「人を元気にできる職業は先生だ」と思った。

体育の先生になるには、とにかく実績を作ることと思ったのだが、それが見事に実績なし。それでも、日体大に入れてよほどうれしかったのか、貧血もなくなって、入学早々に出場した初めての関東インカレの3000mで2位という結果を残した。

●3000mで初の10分突破

その時の9分57秒72は、初の9分台。それが当分、自己ベストだった。周りもビックリで、それがまた自分の喜びにつながった。私のような弱い新入生は見向きもされず、みんな口をきいてくれなかったのに、手の平を返したように寄ってくる。「まあ、現金な人たちだわ」と思って、「こういう人たちに負けてたまるか」と闘志が湧いた。

基本的に、強い人や実績のある人は嫌いだった。それは半分、自分のやっかみだ。やっかみと、どこか自分の意地みたいなもので、しばらく無駄な戦いをしていた。自分で、無駄な葛藤をしていた。でも、それが自分のエネルギーだった。いじけるのではない方向で、自分の力に変えていった。だから、持って生まれた素質がありありの部員に見つからないように、いつも〝コソ練〟をやっていた。

噂どおり、寮の先輩・後輩の上下関係は厳しかったけど、私は家から離れられたのがうれしくて、ウキウキしていた。先輩に「寮っていいですね」と言ったら、「あんた、変わってるね」と。自分ではいたって普通のつもりだったが、変にくそ真面目だし、他の人にはかなり異色に映ったんだと思う。これだけは自慢だなと思うんだけど、私は4年間〝寮抜け〟をしたことがない。自分が寮長になった時、同期は誰もしていないと思っていたのに、卒業してから〝寮抜け〟をしていないのは私だけとわかった。それぐらい不器用で、馬鹿がつくぐらい真面目な学生だった。

「それがある意味、有森のいいところだよね」とか「今につながったんだよね」と言われたのはだいぶ経ってからで、当時はその真面目さとか一生懸命さは、何となく煙たがられていた。

●真面目はいつか勝つ

でも、自分で「いつか真面目は勝つよ」「必ず一生懸命は勝つ」と思っていた。そう思わないと、やっていられなかった。真面目な人が「いい加減になれ」と言われても、それはむずかしいし、それを良しと思う人に出会うしかない。そんな私を認めてくれたのが、リクルートの小出義雄監督だった。「真面目は勝つ」

と……。

志望変更、実業団へ

1年時の関東インカレで2位に入った有森だが、その後目立った成績を残せないまま大学4年になり、母校である岡山の就実高で教育実習に入った。そこで、1つの転機が訪れる。

教育実習中は研究授業の準備などで目一杯で、もちろん練習なんかできない。それなのに、狩屋先生が「ナイターの記録会（3000m）に出て見ろ」と言う。「別に私が出なくても」と反論したけれど、恩師は「生徒の前で偉そうなこと言う前に、走れ」と、半ば強制的だった。「エーッ」と言いながら、何も練習しないで出たら、自己2番目の記録で優勝してしまった。たかだか記録会だが……。

自分が一番ビックリだった。練習してない、モチベーションない。なのに「何で記録が今出るの?」と。当時、日体大は指導者がいなかったから、自分たちでメニューを立てて、自分たちのやり方で練習していた。それでこのタイムが出るなら、きちんと練習メニューを組んでもらって、指導者に見てもらったら、どのぐらいの記録が出るんだろう……。そこに、一瞬期待を持ってしまった。「もう一度だけ走れる環境に入れさせてもらえるなら、自分の力を試してみたい」。半分は教員採用試験の勉強をしていない、ということもあったのだが、私は教員の道を止めて、実業団探しを始めた。

●神戸インターハイ会場にて

その年（1988年）の夏、神戸でインターハイが行われた。たまたまそこへ行っている大学の友人から、岡山に帰省している私に「元気?」という電話がかかってきた。「元気じゃないよ」と言って、「実は実業団を探している」という話をした。そうしたら友人は「じゃあ、アタックする人がここにいっぱいいるから、来れば」と言う。翌日、私は神戸へすっ飛んで行った。

1988年と言えば、未公開株に絡む贈収賄で世間を騒がせた「リクルート事件」が発覚した年だ。私も「リクルート」の名は、ニュースで知っていた。そこのランニングクラブが、選手を集めているという。私は神戸のインターハイ会場で、当時リクルートのコーチだった山下誠さんに会った。山下さんは、もちろん私のことを知らない。「小出監督なら知っているかもしれないので、後日連絡します」と言われ、待つこと10日ぐらいだったか。〝後日〟が長く、あきらめかけたところに小出監督から電話が来て「名前だけじゃわからないけど、このごろ物忘れがひどいから、会えばわかるかもしれない」と。内心「会ったことないのに」と思ったが、この勘違いを活用させてもらって、私は合宿所がある千葉県船橋市まで出向くことにした。

小出監督との出会い

「有森さん、有森さん……ね」と、小出監督はすぐに困った顔をした。知ってるわけがないのだから、困っただろう。でも、岡山から呼んだ手前、すぐに追い返せない。「少し話をしようか」と、1時間ぐらい割いてくれた。

「有森さん、国体は何位?」

「国体はこれからがんばって出ようと思います」と言うと、唖然としていた。

高校時代にインターハイ、国体に出場したこともなかった有森（右端）だが、日体大に進学した早々の関東インカレ3000mでいきなり2位（9分57秒72）に食い込だ

リクルート入社1年目、1990年1月の大阪でマラソンにデビューした有森（中央）は、初マラソン日本最高となる2時間32分51秒で6位に食い込んだ。右は日本勢トップの2位に入った兵頭勝代（旭化成）、左は4位の吉田光代（ダイハツ）。有森は翌92年の大阪で2度目のマラソンに挑み、2時間28分01秒の日本最高記録（当時）で日本人トップの2位を占め、同年夏の東京世界選手権代表の座を射止めた

1988年にリクルートの監督に就任した小出義雄氏はその年の8月、実績はなくとも〝やる気〟だけは旺盛だった有森の同社への入社を受け入れた

「国体、出たことないんだ。岡山ってレベルが高いね」

私は、全然そういう問題じゃないのに、と思った。

「じゃあ、インターハイは何位？」

「出たことないです」

またそこでギョッとされて、「じゃあ、都道府県駅伝は？」と。これは「はい、行きました」と答えた。「出ました」ではない。「あ、そう。区間賞は何回？」。区間賞なんか関係ないんだよ、と思いながら「第1回から3回まで補欠でした」と答えた。

●思いの丈をぶつける

小出監督は、相当困っていた。にもかかわらず「ダメだ」と言わない。「有森さん、大学の時、寮長やってたんだね。しっかりしてるんだね」と話は競技のことから逸れ、「爪見せてくれる？」と言うから手を差し出すと「ああ、丈夫で健康そうな爪だね」と言う。

私は最後、自分の言いたいことを言って、終わろうと思った。この前3000mを走って、自己2番目の記録が出て優勝した。だから、自分はまだ伸びてる。とにかく、このチャンスに懸けたい。ダメだったら迷惑をかける前に自分で辞めるから、一度だけチャンスをください、と――。

一度も口を挟まずに聞いていた小出監督は「うちには実績を持った選手がいっぱいいる。ただ、人間は肩書きよりも、この先どうにかしたいという前向きな気持ちがあるかどうかが大事だから」と言い、「根拠のないあなたのやる気に興味がある。そのやる気を買いたい」と言ってくれた。2日後に会社の人事の方から電話があって「本来なら採用は無理だけど、今の会社は苦しい状況で、やる気のある人材がほしい。会社のピンチをあなたのチャンスに変えて、がんばってほしい」と採用決定の知らせを受けた。私は会社の状況よりも陸上をやらせてもらえるだけでうれしくて「行きます」と即答した。

●どれだけ必死に手を伸ばすか

運が良かったんだと思う。ただ、運だけでなく、どうにかしたいという気持ちと危機感を持っていたから、自分の手を目一杯伸ばしていた。

好きか嫌いかで物事を判断しているうちは、手の伸ばし方が浅い。条件なしに「何でもいい」という必死さを持っていると、時には変なものをつかむリスクもあるけど、そのどうしようもないものさえ、すごいものに変えられる。思いさえあれば。だから、常に手を伸ばして生きている人間と、「もういいや」と思って生きている人間の差は大きい。これは本人の気持ち一つで、どういう人だからできて、どういう人はできない、ということではない。みんな、平等に持っているはずだ。これだけ究極に持てたのは私の独特のものがあるにしても、今この話を聞いて「やろう」と思えばみんなできる。そこを強く言いたい。

メダルを取った後、しばらく色紙には「喜びを力に」と書いたけれど、悔しさと反発がバネだった当時は、そんなこと言ってる場合ではなかった。それは、やはり結果が出てから言えることだった。

「これしかない」と思えるもの

実業団入りが決まった有森は大学4年の秋、全日本大学女子駅伝の2区(3㎞)で区間賞。1989年(平成元年)にリクルートに入ると、それまで眠っていた才能が一気に開きだした。1年目の12月には山陽女子ロード20㎞で優勝して故郷に錦を飾り、90年1月の大阪国際でマラソン初挑戦。その1年後、91年の大阪で

は、2時間28分01秒の日本最高記録（当時）を打ち立てた。その時、有森は「人間、こうしたいと思ったら、その通りになるものなんですねぇ」と述懐している。

「これしかない」というのは何か寂しいことと思わせるような、否定する風潮が一時期なかっただろうか。「何か偏ってるよね」というような。でも私は、何でもあるよという中でそこそこのレベルで終わるような流れになっているとしたら、「これしかない」という時期を応援する。

一生、そうでなくていい。だけど、心身ともにがんばれる時に「これしかない」と思えるものに出会えることの大切さはあると思う。そのタイミングは、逃したら二度と来ない。

そこそこだったら、いつでも、何でもできる。本当に何かしたいと思う時に、身体も心もすべてが合致して「これしかない」ものをつかめるタイミングは、一生に1回しかない。それをつかみたいか、つかみたくないか。どれだけハングリーになれるかどうかで分かれるだろう。

●実業団は「仕事」の場

実業団チームに入るということは、究極の仕事を選択して行くはずなのに、今はそのあたりの心持ちがめちゃくちゃ緩い感じがしてならない。採用する企業側も、厳しい目線で選手を選んでほしい。入ったチームを平気で辞めるような選手は、マラソンをリタイアするのと一緒で、絶対にクセになる。1回目のところで散々な目に遭ったというなら別だけど、「何か自分と違う」とか「何か合わない」という理由で所属を替える人で、うまくいった人を見たことがない。会社本来の業務につかず、練習だけそこそこやって、たいした成績も出さないのに一人前の給料をもらう。それは、一生懸命仕事をしている社員や、必死にがんばっている選手に対して失礼極まりない。そのあたりを十分に覚悟して入るのが、実業団だと思っている。「楽しければいい」「社員が元気になってくれればいい」というのであれば、会社の同好会と同じではないか。

有森（左から2人目）にとって4度目のマラソンとなった1992年バルセロナ五輪で2位を占め、見事に銀メダルを獲得。右端が4位となった山下佐知子（京セラ）

優勝したエゴロワ（左／旧ソ連、独立国家共同体）と健闘を称え合った

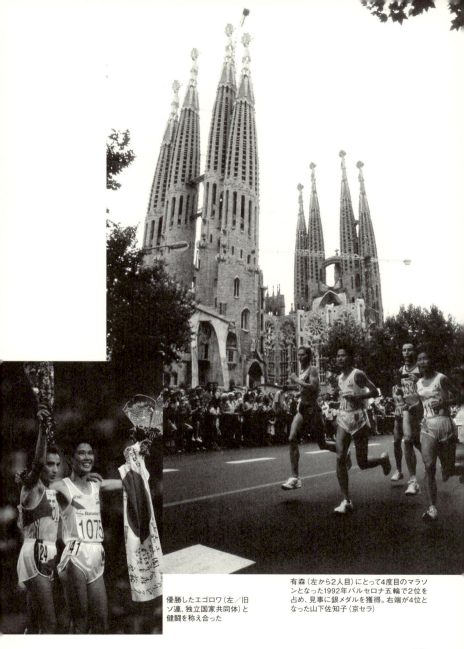

●ピラミッドの頂点にとどまれ

市民ランナーをピラミッドの底辺にして、オリンピックに出るようなトップ選手を頂点に置くならば、今は底辺がだいぶ広がっている。そこが増えた理由は、高い頂点があったからだ。だけど、今は上の人たちがピラミッドを下ってきて、三角錐ではなく、台形のようになっている。これはどこから来ているかというと、トップの存在価値を本来の勝ち負け以外に求めた時代があったからだ。人気があるとか、人間的だとか、親しみがあるとか。メディアがそこになじませることの心地良さをものすごく報道し始めて、上の人たちが何となく一般人に近くなった。

マラソンは唯一、トップの人と市民ランナーが一緒にスタートラインに並べる競技で、そこがとてもむずかしい。だから、市民ランナーに勝てばヒーロー、ヒロインだけど、トップの層にいるべき人は、市民ランナーに勝ってもてはやされている場合ではない。世界と戦わなければいけないのだ。

市民レースの大会ができるのはいい。でも、ピラミッドの立ち位置だけは変えるな、と実業団の選手には言いたい。男子では、川内君（優輝、埼玉県庁）が「市民ランナーの星」としてもてはやされているが、彼にこそ今の崩れたピラミッドの形を是正する何らかの提唱をしてほしい。その一方、実業団は、今の実業団が何を失っているかをじっくりと検証すべきだと思う。

メダリストになれた理由

有森のマラソン歴は、23歳で初めて挑んだ大阪国際女子マラソンから、競技生活に区切りをつけるため「引

退レース」として走った2007年2月の東京マラソンまで12回。ベスト記録は、1999年4月のボストンで出した2時間26分39秒になる。

山下佐知子（京セラ）が銀メダルを獲得した91年の東京世界選手権で4位に入ると、翌年のバルセロナ五輪では山下と順位を入れ替えて、今度は有森が銀メダル。その後、3年ほどブランクがあるが、95年8月の北海道マラソンで見事に復活の優勝。翌年のアトランタ五輪では銅メダルを獲得して、2つのメダルホルダーになった。ゴール後のインタビューでは「初めて自分で自分をほめたいと思います」と涙ながらに語り、その年の流行語大賞に選ばれた。

特に素質があったわけではない私のような選手が、なぜオリンピックのメダルを取れたのかと聞かれれば、「練習のたまもの」と言うしかない。練習と環境。いや、環境は今の選手の方がいいだろう。練習と、小出監督のお陰。監督の持っているモチベーションは、選手以上に高かった。

指導者は、心の底から「選手を強くしたい」と思っていないといけない。そういう人に教えてもらえている安心感は絶対で、監督の他の面がどうあれ選手は心強い。最後に戻れる安心感がある。指導者が「強くしたい」と心から思っている。その想いを受けながら練習できることは、最後の最後、苦しい時に、やっぱり「ありがたいな」という気持ちにつながる。それを選手に伝えているか、伝えてないか、そのやり取りができているか、できてないかは、ものすごく違いがあると思う。

――小出監督のトレーニングは、質も量も高かった？

それはもう、高かった。多い時は、月間１２００㎞ぐらい走っていた。小出門下の後輩に当たる金メダリストの高橋尚子さん（積水化学）も、あれだけ素質があって、スピードがあっても、１２００㎞やっていた。マラソンランナーとして基礎を作る時に、踏まなければいけない距離はあると思う。基礎を作る時の走り込みは、どんなに素質があろうが関係ない。「スピードがある」とか「トラックが強い」というのは、その際問題ではない。よくアフリカの選手たちは天性で走っているように言われるけど、彼らはクロスカントリーできちんと基礎を作っている。

●クロスカントリー練習の効用

彼らの一番の基礎トレーニングは、クロカンである。マラソンをしっかり走り切るには、身体の軸を作って、コアを鍛えないといけない。タイムはどうでもいい。山道を含めて不整地を走り、バランス感覚を養う。それによって、どんな方向から力が加わっても倒れないとか、蹴りができるとか。

速さは求めなくていいので、そういうクロカンを、私は小学生のうちからやった方がいいと思う。身体を作るという意味で。その後に訪れるどんな練習にも耐えられる体力を、そこで作ることが重要だ。

日本ではよく合同練習が行われるが、１人でやろうが、集団でやろうが、個々がやらないといけない内容は、もっと手前の基礎的なものにある。その基礎的なものをクリアしてから、高め合った者同士が合同練習をするなら、それは意義があるだろう。そうではなくて「みんなで気持ちを一つにして」というような精神論が先立つようだと、どうなんだろうかと思う。現場にいる人たちは「そんな簡単なことではない」と言うだろう。だけど、私はそれを言い続けないとダメだと思っている。「できたらいいよね」と思ってやってくれるのと、そんなことにまったく気づかずにやっているのとでは、いずれ大きな違いが出てくる。

●練習にいかに自分の体調を合わせるか

私たちは、練習がイヤだろうが、何だろうが、やるべき時はやった。まず「練習がイヤ」などと考える余裕はなかった。その日の監督のメニューを、いかにきっちりこなすか。いかに自分の体調を合わせられるか。そこに体調を合わせる能力が、試合に体調を合わせる能力だ。「気持ち良く練習ができた」とか「タイムが出た」というのは、本番以外はどうでもいい、と私は思う。

――ポイント練習をきちんとこなしていけば、いずれマラソンで結果を出せる?

そう。「外部の人間」と言われてしまえばそれまでで、明らかに私より素質を持っている人たちが現場でやっているわけだけど、違いは「世界で結果を出せない」ということ。

私がずっと言ってきた話の対象は、基本的に「世界を目指す人たち」だ。「そこそこ」で行きたい人は、「そこそこ」で行けばいいだろう。もし「世界と戦いたい」と言うのであれば、もし現場にいる人が「世界で勝てない」とか「ケニアが、エチオピアが」と言うのであれば、このベースがないとダメだと思う。

有森裕子のマラソン全成績

★=自己ベスト

日付	大会	順位	記録	備考
1990年1月28日	大阪国際女子	6位	2.32.51	初マラソン日本最高記録（当時）
1991年1月27日	大阪国際女子	2位	2.28.01	日本最高記録（当時）
1991年8月25日	東京世界選手権	4位	2.31.08	五輪選考レース
1992年8月1日	バルセロナ五輪	銀メダル	2.32.49	
1995年8月27日	北海道	優勝	2.29.17	五輪選考レース
1996年7月28日	アトランタ五輪	銅メダル	2.28.39	
1999年4月19日	ボストン	3位	★2.26.39	自己ベスト
2000年1月30日	大阪国際女子	9位	2.31.22	五輪選考レース
2000年11月5日	ニューヨークシティ	10位	2.31.12	
2001年6月24日	ゴールドコースト	優勝	2.35.40	
2001年11月18日	東京国際女子	10位	2.31.00	この後しばらく休養
2007年2月18日	東京	5位	2.52.45	このレース限りで引退

1996年アトランタ五輪で3位に食い込み、五輪2大会連続メダル獲得の偉業を成し遂げた有森

4ヵ月前からの練習メニュー

B-up=ビルドアップ走, SP=スローペース

■6月

	朝	午後
1	16kmJog	サウスボルダー公園 90' Jog
2	20kmB-up	65'快Jog
3	60'Jog	トレイル3時間走
4	60'Jog	400m上り×20本（1'55"～1'57"）
5	20kmB-up	73'Jog
6	60'Jog	リザボー8.6km×6周（3°49'23"）
7	60'Jog	グラウンド5000m×4本（18'30", 18'56", 18'51", 18'15"）R=10'
8	20kmB-up	20km全力（74'02"）+7.5km Down
9	16kmJog	S.P Jog65'
10	16kmJog	Walking
11	60'Jog	10000m×3本（36'42", 36'38", 38'43"）
12	60'Jog	山（上り21km・下り19km）走（3°10'14"）
13	60'Jog	20kmB-up（1°15'35"）
14	16kmJog	S.P Jog65'
15	20kmB-up	Jロード　走ったり歩いたりして
16	20kmJog	サウスボルダー公園 Jog90'弱
17	60'Jog	40kmT・T（2°36'43"）+7kmJog
18	60'Jog	400m上り×20本（1'52"～2'04"）
19	16kmB-up	トレイル3時間走
20	20km快Jog	サウスボルダー公園 etc Jog
21	60'快Jog	リザボー8.6km×6周（3°35'44"）
22	60'快Jog	5000m×5本（17'44"～18'25"）
23	23kmSPJog	viele park Jog60'
24	60'SPJog	Greek3km地点折り返し10マイルJog
25	20kmB-up（79'少々）	20kmT・T（1°14'01"）トレイル含む+7kmDown
26	60'Jog	リザボー8.6km×4周（2°27'29"）
27	23km快Jog	リザボーとMetaでJog
28	60'SPJog	Greek3km地点折り返し10マイルJog
29	60'SPJog	20000mT・T（72'44"）+10kmJog
30	足痛み歩く	左足外側に痛みありRest

■7月

	朝	午後
1	歩いたり走ったり	Restに変更 ネダーランドに行く
2	5周Jog	山上り21kmでやめる
3	上り10本歩き	固定自転車30'（中インターバル）
4	60'歩き	Greekを上まで60'SPJog
5	60'歩き	固定自転車15'up+3'30"追い込み×10本+15'down
6	60'歩き	固定自転車60'快ペース（中刺激）+プールTotal 500m
7	60'歩き	〔午前〕JCPまでWalking 〔午後〕歩いたり走ったりで2時間
8	20'歩き，山50'Jog	リザボー8.6km×2周Jog
9	10'歩き，山50'Jog	1.2kmコースにて30'Jog, 2kmT・T, 30'Jog
10	10'歩き，山50'Jog	40kmT・T（2°33'38"）
11	Creek上までJog	Creek上までB-up, 往復23km（激きつ！）
12	Jogや歩き60'少々	**日本へ**
13		**帰国**
14	えび川 6周Jog	運動公園1周
15	えび川 7周B-up	運動公園2周快Jog
16	えび川 6周Jog	グラウンドで2000m×5本（R=400mJog 200mJog）
17	えび川 6周Jog	検見川 外13周（2°52'少々）
18	えび川 3周Jog	グラウンドで5000m×2本（17'01", 17'44"）
19	60'Jog	60'SPJog 札幌入り（五輪結団式）
20	50'Jog	〔午前〕東京へ移動 〔午後〕運動公園1周SPJog
21	えび川 30'Jog	〔午前〕20kmT・T（1°12'12"） 〔午後〕free
22	えび川 7周B-up	運動公園2周Jog（82'少々）
23	検見川 外3周Jog	40'SPJog（運動公園まで往復）
24	えび川 4周Jog	〔午前〕5000m×1本（16'23"）
25	えび川 5周Jog	**ロンドンへ出発**
26	Free 50'Jog	75'Jog
27	Free 50'Jog	〔午前〕Walking 〔午後〕30'Jog, 2kmT・T（6'26"）, 30'Jog
28	Free 53'Jog	スタート～5.245km×3
29	Free 40'Jog	〔午前〕**★バルセロナへ移動** 〔夜〕70'SPJog
30	Free 40'Jog	20'Jog
31	Free 40'Jog	20'Jog, 2kmT・T, 20'Jog

■8月

	朝	午後
1	Free 40'Jog	**バルセロナ五輪　PM6:30スタート　銀メダル（2°32'49"）**

有森裕子 1992年バルセロナ五輪に向けた

■4月

	朝	午後
1	えび川 9周B-up	
2	えび川 6周B-up	60'軽いJog
3	検見川内4周Jog	運動公園 外6周 距離走（2°21'52"）
4	えび川 5周Jog	運動公園トラック5000m＋3000m＋1000m＋4000mB-up
5	えび川 6周SP Jog	
6	2.5×4周Jog	
7	検見川内4周Jog	検見川 外10周（2°09'42"）
8	検見川内4周B-up	運動公園830m×18周快調走
9	検見川内5周SPJog	
10	えび川 4周B-up	
11	えび川 4周快B-up	〔午前〕運動公園1周半で取り止め
12	えび川 8周SP Jog	
13	えび川 5周快Jog	
14	検見川内4周Jog	運動公園 外6周快B-up（2°20'52"）
15	えび川 8周B-up	ロンドンへ
16	Free 65'Jog	**★バルセロナへ →** 五輪コース後半を軽くJog
17	Free 30'Jog	〔午前〕五輪コース下見 → Jog ＆ Walkingでホテルへ
18	コースJog，快B-up	Jog ＆ Walkingでホテルへ
19	コースJog，B-up	**パリ経由で帰国へ**
20		**帰国**
21	えび川 5周SPJog	〔午前〕代表ユニフォーム採寸，健康診断など
22	えび川 5周SPJog	Jog（トータル50'）
23	えび川 5周Jog	運動公園 5周（2°10'30"弱）
24	えび川 5周快B-up	検見川 中8周（2°00'08"）
25	えび川 4周Jog	
26	運動公園SP2周Jog	
27	えび川 10周B-up	**★高地トレーニング出発（ボルダーへ）**
28	Free 60'SPJog	湖の周回8.6km弱をSPJog(60')
29	Free 60'Jog	湖の周回2km弱×6周 快Jog(60')
30	Free 60'SPJog	クロカンコース90'快Jog

■5月

	朝	午後
1	Free 60'Jog	周回1km公園で90'フリーJog
2	Free 60'快Jog	川沿いコース100'快Jog ＋ グラウンドにて2000m×1本(7'13"弱)
3	Free 60'Jog	〔午前〕Walking〔午後〕グラウンドにて2000m×6本(7'10"～7'24") R＝400mJog
4	Free 60'Jog	起伏のあるロードコースでL·S·D（2°51'ほどで35km）
5	Free 60'Jog	〔午前〕ガニソンへ移動 〔午後〕主なコース巡りJog（70'）
6	Free 50'Jog	〔午前〕ボルダーへ移動〔午後〕川沿いコース70'B-up Jog
7	10マイルB-up	トレイル（ロサ·モタコース）3時間走
8	10マイルJog	グラウンドにて1000m×10本（3'29"～3'37"）
9	20kmB-up	走り始めたが大雨で中止→ウエイト5セット，プール，サウナ
10	60'Jog	ロード10km折り返し20kmT·T（77'09"）
11	60'Jog	リザボー8.6kmコースで100' Slow Jog
12	60'SPJog	トレイル100'Jog（Mesa）
13	60'SPJog	Creek 90'快Jog
14	60'SPJog	リザボー8.8km×5周（3°02'少々）
15	60'快Jog	グラウンド5000m×3本（18'11"，18'12"，18'57"）
16	60'Jog	トレイル3時間Jog
17	20kmB-up (1°22'少々)	20kmB-up（1°16'27"）
18	20kmJog	Creek60'Jog
19	60'Jog	60'Free Jog
20	60'SPJog	山（上り21km・下り16km）走（3°00'26"）
21	60'B-up	サウスボルダー公園 100'Jog（2kmコース）
22	70'快Jog	400m上り×15本（1'52"～1'57"）
23	16kmJog	リザボー8.6km×4周（2°20'37"）
24	60'Jog	芝生で50'Jog
25	60'快Jog	12kmJog（1.2km×10周）
26	60'Jog	50kmロードの予定を，足の痛みで35km（2°29'）でリタイア
27	補強	プールにて水中トレーニング少々
28	60'Jog	ノースボルダー公園 90'Jog
29	40'Jog	〔午前〕サウスボルダー公園90'Jog
30	60'Jog	リザボー8.6km×4周（2°25'36"）
31	60'Jop	グラウンド2000m×5本（6'45"～6'53"） R＝400mJog

Legend 6

Takeyuki Nakayama

中山竹通

底辺からトップに這《は》い上がった不屈のランナー
オリンピックは2大会連続で4位入賞

身長179cmで細身。大きなストライドでバネがあり、スピード感あふれる中山竹通（ダイエー）の走りは、天性のものと思われた。しかし、本当は努力の賜物に他ならない。長野県の山深い町に生まれ、高校卒業後、23歳でダイエーに入社するまでは、苦労を重ね、寝る間を惜しんで走り続けた。インターハイにも全国高校駅伝にも出場したことがない選手が、1988年のソウル、1992年のバルセロナとオリンピックの男子マラソンで２大会続けての４位入賞。「人間、その気になれば何でもできる」を、身を持って実行した人の舌鋒は、今でも鋭い。

マラソン願望は「福岡」から

中山竹通（ダイエー）が初めてフルマラソンを走ったのが、１９８３年（昭和58年）12月の福岡国際マラソンだった。翌84年に行われるロサンゼルス五輪の代表選手選考会で、主役は宗茂・宗猛の兄弟（旭化成）や瀬古利彦（ヱスビー食品）ら。日本の男子マラソンが華やかだった時代、中山はその系譜を受け継ぐように、表舞台に登場していく。

私がダイエーに入ったのが１９８３年だから、23歳の時。その年の暮れに、初マラソンを走ったことになる。誕生日が12月20日なので、24歳になる直前だ。長野にいる時は、マラソンをやりたくても、その環境がない。徹夜仕事もあってまず走る時間がないから、レースに出られるのはがんばっても30㎞。マラソンをやるには、その環境から脱出する必要があった。

というわけで、本当にマラソンに興味を持ったのは、23歳の頃だと思う。興味と言っても、単に福岡に行きたかっただけ。当時、所属していた富士通長野の寮で、12月の第1日曜日は先輩と部屋でテレビを観た。あの頃だから、宗さん兄弟や伊藤国光さん（鐘紡）、喜多秀喜さん（神戸製鋼）たちか。「あそこに俺も行きたい」「福岡国際マラソンに1度でいいから出てみたい」。福岡に強く惹かれた。

競技人生のスタートが１５００ｍや５０００ｍであっても、長距離を志す人間だったら、最終的にマラソンをやらないとおもしろくない。高校生の頃は7人で駅伝をやるけど、最後に1人でたどり着くところがマラソンだと思う。

●高校駅伝は県で２位

私の高校（県立池田工高）は県大会で2番どまり。全国高校駅伝には出られなかった。１年の時は３区で区間賞を取ったけど、２年、３年は１区を任され、３年の時は区間２位だった。全国大会出場のチャンスが一番あったのは１年の時。でも、アンカーが大ブレーキして、そのチャンスを逃している。

インターハイの県予選は５０００ｍで出ていた。唯一、国体県予選（５０００ｍ）で優勝したことがあるが、タイムが悪かったので、国体に連れて行ってもらえなかった。

私たちの高校では春に〝強歩大会〟というのがあって、40㎞近くの道のりを全校生徒が走った。１年の時は30㎞まで独走したものの、脱水症状になってぶっ倒れ、13位に落ちた。あぜ道で寝ていたら友達が来て、「行こう」と言うからまた走り出した。２年、３年は適当に走って、10何番だったか。

高校時代に全国大会の経験はないが、それはそれで良かった。勝つためだけに一生懸命やるとか、先生に怒られながら走るという部活動は、絶対にしたくなかった。そういう意味では、いい加減な部員だったと思う。中学校も陸上部に入ったのだが、つまらないので１ヵ月で辞めた。

〝ないない尽くし〟の長野時代

現在55歳の中山は、長野県北安曇郡池田町の出身。風光明媚な安曇野からは北アルプスが一望でき、自然は豊かだが、そこに住む人たちにとっては時に厳しい環境になる。中山は地元の広津小学校に通うのも、子供の足腰を鍛えるに十分なトレーニングとなった。

小学校までは約５㎞の道のりがあった。しかも、山道だ。低学年の時はバスの定期券を買ってもらったけど、ほとんど友達と一緒に歩いたり、走ったりして通った。ランドセルを背負ったまま走るから、２年で壊れた。だからといって買い換えてもらう経済的余裕はないので、6年まで壊れたまま使った。

●路線バスと競争

通学時には、いろんなことを考えた。クロスカントリーをやっているのと同じで、車が通る道を歩くのではなく、山道の最短コースを探した。時には路線バスと競争した。当時はまだ舗装道路ではなくて砂利道だから、バスもそう速くない。目的地に着くのは、バスで帰る人と走って帰る私と、ほとんど変わらなかった。池田町立高瀬中学校までは、10km近くあった。中学はバス通学で、自転車は禁止だった。何しろバス通りは標高800mの高さにあって、尾根のようなところを通っている。生徒が自転車で通える道路ではない。晴れた日は北アルプスだけでなく、穂高、浅間山、美ヶ原高原までも眺望できた。

1978年(昭和53年)に池田工高を卒業した中山は、陸上部がある地元の企業に入る予定だったが、不採用になり、しばらくアルバイトの生活が続く。その後、国鉄(現・JR)の信濃大町駅で嘱託職員として下働きをし、さらに富士通長野で勤務。ダイエーに入社するまでの5年間は、まさに〝ないない尽くし〟の下積み生活だった。

養命酒は長野・駒ヶ根に陸上部の拠点があった。そこに入りたかった。監督との面談も済んでいた。それなのに、東京まで受験に行って、落とされた。自分の高校から1人も行ったことがない会社なので、先生も勝手がわからなかったのだと思う。6人受けて、1人しか採らない、と後で聞いた。

就職が決まらず、今で言う〝プータロー〟をしていたら、親に「どこかで仕事をして来い」と言われた。松本の方に大工をしている叔父がいたので、そこに行って大工の手伝いをやった。仕事場から叔父の家まで10何キロは、走って帰った。それを繰り返していた。

――どんな状況でも、走ることを止めなかったのはなぜ？

自分が弱いと思ってないから。周りの人は結果が出てないから「弱い」と見るけど、まだ真剣にやってないんだから弱いに決まっている。「真剣にやったら俺は強いよ」ということを、自分で知っていた。「楽しいスポーツ」から「勝つスポーツ」へ切り替えればいいだけだったから……。

あとは「ここで止めたら腹が立つな」という気持ちがあった。世の中なんて、結果が出ているから「偉い人」なのか。結果が出てないから「ダメな人」なのか。何を基準に判断するのか。そんなのわからない。という気持ちもあって、走ることを止めなかった。

●何もない中での物づくり

結局、高校を卒業して3年間は1人でやって、富士通長野で2年ちょっと。これは同好会だった。その5年間は「何もない中で、物づくりはどうやってするんだろう」という試行錯誤の連続だった。何もない中で物が作れたら、条件が合ったら絶対に1番になれると思っていた。

そう、何もないのだ。お金がない。時間がない。指導者がいない。すべてがない。食事がいい加減でも走れるというのがわかったし、サプリメントもトレーナーも身近にあるわけがない。シューズは市販の3000円ぐらいのもので走っていた。今になると笑い話だが、焼き肉食べ放題は重要なタンパク質補給源だったし、空腹を満たすために「20分以内にラーメン5杯を食べればタダ」という店にも行った。

その頃の月間走行距離は、せいぜい500～600㎞だったと思う。8時から勤務なので朝練習はできないし、夕方5時に仕事を終えて練習を始めても、走れるのは90分ぐらい。それでも、富士通長野にいた頃は、富士登山駅伝で区間賞を取ったり、島根国体の1万ｍに出て10位になったりしていた。国体では、現在駒大の監督をしている大八木（弘明）さんと争ったのも覚えている。

23歳から本格的な実業団生活

中山に転機が訪れたのが23歳の時。１９８３年に流通業界のダイエーが、男子長距離を中心とした陸上部を創設。その第一期生として、本格的な実業団生活をスタートさせた。監督は、旭化成で現役時代を送り、駅伝やマラソンで活躍した佐藤進。同年２月の中日30kmロードレースで、日本人２番手に入った中山の存在が佐藤の目に止まり、運命が開ける。中山は４月入社の同期から３ヵ月遅れて、７月に大阪の合宿所に入った。

私は「田舎でもできるわ」と思っていたので、勧誘されても「別に行かなくてもいい」と最初は考えた。しかし、田舎ならではの問題があった。自分だけが飛び抜けてしまって、実力も考え方も周りがついて来られない。まだ成熟していないというか、意識レベルが低いままで、そこのギャップが大きくなってきて、長野を出ることに決めた。

私は福岡国際マラソンを目指していたが、周りの人たちはローカルな駅伝での優勝が目標だった。その意識の差は大きくて、富士通長野時代は朝7時過ぎに寮を出て、会社で朝食、8時から仕事。残業しない選手は午後5時過ぎから16～20kmの練習。私は皆より遠くで折り返し、会社に戻ってシャワーを浴びて、寮に帰る毎日だった。とにかく距離さえ走っておけば、いずれマラソンを走れると思っていた。そのための準備は怠らなかった。マラソン練習は、まずスタミナから取り組まないといけないと、自分なりに考えていた。あの頃、30㎞を1時間35分ぐらいのタイムでなら、1週間の準備で走れた。富士通長野に入った時も、すぐに「お前には信毎マラソンの30㎞を用意してあるよ」と言われ、1週間で走った覚えがある。そんなデタラメは、誰もマネをしない方がいい。

ダイエーに入った時期がみんなより少し遅くて、私はすでに長野県に選手登録がしてあったので、最初の1年間は長野のダイエーに在籍した。大阪になったのは84年からで、当時は池田市に陸上部の拠点があった。選手たちは近隣の店にそれぞれ配属になり、午前9時から午後3時まで勤務した。その後から練習だが、佐藤さんは私が入ってすぐ「月に1000㎞走りなさい」と言う人だった。自分の思いをストレートに練習メニューに反映させ、1年目の選手たちにはまず土台づくりからやらせようという意図がうかがえた。

私が83年の福岡国際マラソンを走ることは、入社当初から決まっていたのだと思う。私自身、出るつもりでいたし、福岡でマラソンを走るためにダイエーに行ったようなものだった。

苦しかった初マラソン

ダイエーに入った年の暮れ、1983年12月4日に、中山はいよいよあこがれの舞台、福岡国際マラソンのスタートラインに立った。折しも、翌年の夏に開かれるロサンゼルス五輪の代表選手選考会。4年前のモスクワ大会の〝幻の代表〟だった瀬古利彦、宗兄弟の3人に注目が集まる中、初マラソンの中山は2時間14分15秒のタイムで、14位という成績だった。

ただ単に25㎞で遅れたレースだが、私は出てみたかっただけなので、結果はどうでもよかった。もちろん

「マラソンはきついな」というのが実感だった。30kmからは「もう止めたいな」と何度も思ったが、どういうわけかズルズルと行って、14番でゴールした。

●1日30km以上走ることが必須

なぜ30kmからそれほどきつかったかと言えば、練習の質が足りなかったからだ。自分は7月にダイエー入りしているので、夏の大阪が暑かったということもあるが、当時は練習内容がまだまだ低レベル。40km走はジョッグのような有様だった。

佐藤さんの基礎トレーニングは、延々「4時間走れ」だの「5時間走れ」だの、とにかく距離を踏むことが先決。たまに3分ペースで1000mを10本というインターバルもあったが、質はそんなに高くなかった。1日に30km以上、必ず走っていたと思う。でも、マラソンはスタミナだけでは無理で、スピードが必要になる。中間点を過ぎるとペースが上がってきて、選手はそのあたりで脚に疲労が溜まってくる。それを乗り切るには、練習の質が求められる。

――あこがれの福岡国際マラソンを走って、次の目標は何になったのか？

もう実業団を辞めようと思った。「こんなこと、やりたくない」と。でも、そう思ったのは1週間ぐらい。1週間は「こんな思いをして、もう二度と走りたくない」と、考えは後ろ向きだった。だけど、1週間ぐらい経つと、レースを自分なりに分析するもので、どこが悪かったのか、練習で何が欠けていたのか、すべて洗い出した。監督には1ヵ月分、自分がやった練習や走行距離などを書いて提出するのだが、その時に、自分の反省から考えついたメニューを「今度はこういう練習が必要だと思う」と書き添えて渡した。初マラソンの時は「変化走をもっと取り入れましょう」と書いたはずだ。距離走でも一定ペースで行くのではなく、途中で極端にペースを上げ下げする練習。最近のレースのようにペースメーカーがつくわけではないので、我々のマラソンはスタート直後からペースが上がったり下がったりして、予測がつかない。それに対応できる練習を積んでおかないと、30㎞で一気に14分台（5㎞ごと）に上がるレースで勝負はできない。

●マラソン初優勝

初マラソンから1年後、1984年（昭和59年）12月2日の福岡国際マラソンで、中山は優勝を飾ってしまう。当時24歳で、3度目のフルマラソン。気象条件に恵まれたレースは、ジュマ・イカンガー（タンザニア）が先導。中山は27㎞あたりでミハエル・ハイルマン（東ドイツ）とともに先頭集団から抜け出し、36㎞でハイルマンを蹴落とすと、終盤は独走態勢に持ち込んだ。2時間10分ちょうどのタイムは、当時日本歴代5位。長身のストライド走法は観衆の目を惹き「異色の大型新人出現」と、大きく報道された。

マラソンを1回走って、どうすれば2時間10分を切れるか、だいたいわかった。2時間10分を出した時は、「2時間8分を出せる」と思った。要は、数字の組み合わせをすればいいだけの話だ。マラソンは基本的に30㎞＋12・195㎞と考える。30㎞を1時間30分で行く予定が1時間32分かかってしまったら、次の12・195㎞でそのプラス2分を取り戻せばいい。そう考えて計算すれば、帳尻が合う。だから、むずかしいことではなかった。

仮に5000mを15分で走ろうと思ったら、3000m＋2000mと考えて、15分になる組み合わせを作り出せばいい。基準は3000mが9分、2000mが6分だろう。それが9分05秒になったら、後半の2000mは5分55秒に上げる。それをスケジュールの中にどんどん取り入れて、どんな状況でもそこに持って行く内容の練習をやればいいのだ。

1983年に23歳でダイエーに入社。午前9時から午後3時までは社業に従事したが、その後はじっくり競技に打ち込める環境を得た

マラソン3戦目の1984年福岡国際で初優勝（2時間10分00 秒＝当時日本歴代5位）を飾り、佐藤進監督（右）と笑顔でインタビューに応じた

氷雨下の激突となった1987年の福岡国際マラソン。中山は中盤まで世界新記録ペースで突っ走る伝説の独走劇を演じた

●40km走のやり方

練習で40km走をやる時は、30km以降一気にペースを上げていく。最初から速く行くと故障のリスクがあるので、最後の方だけ気持ち良く上げておくことが大事だ。本番のレースと同じように、5km14分台にペースを上げて、常に本番のシミュレーションをする。いつもそれを心掛ける。ジョッグの日はスピードプレイをしていく。ジョッグと位置づけるとダラダラ走ることになるので、それはしない。途中で1～2km、思い切ってペースを上げる。疲れたら、また落とす。それを繰り返す。ポイント練習の合間のジョッグと言っても、すべて2時間は走る。常にマラソンと同じ時間走ってないといけないから、90分ぐらいで帰ると監督に怒られた。

ジョッグはほとんど個別にやった。チームメイトもレースになればライバルなので、蹴落としていかないといけない。そのため、人に隠れて練習をやったこともある。自分が故障をすると、みんな喜んだ。「アイツ、故障しているから、今度の試合は勝ったな」と、口にこそ出さないが内心で思っていた。そこを全部読んでいて、私は負けなかった。そこだけは絶対に譲らない。実業団チームは〝弱肉強食〟の世界で、朝練習のジョッグですら振り落とそうとする選手がいっぱいいた。

スタートから突っ走ったソウル五輪選考会

1985年（昭和60年）4月にはワールドカップ・マラソン大会が広島で開かれ、アーメド・サラ（ジブチ）に次いで2位に入った中山は、自身の生涯記録となる2時間8分15秒（当時日本最高、同世界歴代3位）

をマーク。翌86年10月のソウル・アジア大会では金メダルを獲得し、その時に出した2時間8分21秒は、今でも大会記録として残っている。そして、初マラソンから4年後、87年12月の福岡国際マラソン。ソウル五輪（88年）の代表選手選考会を兼ねて行われ、中山は氷雨の中、スタートから5㎞14分半のハイペースを刻んで突っ走り、40㎞近くまで2時間7分12秒の当時世界最高記録ペース（カルロス・ロペス／ポルトガル、85年）を上回った。最後は力尽き、タイムは2時間8分18秒だったものの、2位に2分以上の大差をつけて圧勝。初の五輪代表切符を手に入れた。

あの福岡のレースを評して、宗さんたちがよく「中山がマラソンの歴史を変えた」と言うけど、私は「ただ42・195㎞を一生懸命走ればいいという時代は終わった」と思っていた。マラソンはもう、プロとして「見せる時代」になっていた。確かにマラソンを走るには持久力が必要だが、それだけではなく、よりスピード感がなければおもしろくない。スタートから14分台で突っ走るレースは、瀬古さんの東京国際マラソンを見て、すぐに「福岡で自分がやる」と決めた。瀬古さんが東京のレースで勝った時、最初の5㎞がすごく速かった。それを見た瞬間「これからは14分台だ」と。しかも、ずっとそのペースで押し切るレース。最初の5㎞だけなら、誰でも14分台で行ける。

中山は最初の5㎞を14分35秒で行き、さらに14分30秒、14分35秒、14分57秒と20㎞まで14分台のスプリットタイムを刻んだ。しかも、レース途中の午後1時の気温は6・5度、北西の風4・5m。凍えるような風雨が選手の体熱を奪い、途中棄権の選手が相次いだ。

天候がどうなろうが、そんなことでは驚かない。それを考えていたら、何もできない。そういうことを考えた瞬間から、まず42㎞を走りたくなくなるだろう。オリンピックには行きたいと思っていた。今後の人生のために「オリンピックには絶対に行っておかないと」という気持ちがあった。そこにメダルがあればもっといいが、その前に「出る」「出ない」の差は大きいと思った。

自分はインターハイの出場経験がないだけでとやかく言われたし、引け目も感じたが、「インターハイには行けなくてもオリンピックに行ける」と心に決めていた。逆に、インターハイに出てもオリンピックに行けない人は、大勢いる。と言っても、はっきりとオリンピックを意識したのは、84年の福岡で2時間10分を出してからだ。ダイエー1年目は、あこがれの福岡で走ったら、田舎に帰ろうと思っていた。

――それにしても、1987年の福岡国際マラソンは、中間点が1時間1分55秒。みんながビックリするほど速かった。

それほど驚くようなことではない。すべて段階を踏んでそこに至っているわけで、1万mの日本記録(27分35秒33、87年)を作ったし、マラソン練習は質・量ともしっかりやった。週に5日がポイント練習だった時がある。毎日が地獄のようだった。ダイエーの1週間の練習は、だいたい左記のようだった。

月)30km走
火)インターバル・トレーニング
水)クロスカントリー2時間走
木)個人ジョッグ 120分
金)トラック練習
土)30km走
日)フリー

最初は「何だ、このメニュー」と思った。朝、目が覚めた瞬間に、頭がフラフラしている時もあった。それでもやったのは「絶対に瀬古さんに勝ちたい」と思っていたからだ。もちろん、瀬古さんが嫌いで、ということではない。強い者への反発心というか、何事も強い者を中心に物事が成り立つ世の中の仕組みを変えたかった。強くない者でも考え方によっては勝てる。それを証明したかっただけ。そうでないと世の中がつまらなくなると、私は思っていた。

——1987年の福岡のレースは、35㎞から40㎞が16分20秒に落ちて、世界新、日本新の大記録を逃した。

いやあ、もうきつかった。ゴール前は、雨もひどくなっていた。自分でも、あそこまで落ちるとは思わなかった。絶対に16分以内ではいけると思っていたから、2時間7分35秒の日本最高（児玉泰介／旭化成、86年）を破れる確信があった。

確かに、ものすごい雨が影響した部分はあるかもしれないが、原因は「そこまでのトレーニングができてなかった」ということに尽きる。オリンピックを狙うような大一番は、人生に1～2度しかない。それなら、その場で自分の最高のパフォーマンスができるような準備をしておかないと意味がない。

●無謀か、挑戦か

要は、自分がどういうレースを頭に描いていて、それにどうやって近づけるか。完璧にやれたらものすごいことが起こるけど、人間はなかなか完璧とはいかない。そこに向かうには「挑戦」もあれば、時に「無謀」と思えることもある。

私がやろうとしていたことは、無謀と言えば無謀だったと思う。最初からできないことも知っていた。ただ、それを承知でやっていた。そういう開拓者がいないで、みんな無難にやろうというのでは、世の中おもしろくない。

●人に見せるマラソン

我々の時代のマラソンは、もはや「人にどうやって感動を与えられるか」がテーマになっていた。ダイエーはどうやって物を売るかの商売だから、自分たちの仕事はマラソンでお客さんを引きつけ、どうやって見せるかということ。せっかく与えられた環境だったら、未完成かもしれないけど、何回でもチャレンジしようと思った。ソウル五輪の予選会ほど、最初から飛ばしたレースは他にない。普通はハーフマラソンのペースだ。ハーフを続けて2回やれと言われたら、誰でも最後のペースは落ちるだろう。でも、いずれそういう時代は来ると確信していた。先見の目があるか、ないかだけ。それを無謀と取るか、将来を読んでの挑戦と取るか。日本人がそれをやれれば、アフリカ勢との差はもう少し縮まっただろう。

ソウル、バルセロナと五輪は連続4位

選考会で華々しい優勝を飾った中山は、新宅雅也、瀬古利彦（ともにヱスビー食品）と1988年のソウル五輪に出場したが、3位とわずか6秒差の4位でメダルに届かなかった。4年後のバルセロナ五輪には、森下広一、谷口浩美の旭化成コンビと一緒に出場。この大会は森下銀メダル、中山4位、谷口8位と日本勢3人がそろって入賞する快挙だったが、中山はオリンピック2大会連続で4位と、あと一歩のところでメダルに縁がなかった。

4位という成績は、情けない。特にオリンピックは、3位と4位では天と地ほどの差がある。たった1つの順位差だが、周囲の評価は全然違う。バルセロナの時は3番でトラックに入ったけど、ドイツの選手（シ

1992年のバルセロナ五輪で、1988年のソウル五輪と同じ4位だった中山(左)。終盤の難所・モンジュイックの丘を駆け上がって3位争いを繰り広げていたドイツのフライガングをいったん引き離したが、五輪スタジアムに入った残り100mで逆転を許し、惜しくもメダルを逃した

ユテファン・フライガング）に抜かれた。あの時はずっとカカトが痛くて、痛み止めの注射をしながら走っていたので、もう抜き返す余力はなかった。

ソウル五輪の4番は練習のやり過ぎが原因だったと思うけど、あとから考えると、監督も選手もオリンピックにどうやって臨んでいいかの知識が足りなかった。とにかく練習だけは詰め込んで、しかもペースが速い。本番の時には疲労がまだ残っていて、回復しきれてなかった。レースがあと1ヵ月遅かったら、もっと違った結果だったと思う。時には練習の質・量ともに落とすことが重要なのに、佐藤さんのメニューはいつもアクセル全開でブレーキが効きにくい。亡くなった方にこういう言い方は失礼かもしれないが、ストップウォッチを見てタイムが良いと、満足そうな顔をする人だった。それでは選手が息を抜くところがない。

ソウルの時は「絶対に金メダル」と言われていたから、メダルは取らないといけないと思っていた。バルセロナの時は「何色でもいいからメダルを」と言われた。結果的に「あと1人」のところでメダルに届かなかったのは、仕方がない。どこかにミスがあったし、体調面でうまくピークを合わせられなかった。

――世界選手権は1度だけ。1991年の東京大会に出場したが、途中棄権に終わっている。

東京の世界選手権も練習のし過ぎで、故障していた。日本陸連は地元の世界選手権に向けて、アメリカ・コロラド州で高地トレーニングを取り入れたけれど、自分に合わないことを知っていたので、行きたくなかった。高地だと質が上がらないし、質を上げようとすると、今度は酸欠を起こす。そうすると、心のバランスが崩れてくる。それに、練習相手がいない。女子選手は練習のペースが遅いし、ある意味監督だけを見ていればいいけど、男子の場合はそういうわけにいかない。高地トレーニングを導入した初期の頃は、まだまだノウハウも手探り状態だった。

理想のマラソンレース

――では、自分が目指したマラソンの、究極のかたちはどんなものだったのか？

1万m×4。それが、理想のマラソンレースになる。ヨーロッパで1500mや1マイルレースの人気が高いのは、距離がそこそこあって、しかもスピード感があるから。マラソンも、10㎞を29分で行かないとスピード感がない。5000mに換算すれば14分半。ただの我慢比べでは、マラソンではない。42㎞をどれだけのスピードで行くかだ。

――だからこそ、マラソン練習をやりながら、トラックの1万mで日本新記録を出せた？

そう。ヨーロッパ遠征に何回も行って、何回も失敗しているから、その応用もある。87年に日本新を出せたけど、レースで対応できるようになったのは、その前年ぐらいから。他は、みんな失敗している。

とにかく、ペースに乗って行くことが大切になる。あとは、ヨーロッパのレースに出たら、インコースに入れてもらえないので、だいたい2コースを走ることになる。だから、練習の段階から1コースを使わず、2コースを走った。1コースはチームのみんなが走る場所。自分は2コース。そうすると、同じタイムで走っても、7mは余計に走ることになる。それが40周だったら、すごい距離になる。自分は、人と同じことは絶対にしないようにした。

●トラックレースとマラソンの関係

私は、世界で通用するのであれば、トラックランナーとマラソンランナーを分けて考えてもいいと思うが、なかなかそうはいかないだろう。我々の世代の選手が、冬はマラソン、夏はヨーロッパでトラックと両方やれたのは、瀬古さんがそれをやっていたから。仮にマラソンで瀬古さんに勝っても、「トラックは遅いな」と言われたくない。「これができて、これはできない」というのは、おもしろみに欠ける。

前の人が作った水準を下回ったら、世の中ではもう受けないということだ。受けないものは結局「通用しない」ということで、どんなにやってもダメ。次に行く者は、絶対に前の者を抜かないと評価されない。どんなことをしても抜く覚悟がいる。瀬古さんがトラックでもマラソンでも記録を出すなら「どっちも塗り替えないと」と思っていた。それが、私の大きなモチベーションだった。勝つことと、記録を出すことは違う。

私は、瀬古さんにトラックレースで勝とうと思っているわけではなかった。トラックで勝つにはスプリント力が必要だ。しかし、私にはそんなスプリント力はないので、平均して速いスピードで25周回ればいい。記録は作れるけど、勝てない。だから、トラックはあくまでも記録狙いだった。

見栄えのするフォームに矯正

ところで、大きくストライドが延びた中山の豪快なランニングフォームは天性のものと思われがちだが、意識して自分で作り上げたものだという。

フォームは21歳の時に作り替えた。富士通長野に入った時は、もっとストライドが狭いし、もうちょっとベタ足気味だった。富士通に入って1ヵ月ぐらい経った頃、練習でペースが上がった時に置いて行かれて「何で俺は置いて行かれるんだろう」と疑問に思った。先輩に聞いたら「お前はふくらはぎも発達してないし、蹴りも弱い」と指摘された。だったら、置いて行かれないフォームに変えようと改造に着手した。

——どういう方法でフォームを変えたのか?

「どうしたらいいのかなあ」と思いつつ、1つ上の先輩の走りを見ると、カカトを着かずにつま先で接地している。「とりあえずこれをマネするか」と思って、毎日カカトを着かない走りで16㎞走をやった。それが、後のフォームの原型だが、しばらくして5000mを走ったら14分半に上がってビックリした。最初はきつかった。当時は体重が55㎏ぐらいしかなかったし、途中で冷や汗が出てくる。あとは階段の上り下り。片足で、1段抜かし、2段抜かしで往復し、60分繰り返した。だから、その当時のフォームは、今よりも跳ねていた。マラソンを始めてから「これでは故障する」と思って、1年がかりでそれほど跳ねないように戻した。

●マラソン用のフォーム

マラソンを走れるようにフォームを変えたのは、ダイエーに入る前だ。これから月間で1000㎞も走らないといけないから、つま先走法ではまずい。そこで、重心をもっと後ろに下げた。ベタではないけれど、シューズの角で接地するようにした。自分はどうしても空中を跳ぶから、ソールの外側角で接地しないと衝撃が大きい。私の走りは下が固くないとダメで、クロスカントリーは不得手だった。下が軟らかいと、接地で地面の反発をもらいにくい。シューズは、中敷きがえぐれるほどだった。

勝とうと思えば、人間、それなりに変われるものだ。最近の選手たちが「ダメだ」と思ったものをどうして延々と続けているのかわからない。「これはダメだ」と思った瞬間に変えればいいのに、と私は思ってしまう。私は、通用しないものは絶対にやらない。極端に180度変えることもあった。少しずつ変えていこうというのは理想だけど、現実はそうそううまくいかない。時には、極端なことをしないと変わらないこともある。

腕振りも、鉄アレイを持って毎日やっていた。最初、テレビに映った自分の走る姿を見て、腕振りがあまりにもみっともなかった。「テレビに映るなら、もっときれいじゃないといけない」と思った。映像としては、速くて、きれいな被写体がいいだろう。みんながテレビに釘付けになって、あこがれの対象となるような姿を見せないといけない。そう思っていた。私は、そんなに走る能力が高かったわけではない。自分で自分を作っていく方だった。最初は何でもいいからやり出す。それから、考え出す。「強い人と自分は何が違うんだろう」と……。いろいろな選手のフォームを見て、いろいろな人の話を聞いた。あとは応用だ。頭で覚えたものは忘れるから、身体で覚えようとした。最初から良いものを持っていたらそうはいかないだろうけど、スタート段階でデタラメをやっているので、それができた。

背は高校時代から伸びてきた。小学校では一番前。中学生になって「こんな小さくてはいけない」と思い、給食で余った牛乳を全部飲んだ。子供の頃は、身長が１８０cmほしかった。１８０cmにするためにそんなことをしたのだが、１７９cmとわずかに届いていない。

●まず行動を起こすこと

何でもいいから、まず行動を起こすことだ。「願えばかなう」という言葉もある。当たれば儲けもの。牛乳の効果があったのかどうかは定かでないが、中学３年の頃から身長は一気に伸びた。

これからマラソンを目指す選手たちへ

マラソンで成功したかったら、勝つための発想と分析が大事になる。もし30㎞で置いて行かれるなら、それはどうしてか。30㎞から14分半のペースに上がって、それにつけないのなら、対応できるだけの力を練習でつける。それだけだ。練習でそれをやればいい。

●土台をしっかり作る

まず、土台をしっかりと作ること。最初の2～3年は「物がある中での物づくり」ではなくて「物がない中での物づくり」から始まる。依頼心をすべて捨てて、「ある物」は捨て、「ないこと」からスタートする。時間がない。ウエアやシューズもメーカーから提供されない。その中で「物を作りなさい」と言いたい。〝見てくれ〟は悪くても、まずは「食べられる餅」を作ること。格好はつけなくていい。その後に〝見てくれ〟の良いものを作ればいいのであって、最初は粗削りでいいから、1年間に1万2000㎞ぐらい走る気概がほしい。

弱い時に、もっと冒険をしていいと思う。最初から「良いものを完成させよう」と考えているから、逆に「良いもの」ができない。いろんなことをやってみて、そこから身体が学習することは多い。

●横を見ないで、上を見ろ

選手は、横を見ていても強くならない。「上を見ろ」と言いたい。今の選手は横ばかりを見て、みんなが60分ジョッグなら「俺も60分」という発想になる。「それは違うだろう。そこからがお前の練習だろう」と私は思う。そんな発想しかできないのだったら、強くなれっこない。陸上はもう学校のクラブ活動で終わりにして、実業団には入らない方がいい。実業団に入るということは、走って稼ぐプロのランナーになるということだ。

ただ、今の世の中は、別に困ることがない。大半の学生が、親の仕送りなどで、金銭的にも困ってないのだろう。私のようなハングリーさは皆無に近い。だから、せいぜい箱根駅伝でワーワー騒がれ、いい気になって満足してしまう。そんなレベルで世界に行こうと思っても、到底無理だ。

——しかし、2020年の東京五輪という明確な目標ができて、そこを大きな道標にする学生ランナーも増えている。

その目標をしっかりと定め、固い決意で練習をやっていける選手はいいが、「出られたらいいな」というぐらいの甘い目標だったら、2~3年で終わる。大学を卒業して、実業団に入って、25歳でもう「戦力外」を申し渡される選手は大勢いる。ひどい場合は「1年で辞めてくれ」というケースもある。実業団の側から言えば、採用したものの「何だ、こいつは」と見込み違いの選手が何人もいるということだ。

●常に自分が主役

実業団は駅伝が大事な種目になってくるが、私は駅伝を「1人でできないことをやる競技」と捉えていた。勝ちたいとは思うけど、特に重きは置いてない。自分の区間を精一杯走って、どれだけ区間賞を取るか、しか頭にない。

駅伝で勝っても、多くはチーム名しか残らない。個人個人は木で言えば枝でしかなく、確かにその枝が集まって1本の木になり、天にそびえる樹木になるのだけれど、私はそれだけで満足しなかった。やはり、自分が主役になりたい。自分の名を残したい。だから、当然自分が見せないといけないし、周りを引っ張っていって勝つ。そのためには、自分が何事もいい加減にやってはいけないということだ。

近ごろ感じること

真夏の東京でのレースだったら、日本勢もスローペースに持ち込んで、最後のトラック勝負だけはするかもしれない。日本人は粘れることがいいことだけど、それを戦略にしている以上、いつまで経ってもアフリカ勢に勝てない。やっぱり海外にどんどん出て行って、スピードに磨きをかけることも必要だろう。いつまでも私の1万mの記録が「日本歴代2位」にあるようではダメだ。自分が27歳の時に出した記録だから、もう30年近く前になる。それを高岡君（寿成、カネボウ）が破ったが、そこまでも10数年あった。

別にそれほどトラックに興味があったわけでもないのに、何で自分がトラックをやったか。今は、全体的にやさしくなったこともある。マスコミも選手にやさしくて、あまり叩かない。マラソンも、2時間10分ぐらいでほめたりする。私たちの頃は「2時間10分の平凡な記録」と書かれた。

――1992年のバルセロナ五輪で、選手としてのマラソンレースは終えているが、自分のマラソン人生で、やり残したこと、あるいは後悔することはあるか？

オリンピックでメダルを取れなかったことだけは、悔いかもしれない。だが、メダル以外はよくできたなと思う。90％ぐらいは満足している。あの悲惨な環境から這い上がったのだから……。普通なら止めるだろう。そう考えると、底辺からでもトップになれるということで、私だけではなく、やろうと思えばみんなができるということになる。

高校の先生にも「こんなに強くなると思わなかった」と言われた。「何であの時、もっとしっかり教えなかったのだろう」と。しっかり教わらなかったから、逆にその後の伸びにつながったのかもしれない。そればかりはわからない。中学、高校で厳しく指導されていたら、もうイヤになって陸上を止めていたかもしれないのだから、人の生きる道はどう転ぶかわからないものである。

●マラソンをやれる10年に人生を懸ける

たぶん今の選手は〝良い子〟過ぎてダメなのではないか。私に言わせれば「優秀だけどお馬鹿」という類になる。最初からあまりにも出来上がっていて、それ以上にならないから、器が大きくならない。１００ccしか入らない器だったら、ずっと１００ccのまま。器を変えていかないから、あふれたら故障する。表面張力も危ういので、８割ぐらいで止めておかないといけない。これは指導者になってから、痛感したことだ。「何だ、これは」と思った。

せっかくやるんだったら、とことんやればいい。やり直しがきくならいいけど、マラソンをやれる時期はせいぜい10年。人生80年あっても、本当にやれるのは10年しかない。だったら、そこに人生を懸けてみればいい。私も23歳でダイエーに入った時、佐藤監督に「マラソンをやれるのは10年だよ」と釘をさされた。

子供は未来があるから失敗してもいいけど、大人は通用しないと、いくらがんばってもきつい。ダイエーに入る前の５年間で、それがすごくわかった。どんなに自分ががんばっても、まったく評価を得られない虚しさ。がんばりが感動につながることもあるけれど、結果を伴わないと厳しい。

世界が２時間６分台、５分台にとどまっているうちなら「出るか、２時間７分台」という見出しでもいいけど、２時間３分を切った時代に「出るか、２時間７分台」ではあまりにも寂しい。組織も選手も、本気でマラソンを強くしたかったらもう一度原点に戻って、今までの選手が何を考えて、どう行動したかを検証すべきだろう。

中山（右）はライバル・瀬古利彦が保持していたマラソンと10000mの日本記録を次々に塗り替え、10000mの日本記録は13年10ヵ月も破られなかった

中山竹通のマラソン全成績

★＝自己ベスト

回数	日付	大会	順位	記録	備考
1	1983年12月4日	福岡国際	14位	2.14.15	
2	1984年9月30日	ソウル	3位	2.15.45	距離不足のため記録は非公認
3	1984年12月2日	福岡国際	優勝	2.10.00	当時日本歴代5位
4	1985年4月14日	W杯マラソン（広島）	2位	★2.08.15	当時日本最高記録, 当時世界歴代3位
5	1985年9月15日	ソウル	優勝	2.10.09	
6	1986年2月9日	東京国際	4位	2.08.43	
7	1986年10月5日	アジア大会（ソウル）	優勝	2.08.21	大会記録
8	1987年2月8日	東京国際	2位	2.10.33	
9	1987年12月6日	福岡国際	優勝	2.08.18	当時大会タイ記録
10	1988年10月2日	五輪（ソウル）	4位	2.11.05	
11	1989年4月17日	ボストン	—	途中棄権	
12	1990年2月12日	東京国際	優勝	2.10.57	
13	1991年2月3日	別府大分	2位	2.09.12	
14	1991年9月1日	世界選手権（東京）	—	途中棄権	
15	1992年2月9日	東京国際	2位	2.10.25	
16	1992年8月9日	五輪（バルセロナ）	4位	2.14.02	

■中山竹通の年度別ベスト（4月始まり3月終わりの年度別）

	5000m	10000m	マラソン
1981〜82年（22歳）	14.40	30.30	
1982〜83年（23歳）	14.23	30.00	
1983〜84年（24歳）	14.50		2.14.15
1984〜85年（25歳）	14.05.3	29.10.00	2.10.00
1985〜86年（26歳）	**13.43.80**	28.26.9	**★2.08.15**
1986〜87年（27歳）	13.52.8	28.07.0	2.08.21
1987〜88年（28歳）	13.50	**★27.35.33**	2.08.18
1988〜89年（29歳）		28.01.74	2.11.05
1989〜90年（30歳）			2.10.57
1990〜91年（31歳）			2.09.12
1991〜92年（32歳）	13.51.10	28.36.55	2.10.25
1992〜93年（33歳）			2.14.02

※太字は自己ベスト。★は当時日本記録・日本最高記録

中山竹通 1987年福岡国際マラソン前のトレーニング

■夏合宿（毎日朝は10km走）

8/3	昼60分　午後10km
8/4	2000m×5（5分57秒，6分01秒，5分59秒，5分52秒，5分48秒）
8/5	40km（2時間17分44秒）
8/6	昼12km　午後10km
8/7	昼120分　午後なし
8/8	40km（2時間14分33秒）
8/9	60分JOG
8/10	昼11km　午後11km
8/11	1000m×5（2分55秒，2分53秒，2分55秒，2分56秒，2分55秒）リカバリー200m（50秒） 400m×5（65秒，61秒，63秒，62秒，62秒） リカバリー200m
8/12	20km（63分01秒）
8/13	10kmJOG×3
8/14	30km（1時間39分49秒）
8/15	60分JOG

■レース前1ヵ月

11/1	JOG
11/2	30km
11/3	800m×7
11/4	24kmクロスカントリー
11/5	25km
11/6	3km×6（9分45～30秒）
11/7	JOG
11/8	40km（2時間18～17分）
11/9	JOG
11/10	26kmクロスカントリー
11/11	1km×10（3分）
11/12	25km変化走（15分50秒，17分00秒，15分25秒，17分00秒，15分00秒）
11/13	JOG
11/14	30km（17分30秒～16分40秒）
11/15	JOG
11/16	2000m×3（5分45秒）
11/17	JOG
11/18	24kmクロスカントリー
11/19	400m×15（68～66秒）
11/20	30km（17分30秒～）
11/21	JOG
11/22	JOG
11/23	16000m変化走 （15分50秒，15分00秒，15分50秒，2分55秒）
11/24	3000m＋2000m＋1000m （8分45秒，5分45秒，2分50秒）
11/25	JOG
11/26	JOG
11/27	5000m×1（1000m 2分55～50秒ペースで14分25秒）
11/28	30km
11/29	JOG
11/30	JOG
12/1	10000mペース走（15分25秒）
12/2	JOG
12/3	1000m×3（2分55～50秒）リカバリー200m
12/4	JOG
12/5	JOG
12/6	**福岡国際マラソン（2時間8分18秒＝優勝）**

1987年福岡国際マラソン 中山のペース

5km	14.35
10km	29.05（14.30）
15km	43.40（14.35）
20km	58.37（14.57）
ハーフ	1.01.55
25km	1.13.48（15.11）
30km	1.29.02（15.14）
35km	1.44.25（15.23）
40km	2.00.45（16.20）
ゴール	2.08.18（7.33）
後半ハーフ	1.06.23

Legend 7

Koichi Morishita

森下広一

〝太く短く〟マラソン歴はわずか3回
2連勝後のバルセロナ五輪は銀メダル

日本の男子マラソンの系譜は、中山竹通（ダイエー）から森下広一（旭化成）へと続く。そのバトンタッチは鮮やかで、高校から実業団に入って5年目の森下が初マラソン（1991年2月）で中山を倒すと、翌年のバルセロナ五輪選考レースでも中山に勝って2連勝。マラソン3連覇を狙ったオリンピックだけは敗れて2位に終わったが、24歳で堂々の銀メダルを獲得した。しかし、その後は故障に泣いて、森下のマラソン歴はわずか3回。太く短い、実に濃密な現役生活を送り、その後は福岡県宮若市に拠点を置くトヨタ自動車九州陸上競技部の監督に就任。すでに16年が経ち、自分の後に生まれていない「五輪メダリスト」の育成に力を注いでいる。

自転車通学で自然に鍛えた体幹

マラソン大会は子供の頃からテレビで観ていて、「俺にもマラソンはできるよねえ」と初めて思ったのが、高校3年の時だった。

5㎞を15分のペースで最後まで行くと、マラソンは2時間6分36秒前後でゴールする。当時、5000mのベストが14分37秒だった私は15分のペースが楽に思えて「それの8倍か」と簡単に考えた。たとえ後半で落ち込んでもプラス7～8分にとどめ、2時間13～14分で走れる計算が立った。

ところが、旭化成に入って、自分のロードの走りと、マラソングループの練習を見て、「俺にはマラソンは無理だ」と痛切に思った。マラソンをやる意思はなかったが、「やったらできるんじゃないの」という甘い考えは、高校生のたわごととして、たったの1年間で吹き飛んだ。

1967年（昭和42年）9月5日に鳥取県八頭郡船岡町（現在は八頭町）で誕生した森下は、現在47歳。船岡町立大江小学校時代から長距離走は速かったが、同船岡中学校には陸上部がなく水泳部に所属。ただ、各部からの寄せ集めでチームを組み、冬場の駅伝大会には出場していた。

●「放課後の体育」

小学校には「放課後の体育」という時間があって、放課後に4～6年の全員が夏は水泳、冬は体育館で体力づくりをやった。町村合併で今は八頭町船岡になっているけど、当時は八頭郡に8町村あって、船岡町は水泳大会で強かった。

船岡中には陸上部がなかったから、その流れで中学生になると水泳部に入った。1500m自由形や個人メドレーで、県大会に出場するレベル。メドレーリレーは背泳ぎをやった。夏場で水泳の大会が終わると、今度はバスケットボール部に入る。うちの中学校は雪が積もる冬以外は、1ヵ月に1回マラソン大会があって、ロードで3㎞ぐらい走る。そこから足の速い生徒が選ばれて、駅伝の練習をやっていた。みんな、そうやって何でもやるのが普通だった。中学3年の時は、八頭郡の陸上大会の3000mで勝ったことがある。県の中学駅伝では、4㎞の区間で区間賞を取った。そのあたりから「高校では水泳じゃなくて陸上をやろうかな」と思うようになった。

森下は、自宅から自転車で通える距離にある八頭高校に進学。鳥取大で投てきをやっていた漆原《うるしばら》培寛《ますひろ》先生が顧問をしている陸上部に入って、頭角を現していく。八頭高OGには、1984年ロサンゼルス五輪の女子やり投代表になった森美乃里がいる。

家から中学校までが8㎞。高校は中学校を通り越して、さらに4㎞行く。中学、高校の6年間は自転車で通った。私の家は山の中腹にあったので、行きは下り、帰りは上りになる。高校までの12㎞は「どれだけ速く行くか」が朝のテーマ。寝坊していたということもあるのだけれど、35分から40分ぐらいで吹っ飛んで行った。帰りは上りなので、10分ぐらい余計にかかった。

雪が降ったら、自転車にも結構目が深いラジアルタイヤがある。当時は1m50㎝ぐらい雪が積もる時もあった。大雪が降って自転車で行けない時はバスを使うが、雪道でバスが遅れるので、次のバス停まで歩く。それでも来ないと、また次のバス停へ。後ろを見ながら「次へ、次へ」と行くと、友達が「お前、ここまで来とったん」と驚くことも。その分、バス賃も浮いた。そうやって毎日の生活で普通にやっていたことで、自然と身体が鍛えられた。

それを今の時代に「やれ」と言ってもできないし、自分の子供にもさせられない。そこがまず、根本的に違う。選手を採る時も「身体ができてるから、なるべく田舎の子がいいよね」と思うけれど、今は親が車で送迎してしまうので、それを期待するのはむずかしい。

「旅行気分」で行ったインターハイ

鳥取県には由良育英高（現・鳥取中央育英高）という陸上の強豪校があって、森下のいる八頭高は1度も全国高校駅伝に出場できなかったが、夏のインターハイには2年、3年と出場している。1984年（昭和59年）の秋田インターハイには5000mで、85年の金沢インターハイには1500m、5000m、3000m障害の3種目で出場。森下は高3の中国地区大会で、5000m1位、1500mと3000m障害は2位。特に3000m障害では、1位岡田敦行（由良育英高）、2位森下が、高校生で初めて9分を突破する高校新記録（それまでの高校記録は9分02秒01）をマーク（岡田が8分57秒4、森下が8分59秒5）。上に岡田がいるのであまり目立たなかったが、初めて「森下広一」の名が全国に広まった。

2年の時の5000mは、予選でビリだった。観客から同情の拍手をもらって、恥ずかしくて仕方がなかった。でも、当時は暑いのが嫌いだったし、鳥取から秋田まで寝台列車で行って、まさに旅行気分。短距離の選手もいて、楽しかった。

3年の金沢も旅行気分だったけど、3種目もあったので大変だった。5000mだけ予選を通って、決勝で9番。中国地区大会で高校新を出した3000m障害は、予選が4着まで通過だったのに、5着で落選した。しかも、3、4着と同記録という際どい勝負だった。岡田はきちんと優勝をして、その年、由良育英高は男子総合優勝に輝いている。

――3000m障害は、どういういきさつで始めたのか?

5月の県選手権で「別の種目をやりたい」と言ったら、先生が800mと3000m障害にエントリーしてくれた。3000m障害は予選でいきなり9分20秒ぐらいが出て「これは楽だなあ」と。決勝は9分13秒だったか。「これ、高校新が出るんじゃない」と思って、友達とジャイアントコーンを2つ賭けたら、中国地区大会で出た。

でも、障害を越えるのは下手だった。岡田と一緒に跳ぶと、着地する時には彼が3mぐらい前にいた。私は高く上に跳んでいたので、跳んだら加速、跳んだら加速の繰り返し。1人でインターバルをやっているようなものだった。小柄なうえに股関節が硬いから、適していなかったのかもしれない。3000m障害のレースに出たのは、旭化成に入って1年目まで。1986年の山梨国体に出ている。

●わかとり国体

ちょうど私が高校3年の時に鳥取で国体が開かれ、のちにバルセロナ・オリンピックへ一緒に出場することになる山下佐知子さんと地元のチームを組んだ。「わかとり国体」だ。

私は少年A1500mで代表になり、3分52秒07の自己新で8位だった。当時はまだ6位までが入賞だったので、点にならない。「2点は取りたかった」と思っているところへ、思いがけず1万mの出番が来た。出場予定だった由良育英高の深山晃が故障して、「ちょっと出てくれ」と代役が巡ってきたのだ。これが5位（30分42秒7）入賞。優勝は、現在順大の駅伝監督をやっている仲村明（千葉・市立船橋高）だった。今、九電工・男子監督の綾部健二（福岡・浮羽高）は1500mで一緒だったし、Hondaの監督になった大澤陽祐（埼玉・所沢西高）は1500m（6位）、1万m（4位）とも私の前でゴールした。指導者になってからもライバル関係が続く同期は、何人もいる。

高校駅伝は、私が1年の時の中国地区大会で由良育英高に勝ち、八頭高が2時間10分ちょうどの県高校記録を作った。全体では4位だが、鳥取勢では1番。でも、県予選で由良育英高に負けて2位だったので、全国大会には行けなかった。3年の時は、県も地区も1区（10㎞）で区間賞を取っている。

「3年間だけ」の心づもりで入った旭化成

高校を卒業した森下は、1986年（昭和61年）4月に長距離・マラソンの名門チームである旭化成に入社。84年のロサンゼルス五輪に出場した宗茂・猛の兄弟がプレーイングコーチだったのを始め、児玉泰介、谷口浩美らマラソンで活躍する先輩が何人もいた。しかし、「3年間だけやって鳥取に帰ろう」と思っていた森下はまだまだ意識が低く、入社4年目に芽が出てくるまでは雌伏の時を過ごす。


そもそも、高校を終えたら地元の役場に就職するつもりでいた。漆原先生も「何とかする」と言ってくれていたのだが、ちょうど地元の国体の後だったので新規採用がむずかしく、「5年ぐらい待ってくれ」と言われた。大学進学はまったく考えなかった。親は「大学に行ってもいいよ」と言ってくれたが、自分としては早く働きたかった。すでに4月になっていて「どうしようか」と思い悩んでいるところへ、旭化成の当時監督だった広島日出国さんが鳥取まで飛んできてくれた。「途中入社でいいから」と言う。たぶん、私の正式入社日は4月30日だと思う。

親は、私が宮崎まで行くことに反対だった。一人っ子なので、鳥取から出すと帰って来ないのでは、と心配だったのだろう。今は福岡にいるので現役時代より少しは近づいたが、場所はどうあれほとんど帰ってない。だから、宮崎へ旅立つ日、親の見送りもなかった。鳥取空港から大阪の伊丹空港に飛び、乗り継ぎで伊丹から宮崎空港へ。初めて飛行機に乗るというのに、寂しいフライトだった。

漆原先生からは「3年間がんばって来い」と言われたが、自分の気持ちは「がんばろう」ではなく「3年間いれば帰れる」。ただ延岡に「いればいい」と思っていた。そんな考えだから、3年間、世に出て来なかったのだと思う。先生に「3年後にダメだったら、俺が骨を拾ってやる」と言われていたので、そのつもりで遊びまくった。ずっと故障していたこともあるが、練習は適当にやって、夜は遊び仲間と外出。本当に、いろんなことを経験した3年間だった。

●梅酒事件

陸上部の愛宕寮では、4学年上の西政幸さん（現・旭化成監督）と相部屋で、3年目の秋に「梅酒事件」が起きる。西さんは外出していて、1人部屋にいた私は寝酒のつもりで梅酒を飲んだ。そこへ、茂さんがトントンとノックして入ってきた。当時はまだ宗兄弟とあまり話をしたこともなかったので、私は茂さん、猛さんの判別もつかなかったのだが、どうも茂さんだったようだ。西さんに用事があったのかどうかも定かではない。

その頃はまだ酒に強くなかったし、私の顔は赤く染まっていた。茂さんが「お前、故障しているんだろう」と聞くので、「はい」と返事した。「故障しているのに酒飲んでたら、治りが遅い」と茂さん。さらには、同期入社の渡辺なおみや後輩の兵藤勝代の名前を挙げて「女子は伸びてるぞ」と。「そこまで言うか」と思った私は、頭にカチンと来て「だったら、がんばってみようか」という気になった。

同じようなタイミングで漆原先生に電話していて「3年目がそろそろ終わるので、骨拾ってください」と頼んだ。すると先生は「あと数ヵ月あるんだから、もう少しがんばってみろ」と言う。「普通の人がやれない環境でやってるんだから」と先生に叱咤激励されたことも、「がんばってみようか」という心変わりにつながった。

心を入れ替えての猛練習

やっぱりこれも同時期だったと思うが、猛さんに「うちへご飯でも食べに来ないか」と、何度か食事に誘われた。故障してやる気がない選手を見かねてのことだと思う。

茂さんが寮に来てしゃべったことも「わからんな」という話だったけど、そのたびに猛さんに言われる話も「レベルが高くて、俺には訳がわからん」という内容だった。ある時、私は「その意味がわかるように、強くなります」と宣言したらしい。自分ではよく覚えていないのだが……。

私は、それから3ヵ月分の練習メニューを自分で組んだ。ロードの長距離走が大の苦手だったのに、それをたっぷり入れて猛さんに持って行くと「やれるか?」と言う。私は「やります」ときっぱり言った。入社3年目から4年目にかけての冬の出来事だ。ロードシーズンを迎えるので、みんなはロードに出て行くから、その間にトラックで1万6000mとか2万mを1人でやったり、みんながジョッグの日に自分だけ30km走ったり。基本的に負けず嫌いなので、「女子に負けてる」などと言われるのは耐えられなかった。

●イメージトレーニング

その時から、自分なりにイメージトレーニングもやるようになった。九州電工(現・九電工)に入った同期の綾部や藤野圭太を頭に浮かべ、たとえば30㎞走をやっていたら、途中「持久力パターンの藤野だったらここでスパートするんじゃないか」と思って、藤野に勝つためにそこでペースを上げる。ラスト5㎞で「前回より良いタイムで走れる」とわかっても手を抜かず、今度は「ここで行っておかないとスピードがある綾部にラストスパートでやられる」と思って、またペースを上げる。普通、1人でやっていたら妥協するけど、私は1人でも追い込めた。

そうやって3ヵ月間みっちり練習したら、驚くほど力がついた。入社4年目に入った1989年（平成元年）の春は、記録会で次々と自己新をマークした。

森下が突然目覚めた1988年は、ソウル五輪イヤー。旭化成からは男子5000m、1万mで米重修一が、女子マラソンでは宮原美佐子が代表入りし、社内の壮行会に森下も参加した。

当時はまだ「少ない練習で強くなってやろう」という考えが基本にあったので、何の根拠もないのだが、壮行会の場で「いずれこのことを人前でしゃべる時が来るかなあ」と心の中で思ったことがある。「僕はソウル・オリンピックの壮行会を見て『4年後は自分が壇上にいるんだ』と思いました」――。いずれそういう話ができたら格好いいよね、と思った自分。根拠もないのにそう思い、それが実現した。指導者になった今、選手たちに「この苦しい練習をやるのはどうしてか、理由付けをしなさい」と言っているのに、こんな話はできない。

――それが森下広一という選手の感性だろうか。

自分で練習メニューを作ると結構厳しいものになって、ほぼそれをこなした。ロードでも1㎞3分ペースで走る谷口さんについて行けて、「力ついたな」と自分でも思った。その頃、マネージャーの楠（光代）さんには「一番変わったのは森下君と宮原さんだね」と言われた。

入社4年目に開花

1988年(昭和63年)4月に旭化成は新体制になって、宗茂が監督、宗猛が副監督に。ほぼ時を同じくして、森下が才能を開花させ始める。日本選手権に初めて出場(1万m)したのが89年。秋にはさらに破竹の勢いを増し、九州一周駅伝に4回出走した森下は、4回とも区間賞。さらに、九州実業団駅伝でも区間賞を取り、90年1月1日の全日本実業団対抗駅伝にデビューしている。そして、90年2月の熊日30㎞ロードレース大会に優勝(1時間30分47秒)。ついに森下の、マラソンへの道が開けた。

その前の年、89年12月の甲佐10マイルロードでも優勝(46分34秒)していて、熊本の大会は結構縁起がいい。そこで自信をつけさせてもらった。

熊日30㎞の前、1月に朝日駅伝があって、その帰りに猛さんから「熊日30㎞で勝ったら、来年の別大(マラソン)に出ようか」と言われた。最初は「マラソン?」という反応だったと思う。

というのは、入社して間もない頃、先輩から「お前はトライアスロンができるんじゃないか」と言われたことがある。中学が水泳部で、高校は片道12㎞の距離を自転車で通っていた。そして、今は長距離の選手。スイム、バイク、マラソンの3つがそろう。そうしたら猛さんが「森下はトライアスロン無理だよ。マラソンができないもん」と。結局は落ちのある話だったのだが、その時は本気だと思った。そう言った人に「マラソンやるか?」と聞かれ、私は「自分もマラソンができるんだ」と、気分がちょっとウキウキしたのを覚えている。

そのへんでもう、自分が進むレールは敷かれていたのだと思う。自ら「マラソンをやりたい」と思ったわけではなくて、言われるがまま。自分は脱線せずに、その上を走ってきただけ。大会に出るのも、いつも〝初心者マーク〟をつけてるから、出るだけで一生懸命。アクセルとブレーキを間違えないように、下ばかり見ていたので、いつも崖っぷちにいるような気持ちだった。

宗さんたちにはバルセロナまでの道筋がはっきりと見えていたのだろうが、自分がオリンピックを意識したのはマラソンで成功してからで、その頃はまったく頭になかった。

●勝つことへの強い執着心

私は「勝つ」ことにすごく執着心があって、「勝つためにはどうすればいい」というのは常に考えていた。タイムには執着しなかった。逆に言うと、1万mで28分前後のタイムを出すのはきついと思っていた。だったら、自分の中で勝つ方法を考えようと思った。レースの中に勝負のポイントを入れる。相手に「ラストスパートが速い」と思わせる。「森下は怖い」と怖じけづかせる。それを生活の中にも落とし込んでいこうと思って、普段から笑わず、怖い顔をしていた。たまに普通にしゃべっていると「森下さんも笑うんですね」とか「おもしろい人なんですね」と言われた。

勝つためには弱いところを見せたらダメ。そこだけは気をつけていた。

――ある意味、虚勢を張って、自分を作っていた？

それはある。本来は弱い人間だから。選手にも「俳優になれ」と言う。ベールに包まれた、謎の存在。だから、近ごろの選手がいろいろな情報発信ツールで弱いところをさらけ出すのは理解しがたい。私も入社3

年目までは意識レベルの低い選手だったが、人間は気持ち一つで変われる。

まずはトラックで国際大会デビュー

森下は1991年(平成3年)2月の別府大分毎日マラソンで劇的な〝マラソンデビュー〟を果たすのだが、その前後にトラックで国際大会を経験している。90年の秋には北京アジア大会に出場して、5000mは銀、1万mは見事に金メダル。翌年の東京世界選手権は1万mで代表入りし、決勝に進出して10位になった。

結局、私の1万mのベスト記録は、92年春の兵庫リレーカーニバルで出した28分01秒98だけど、路線に乗った中できちんと結果を残せたのは良かったと思う。

東京世界選手権の1万mは、バルセロナ五輪のマラソンよりがんばったと、自分では思っている。暑い中でないと日本人は戦えないと思っていたから、それはいいのだけれど、大会前に初めてアメリカへ高地トレーニングに行って、アキレス腱を痛めた。それを引きずっていて、レース中も痛くて仕方がなかった。予選はプラスで通過したのだと思う。

決勝は自分のプライドを捨てて、勝ちに行った。どういうことかと言うと、国内のレースだと自分が動けばレース自体が動く。でも、世界のレベルだと、自分が動いても相手は何の反応も示さない。だったらもう、後ろから行って、落ちてくる選手を食ってやろうと思った。その決断をするには葛藤があったが、1つでも上の順位を取るためにプライドを捨てた。入賞ラインの8位集団には3人いた。他の2人の外国選手は髪が薄くて年長に見えたので「これは勝てるな」と思ったら、強かった。ラスト1周で2人に行かれて、10番だった。

東京世界選手権の最終日、男子マラソンでは旭化成のチームメイト・谷口浩美が金メダルを獲得し、日本中が沸いた。

自分は入賞できなかったが、その世界選手権が私の陸上人生を変えた。2月の別大（マラソン）に出て「マラソンでオリンピックに出たい」と思ったけど、谷口さんが世界選手権のマラソンで勝ったことによって「出たい」ではなく「勝ちたい」と、金メダルに目標が変わった。「谷口さんが勝ったんだから、俺も勝てる」と……。

谷口さんの優勝は、自分のことのようにうれしかった。と同時に「俺もやれる」と思わせてくれたのが谷口さんだった。「バルセロナ五輪で金メダル」。目標がバッチリと定まった。

初マラソンでいきなり〝金星〟

23歳で迎えた初マラソン。1991年2月3日の「節分の日」。ちょうど別府大分毎日マラソンの第40回記念大会だった。その年の東京世界選手権の男子マラソン代表に決まっていた中山竹通（ダイエー）と34㎞から壮絶なデッドヒートを展開し、38㎞手前では当時のエース・中山が森下の背中を叩き「先に行ってもいいんだぞ」とささやくシーンも。森下は中山を下して、2時間8分53秒で優勝。日本歴代6位、初マラソン日本最高（当時）の好記録で、マラソン界に鮮烈デビューを果たした。

鳥取・八頭高時代の森下は、高3（1985年）の中国大会で5000mに優勝、1500mと3000m障害は2位と活躍。だが、インターハイは5000mの9位が最高で、上位入賞の期待があった3000m障害は予選落ちした

旭化成入社4年目で5000m13分台、10000m28分台に入った森下は、翌1990年秋の北京アジア大会で初の日本代表となり、10000mで金メダル、5000mで銀メダルと大活躍（右から2人目が森下）

マラソン初挑戦となった1991年2月の別府大分毎日マラソンでいきなり優勝を飾った森下（左）。中山竹通（ダイエー）を抑え、初マラソン日本最高（当時）となる2時間8分53秒をマークした

1991年夏、東京での世界選手権に10000mで出場した森下（先頭）。予選を通過し、決勝は入賞にあと一歩の10位と奮起した

旭化成にいるとマラソンで失敗する人も見たけれど、自分は意外と気楽で「できるんじゃないの」という気持ちだった。「谷口さんに勝ったら……」と思いながらずっと越えられなくて、この時は「中山さんに勝ったら人生変わるかな」と思ったぐらい。タイムは全然気にしていなかった。

「行っていいよ」と言われた場面は、中山さんに2回ぐらいトントンと背中を叩かれて、何を言っているのかはすぐに理解できなかったけど、「ニコッとしとこう」と思って笑みを返した。

「行っていい」というのだけはわかったので、それなら行ってみようと思って前に出た。中山さんはああやって自分で新旧交代の時機を演出したけど、自分はオリンピックで終わってしまったので、それができなかった。

この結果で森下を東京世界選手権のマラソン代表に推す声もあったが、選考レースではなかったために却下された。森下はトラックに切り替えて代表を狙った。

2月にマラソンを走って、4月の兵庫リレーカーニバルで1万mの標準記録（28分07秒）を突破した。28分03秒13の自己新。その時期に初マラソンを組んだのは、オリンピック選考レースの1年前に「森下、マラソンもやれるよ」と印象づける、宗兄弟の戦略だったと思う。

ちょうど3月に延岡で長距離の陸連合宿があって、良いメンバーがそろった。ダイエーの熊谷勝仁もその1人。インターハイの5000mチャンピオンでスピードがあり、まだ20歳ぐらいの若い選手だったから、400m×30本のインターバルをやってもリカバリーがとても速い。途中、20本でやめたり、25本でやめたりする選手が出てくる中で、私と熊谷だけが30本やった。旭化成vsダイエーは別大マラソンの続きで、もう企業対決の様相。でも、それで私はトラックに向けて早めに体調を上げさせてもらった。

五輪選考レースで再び中山に勝つ

バルセロナ五輪の代表選考レースとなった1992年2月の東京国際マラソン。再び中山と激突した森下は、トラック勝負の末にまたも後塵を浴びせ、2時間10分19秒で優勝。マラソンレース2連覇で、ついに五輪代表切符を手に入れた。6秒差で2位の中山も、2度目の五輪代表入り。初マラソンの早田俊幸（鐘紡）が3位だった。

東京国際マラソンは早田がいたので、だいぶ頭を使ってレースした。トラックレースで活躍してきた早田はスピードのキレがあるし、私も中山さんも「ラストスパートの勝負になったらきついなあ」と思っていた。最後3人になってからは「早田を何とかしたい」と考えていて、中山さんも同じ気持ちだったのだろう。外堀通りの上りで中山さんがスパートし、早田が離れた。

私は「もっと行って、もっと行って」と願っていた。「中山さんが行くしかないだろうな」というのは読んでいたので、私は「この人の後ろについていればいいや」と思った。それが大当たりだった。

2人になってからは、下りで中山さんにスパートされてちょっと差をつけられたが、国立競技場に入る手前の上りで追いついて、ラスト1周のところで仕掛けた。そういう仕掛けどころを読む力は、感覚だと思う。臭いというか、特殊な嗅覚。ただ、3回目のマラソンとなるオリンピックは、相手を読むのに失敗した。

――勝つには勝ったが、東京国際マラソンは故障上がりだったという。

そう、きつかった、ホントに。元旦の駅伝を走った数日後に脚を痛めて、「びわ湖（マラソン）にずらすか？」と聞かれたけど、オリンピックはどんなにケガをしても日程がずれるわけがない。オリンピックでメダルを取りたいと思っている選手が、選考レースを1ヵ月もずらしてはいけないと思って、予定通り東京で行くことにした。その頃が一番ストイックだったと思う。ピリピリしていて、みんな近寄って話すのも怖かったはずだ。負けなしのマラソンをやりたかったので、目標は2連勝。オリンピックの代表になれないと思っていなかったから、ただ勝つことにこだわった。威張るほどのことでもないが、中山さんには4戦4勝。別大で勝って、その後の1万mで勝って、東京国際マラソン、バルセロナ五輪で勝っている。

苦しさに耐える力

――マラソンで勝つためには、きついところで粘れないといけない。その我慢する力はどうやってつけたのか？

入社3年目の終わりの練習が基本になっていると思う。あとは、子供の頃から生活の中で培ってきた頑丈な身体や精神力もあると思う。山下佐知子さんもそうだろうけど、山陰は冬になると空が低くなってきて、身体をこごめながら寒さに耐える。近ごろは違ってきているかもしれないが、当時は辛抱強い子が多いなと思っていた。

「もったいない」精神もある。これまで3ヵ月もかけてやってきた練習の成果を、ここで出さないともったいない。「苦しみに慣れる」ということもある。「自分が苦しかったら相手も苦しい」という一般的な言い方があるが、私は「俺が苦しいのに、アイツが苦しくないわけがない」と思う。そして「俺がもっと苦しめば、アイツももっと苦しくなる」と思いながらレースをする。

●頭を働かせる

指導の中で一つヒントとして言っていることが「苦しい時にも頭を働かせなさい」ということ。たとえば練習で400mを66秒で行くことにして「前半より後半を上げなさい」と言う。前半が33秒5なら、後半は32秒5。苦しくなるとその計算をしなくなるけど、苦しい時でもその計算ができるようにする。

頭を動かすということはそれだけでスタミナを使うので、普通に考えられるようにしておかないと、特に2時間も走るマラソンでは、スタミナのロスにつながる。苦しくなればなるほど頭がまわらなくなるから、本当にパッパパッとスイッチが切り替わっていくような選手にならないといけない。

●選手としての成長とは？

選手が速さを追求するのは当たり前なのだが、私は速く走るだけのチーム、速く走るだけの選手がいいとは思わない。オリンピックに出る人もいるけど、地域のボランティアでがんばっている選手もいる。それが企業スポーツだと思う。駅伝でしっかりチームのために走れる選手もいい。全員がトップになれるわけがないのだから、何かで貢献する。

選手の「成長の定義」は、人から応援されて、次の期待をかけられること。自分が感じる成長ではなく、人に感じてもらって、それを自分に還元できる選手。それが成長だと思っている。たとえば、今5000mを15分で走る選手が、応援する人に14分55秒を期待される。期待に応えると、今度は14分50秒になった。そうやって少しずつ階段を上がっていくことが、真の成長と言えるのではないか。

——選手勧誘で一番着目する点は何か？

性格だ。やっぱり社会人だから。多少の腕白《わんぱく》さがあってもいいが、やはり協調性はほしい。周りが見えることも大事で、スリッパが散らかっていたらサッと片付けられるような選手は、レースでも周りが見えるので勝つことにつながる。

スカウトはキャッチボールなので「来たい」「採りたい」というのが一致しないとダメ。「先生が行けと言ったから」などという選手は要らない。それと「うちに来て強くなると思ったら大間違いよ」と話している。ここの環境を使って、自分で強くなろうと思わないと、苦しい時に絶対に逃げる。

銀メダルのバルセロナ五輪

1992年（平成4年）の夏に、スペインのバルセロナで開かれたオリンピック。女子マラソンの銀メダル（有森裕子）で幸先良いスタートを切った日本陸上陣は、最終日の男子マラソンで森下が銀、中山が4位、「こけちゃった」谷口が8位と、3人そろって入賞する快挙で締めくくった。

金メダルを狙っていた森下は、36㎞あたりから韓国の黄永祚と息詰まる死闘を展開。「このままついて行ってトラック勝負」と目論んでいた森下だが、上り勾配が続くモンジュイックの丘の、40㎞過ぎのわずかな下りで黄にスパートされ、22秒差で2位。しかし、日本の男子マラソンがオリンピックでメダルを獲得するのは、1968年（昭和43年）のメキシコ大会で銀メダルだった君原健二（八幡製鉄）以来、24年ぶりのことだった。それ以降、男子マラソンのメダルはない。

黄永祚はその年、2月の別大マラソンに来て、優勝はメキシコのディオニシオ・セロンだったが、黄も私が前年に作った大会記録を更新する2時間8分47秒を出して2位に入っていた。あと1㎞あったら、セロン

3度目のマラソンとなった1992年8月のバルセロナ五輪で森下（手前）は
韓国の黄永祚と死闘を繰り広げた

森下は惜しくも優勝こそ逃したものの、日本に
1968年メキシコ大会2位の君原健二（八幡製
鉄）以来24年ぶりのメダルをもたらした

を抜いていたと思う。それぐらい力強く「アイツ、まだまだ力持ってるぞ」というイメージを植え付けられた。やっぱりオーラというか、相手を圧倒するような印象は作らないといけないと思う。オリンピックに行っても、前日にサブグラウンドで一緒になり「何となくイヤな雰囲気を持ってるなあ」と、イメージが悪かった。

レース中、そのことは忘れていて、最後2人になってからはラストスパートのことばかり考えていた。相手を読んでいなかった証拠だ。そうしたら「こんなところで行くの?」という場所でスパートされて、突然起こったことに動揺し、手足は動かなかった。下りが下手だったこともある。自分は「トラック勝負」と決めてかかっていて、力を溜めていたのだが、選択肢が1つしかなかったことが敗因につながった。

黄に行かれた場所は谷口さんもスパートのポイントと考えていたらしく、あとで「森下に勝つためにはあそこで行こうと思っていた」と明かされた。少しでもヒントを出しておいてくれればよかったのに、と思ったが、いくらチームメイトでもライバルに教えるわけがない。

●ピーキングの失敗

マラソン3連勝を考えていた私は、夏のマラソンということを考慮せずに、それまでの2回と同様、ガンガン走り込んだ。特に涼しいところで合宿をするので、1人でも追い込める。初めてのオリンピックで自信がないし、追い込まないと怖かった。

だから、調子はどんどん上がってくる。宗さんたちが「1ヵ月前にレースがあれば……」と言ったのは、そういうことだ。ピークがずれて、オリンピックの時には下り坂だった。1週間前ぐらいからは「早くしないと(調子が)落ちる」と焦っていた。「調子を落とさないように」とずっと守りに入っていた上に、レースも「トラックまで」と守りになったので、ロックが二重にかかっていた。

しかも、時差調整で滞在していたロンドンで突然発熱し、バルセロナに入ってからのレース前日には、タクシーの中に財布やパスポートが入ったバッグを置き忘れるアクシデント。結局、バッグは出てこなかった。レース翌日、取材対応が終わってから日本領事館に駆け込み、黄色い紙のパスポートを発行してもらって、その日夕方の帰国便に乗った。「メダルを取っておいて良かった」と、つくづく思った。

――やはり金メダルを取れなかった悔しさは大きかった?

自分がレースに出られなくなってから「金、取っておくんだったなあ」という思いは強くなった。レース直後は茂さん、猛さんが落ち込んでいて、2人ともひと言目は「お疲れさん」だった。自分では、それなりに満足していたのだと思う。帰って来て、いろんなところに連れて行かれるのが楽しかったし、お金も入ってきた。だけど、時が経てば周りからどんどん人がいなくなり、マスコミの人も去っていく。「やっぱり強くないとダメなんだなあ」と知って競技生活を終えたので、指導者になれたのだと思う。

結局、森下はマラソンを3回走って、優勝2回、2位が1回。バルセロナ五輪以降は故障に悩まされ、次のアトランタ五輪の選考レースのスタートラインにも立たずに現役を引退。旭化成でコーチ見習いをした後、1999年(平成11年)3月に新設のトヨタ自動車九州の監督に就任した。

アキレス腱が痛かったのと、脚が〝抜ける〟症状が出てきて、もう耐えられなくなった。選手として短命に終わったことに多少の後悔はあるが、「それも人生かな」と思いたい。

毎年3月に開かれる陸上部の歓送迎会で、私は退部する時に「長く光りが当たるのもいいけど、ステージに上がるんだったらセンターで、スポットライトを浴びる時が1回でもあった方が、自分は良かったよ」という話をした。

指導者になって

――トヨタ自動車九州で長距離・マラソンの指導を始めて、もう16年が経った。

私の教えの根底は「勝ちたい」と思う気持ちと、「勝つこと」のノウハウ。頭を使って勝てるようにする。勝って人を驚かせる。そういうのを狙っているので、まずそれを理解してもらっている。最近になってやっとそのノウハウがわかってきて、今は指導するのがおもしろい。

練習メニューは旭化成で宗さんたちがやっていた流れなので、特別に変わってない。ノウハウとは選手に伝える方法、言い回しで「理解させる方法がわかってきた」ということか。特に、スタミナの部分での言い回しを変えてきた。「スタミナをつけないとダメだよ」というのではなく、その練習をやるための意味づけがすごく深くなるというか「あ、そうなんだ。そういうふうにやるとそうなるんだ」と選手に伝わる言い回しが見つかって、今は「これじゃないか」と思ってやっている。これからうちの選手が強くなってきたら、それが生きたんだと思ってくれていい。

●マラソンとは？

自分がやっている時は、特に「マラソン選手」と思ったことはない。トラックも駅伝もあったし、「陸上の長距離選手」としか考えてなかった。同じロードでも、30㎞とマラソンは別物で、選手が30㎞を走ったら「あと12・195㎞をイメージできるか？」と聞く。そこでイメージできるようなら「じゃあ、マラソンをやろうか」となる。マラソンは33㎞から37～38㎞あたりがしのげれば行ける。そこが一番きついところ。身体が自分の信号を受けて動けているか、というところだ。32～33㎞までは誰でも行けると思う。ラスト4

kmぐらいも、カウントダウンに入るからどうにか行ける。

――そこのきついところを、いかに1㎞3分ペースで維持できるか？

ペースの維持だけでなく、精神的な維持もある。そこをどう乗り越えるかは、心の部分がカギになる。1万mで言うなら、6000mから8000mあたりだろう。体力だけではなくて、気持ちの部分だけでもなくて、そこで私が気づいた「魔法の言葉」が役に立つと思っている。

2020年東京五輪に向けて

最近の夏のマラソンで誰が活躍しているかと言えば、トラックのスピードはそれほどなくても、気持ちがあって、暑さに強くて、粘れる選手だ。2020年の東京オリンピックも、日本の夏の暑さを考えたら、やはりそういう選手が求められるだろう。ベストタイム＋3分で走れれば何とかなる、と言われているが、それは当たっていると思う。

「東京オリンピックに出たい」と言う選手は確かに増えている。しかし、本当に「メダルを取る」と思っている選手がどれだけいるか。そう言っている選手の練習や言動を見て、「これが東京オリンピックを狙っている子？」と疑問に思うこともしばしばある。そう簡単に口先だけで言ってほしくない。

●オリンピックは2回戦

オリンピックで戦うということは、代表選考レースと本番と、2回戦を覚悟しないといけない。単品ではなく、セットだ。2回戦える精神力が求められる。しかも、地元のオリンピックなら、スタートラインから右手と右足が一緒に出るぐらい緊張するだろう。それに勝てるヤツ、それだけ度胸があるヤツ、出て来い！

●プレッシャーの克服法

私はアジア大会、世界選手権、オリンピックと少しずつステップアップしてプレッシャーを経験したので、バルセロナではあまり気にならなかった。選考レースの東京国際マラソンで、5割ぐらいの体調だったのに勝てた。「これで勝てるなら、もうオリンピックは怖くないわ」と思った。

逆に、応援を力に変えられた。黄永祚がモンジュイックの丘の下りでスパートした時も、韓国の応援団が太鼓を鳴らしてものすごかった。それを全部「俺、応援されてるわ」という思いに変え、気持ちがグーッと盛り上がった。声援されるのがうっとうしく「もうソッとしといて」と思ったら、その時点で勝負に負けていることになる。

●勝負は神がかり

勝負には運が付き物と言われるが、「神がかりだ」と思うことも何度かあった。私たちの日々の行動は、絶対に神様に見られている。だったら、レース後にシューズのひもを後輩にほどかせたり、ナンバーカードの安全ピンをはずさせたりしないで、きちんと自分でやればいい。靴をそろえる、Tシャツをたたむ、などもそうだ。走るのは速くても、レース前後の行動や態度でガッカリすることは多い。私は現役時代、トイレに行って便器が3つあったら、必ず真ん中に立った。1番になりたいから、常に真ん中を意識する。

この先、金メダリストを育て、センターポールに日の丸が揚がる光景を、ぜひ会社の人たち、日本の陸上ファンに見てもらいたい。あの感動をみんなで味わいたい。アジア大会の1万mで勝ち、表彰台で「君が代」を聴いた時、私は「日本人で良かった」と心から思った。

有力選手が多数在籍した旭化成という名門で切磋琢磨して五輪メダリストになった森下（中央）。写真はバルセロナから戻ってチームの地元・延岡での凱旋パレード。同じマラソンで8位だった谷口浩美（左）、10000mに出場した大﨑栄とオープンカーに乗り、沿道のファンの声援に応えた

森下広一のマラソン全成績

日付	大会	成績	記録	備考
1991年２月３日	別府大分	優勝	2.08.53	初マラソン日本最高（当時）
1992年２月９日	東京国際	優勝	2.10.19	
1992年８月９日	バルセロナ五輪	２位	2.13.45	

森下広一の年度別ベスト＆主要成績 ※太字は自己ベスト

	5000m	10000m	マラソン	
1985〜86年（18歳）	14'37"9	30'42"7		
1986〜87年（19歳）	14'07"8	29'29"8		
1987〜88年（20歳）	14'10"8	30'00"4		
1988〜89年（21歳）	14'04"4	29'58"7		
1989〜90年（22歳）	13'52"21	28'17"0		
1990〜91年（23歳）	13'44"26	28'26"77	**2°08'53"**	アジア大会10000m優勝・5000m２位
1991〜92年（24歳）	**13'37"64**	28'03"13	2°10'19"	世界選手権10000m10位
1992〜93年（25歳）	13'51"57	**28'01"98**	2°13'45"	五輪マラソン２位
1993〜94年（26歳）	13'51"2			
〜				
1997〜98年（30歳）	14'15"44	29'37"8		

バルセロナ五輪に向けた森下広一の練習メニュー（3カ月前から）

行事等		練習実績
5/2		1000m×1（2'41"46）
3		兵庫リレーカーニバル10000m3位（28'01"95=自己新）
4		60'Jog
5		70'Jog
6	延	40km（2°20'21"）小平山
7	岡	80'Jog
8	合	80'Jog
9	宿	90'Jog
10		3000m×1（8'13"41）
11		45km（2°33'33"）
12	CF撮り	70'Jog
13		（オリンピックデーラン）　70'Jog
14	CF撮り	80'Jog
15		1km×10（2'54", 54", 54", 54", 53", 53", 52", 50", 49", 44"）
16		70'Jog
17		40km（2°16'21"）
18		70'Jog
19		60'Jog
20		70'Jog
21		(3000m+2000m)×2（8'29"21+5'35"09／8'28"35+5'27"36）
22		70'Jog
23	宮	16km（48'32"61）
24	崎	70'Jog
25	合	70'Jog
26	宿	1km×10（2'50", 48", 53", 48", 53", 50", 53", 47", 51", 41"）
27		70'Jog
28		40km（2°12'49"）
29		70'Jog
30		70'Jog
31		70'Jog
6/1		
2		12000m＋2000m（35'57"5＋5'21"0）
3		
4		
5		120'Run
6	札	
7	幌	1000m×8（2'47"～2'46"）
8		
9		
10		2000m×1（5'29"）
11		
12	東	日本選手権10000m3位（28'16"18）＝日本人トップ
13	京	
14		
15		
16	五輪手続	
17		40km（2°18'08"）小平山
18		
19		
20		1km×10（2'51", 54", 52", 52", 50", 54", 53", 53", 52", 47"）
21	鳥取	
22		
23	士	2000m×1（5'43"2）
24	別	20km（60'56"）
25		
26		
27		40km（2°12'20"）
28		
29		
30		
7/1		1km×10（2'46", 53", 53", 50", 49", 50", 46", 48", 47", 44"）
2	市壮行会	60'Jog
3		70'Jog
4		120'Run
5		完全休養＝体調不良
6	知事挨拶	3000m×1（8'09"1）
7	会社壮行会	71'Jog
8		60'Jog
9		5km×2（14'29"92／14'06"34）
10		完全休養＝体調不良
11	釧	70'Jog
12	路	16km（47'18"）
13		76'Jog
14		70'Jog
15		40km（2°13'14"）
16		70'Jog
17		70'Jog
18	札	70'Jog
19	幌	5km（13'42"52）
20	結団式	70'Jog
21		30km（1°43'30"）
22		71'Jog
23		70'Jog
24	釧	71'Jog
25	路	20km（59'55"）
26		49'Jog
27		70'Jog
28		120'Run（30km1°48'09"）
29		70'Jog
30	釧路	63'Jog
31		62'Jog
8/1	札幌	16km（48'28"）
2	成田	62'Jog
3	ロンドン	
4		60'Jog
5		5000m×1（14'15"15）
6	バルセロナ	60'Jog
7		61'Jog
8		61'Jog
9		バルセロナ五輪 マラソン2位（2°13'45"）

Legend 8

Atsushi Fujita

藤田敦史

運動オンチが 長距離で信じられない飛躍

ある「きっかけ」が人生を180度変えた

男子マラソンの前日本記録保持者・藤田敦史（富士通コーチ）の、小学校時代の通知表には「1」があった。科目は体育。他の教科は優秀なのに、なぜか運動だけは大の苦手だった。しかし、誰もが認める〝運動オンチ〟がやがて走ることに目覚め、世界選手権のマラソンで入賞してしまうのだから、人生はどう転ぶかわからない。〝練習の虫〟で知られた藤田は、だからこそ「誰にでも可能性はあるよ」と強調する。やるべきことはただ1つ、「目標に向かって努力すること」。努力によってまた違う自分に生まれ変われると思ったら、その道のりも楽しいものになるという。

衝撃的だったバルセロナ五輪の森下銀メダル

1976年（昭和51年）11月6日に、福島県西白河郡東村（現・白河市）で3人兄弟の長男として生まれた藤田。下に妹が2人。東中学校時代は軟式テニス部に所属したが、県立清陵情報高に進学と同時に陸上部へ。高校生になった1992年（平成4年）は、ちょうどバルセロナ五輪の年だった。

自分が陸上を始めたばかりの時に見たバルセロナ・オリンピックの、森下広一さん（旭化成）の走りに衝撃を受けたのが、マラソンを意識した最初だった。

私はまだ足が速いわけでもなく、とてもじゃないが自分がマラソンをやるなんて想像もできなかったが、森下さんが韓国の選手と競り合って、常に強気で前に出ていた印象がある。「オリンピックの舞台で、日本人が勝とうとしているんだ」。「日本人もこんなに優勝争いができるんだ」。結果的に銀メダルだったけど、森下さんの姿は脳裏に焼き付いた。

福島県出身のマラソンランナーでは、1964年（昭和39年）の東京五輪で銅メダルを取った円谷幸吉（自衛隊体育学校）が、まず思い浮かぶ。

円谷さんのことはもちろん知っていたし、当時の映像も見た。円谷さんの出身地の須賀川市では「メモリアル・マラソン大会」が開かれていて、父に連れて行かれたことがある。ちょうど瀬古利彦さん（エスビー食品）がゲストランナーで来て、うちの親父が瀬古さんのことが好きで「お前、走れ」と言われたのが中学生の時だったと思う。当時はまだ「福島にすごいマラソンランナーがいたんだ」というぐらいの認識で、自分が特にマラソンを意識したわけではない。円谷さんを同郷の選手として意識したのは、自分がマラソンを走り始めてからだ。

そもそも中学校に陸上部がなかったのだが、あっても入らなかっただろう。1つ上の従兄が軟式テニス部にいて、「だったら俺もテニスでいいや」という安易な考えで軟式テニスを選んだ。しかも「運動部に入っておかないと高校受験の内申書に影響するかな」というぐらいの入部動機だから、一生懸命にやるわけがない。ほとんど「帰宅部」同然だった。

“運動オンチ”が運動に目覚めた日

のちに日本のトップで活躍するようなアスリートは、幼少期に「球技とかはダメだったけど、足だけは速かった」という人が多いが、藤田はスポーツ全般に苦手意識を持っていたらしい。

とにかく水泳がダメで、まったく泳げなかった。だから、夏は大嫌い。当時、田舎にスイミングスクールなんてなかったし、習い事といったら書道とそろばん、あとピアノぐらい。競技を始めてから故障が多かったので、リハビリでプールに入ることが多くなり、今は何とか泳げるようになった。

小学生の時、地域のスポーツ少年団に入らされて、ソフトボールや剣道をやったけど、それもへたくそ。走ることも、女の子より遅かった。それぐらいだから、将来運動でどうにかなろうなんて思ったことはない。それは100%あり得ないことだった。

小学校の卒業文集で「将来の夢」のところに、「サラリーマン」と書いた。男の子はみんな「プロ野球選手」とか「サッカー選手」とか書くけれど、自分は運動は絶対にダメだと思ったので、勉強でがんばって、良い高校に入って、良い大学に入って、一流企業に入るのが将来の夢だった。

●通知表の体育は「1」

恥ずかしいけど、正直に告白すれば、通知表の体育は「1」が多かった。特に、夏は水泳があるので、絶対に「1」。それで、こっちも納得していた。運動はもう「遺伝学的に無理なんだ」と完全にあきらめていた。父親は海に行ったらどこまでも泳いで行っちゃうし、母親は800mで東北大会に行ったという話だが、自分はその遺伝子をまったく受け継いでいないのだと思っていた。人は「努力したら何とかなる」と言うけれど、努力ではどうにもならないことがあるんだと思った。だから、スポーツに対して努力する分を勉強の方にまわして、学力で何とかなろう、と。現実を見る子供だった。

――そんな藤田がスポーツの道に進む最初のきっかけが、中学2年の校内マラソン大会だった。

私が通った中学校は陸上部がなかったので、駅伝シーズンになると各部から足の速い子を集めて特設で「駅伝部」を作って、郡の大会とかに出ていた。それは知っていたが、自分には縁がないものと思っていた。毎年秋には校内マラソン大会があって、2kmぐらい全校生徒が走るのだが、それも当然イヤで、適当にやろうと思っていた。しかし、中学2年の時には調子が良くて、なぜか学年で3番に入った。3クラスだから、人数は100人弱。1番、2番は誰もが認める足の速い子で、その2人には差をつけられたが、私が3番。これには自分が一番ビックリした。確か、暑い日だった。

それを見た体育の先生が「お前、短距離は確かに遅いけど、こういう我慢する長距離は向いてるんじゃないか。勉強もコツコツがんばるし」と言う。今まで勉強でほめられたことはあっても、運動でほめられたのはその時が初めてだった。先生の話を聞いて、自分の中で衝撃が起きた。とびっきりの運動オンチが「こんなにほめてもらえるんだったら、駅伝部でやってみたいな」と思い始めていた。

当たり前だけれど、その年は選手になれず、「こんなにきついんだったら勉強していた方が楽だよ」と、一度はあきらめかけた。でも、幼なじみの子が「そんなこと言わず一緒にがんばろうぜ」と言ってくれて「じゃあ、がんばるわ」と3年生の時も駅伝部の練習をやったら、郡の大会で区間賞を取った。

高校生の一大決心

当時、郡で飛び抜けて強いチームがあって、そのチームの子に勝っての区間賞。4km弱の区間だったと思う。その子とはのちに高校でチームメイトになるのだが、それでまた先生にほめられた。ほめられるから自分もだんだんその気になって、「これは陸上で何とかなるんじゃないか」と思い始めた。スポーツがまったくダメだったことの裏返しで、どっぷりとはまり出した。

●突然の進路変更

中学3年の秋だったらほぼ進路は決まる頃で、自分も行く高校を決めていた。白河市にある白河高校という進学校に、その中でもレベルが高い理数科があって、そこに行けば絶対に良い大学に入れると思って狙っていた。親もその気だった。

でも、郡の駅伝大会で区間賞を取った後に、陸上の強い高校へ興味が湧いた。ただ、陸上だけで選ぶとリスクがあるので、そこそこ学力も高くて、陸上も強くて、という高校を探した。それが、須賀川市にある清陵情報高だった。新設の県立高校で、私が5期生。何が魅力だったかというと、まだパソコンが家庭に普及していない時代に、学校に100台あった。システムエンジニアを目指すような、情報処理科という学科があったのだ。

そこだったら、そういう技術を身につけ、陸上もがんばれるのではないか……。それを親に言ったら「ふざけるな。そんな甘い話があるわけがないだろう」と、真っ向から否定された。実際、県下から強い選手が集まっており、根っから運動オンチの私が活躍できる保証はない。「そんなことをやってたら、肝心の勉強もおろそかになるんじゃないか」と、親は学業を心配した。

でも、自分はそれをやってみたくてしようがない。何度も何度も親を説得し、「それだけ言うならやってみろ」と、最後は渋々許可を出してくれた。

――1992年4月、藤田は福島県立清陵情報高校に入学する。

やはりと言うべきか、現実はそう甘くなかった。「二兎追う者は一兎も得ず」のことわざ通り、勉強も陸上も、どっちもダメになった。1年生の時は練習のレベルがすごく高くなってしまって、当然ついて行けない。「やっぱり俺はダメなんだ」と思って努力しなくなり、練習をさぼるようになって先生から怒られた。「だったら、もういいや」と投げやりな気持ちになったら勉強もおろそかになって、成績は下がった。案の定、親からは「だから言ったじゃないか」と責められ、「そんな中途半端なことをやってるんだったら、陸上をやめろ」と言われた。

学校が遠いことも災いした。自宅から最寄りの泉崎駅まで、自転車で30分。電車に30～40分乗って、須賀川駅から学校まではまた自転車で30分。トータルで1時間半から2時間かかった。

特に冬場は雪が降ると、朝早く自転車で行くのがかなりつらい。父親に「駅まで車で送ってほしい」と頼むと、「お前『ちゃんと自分で行くから』と言ったよな」「『勉強も陸上もがんばる』と言ったよな」と、痛いところを突かれた。それが悔しくて仕方がなかった。悔しくて、悔しくて「ナニクソーッ」と思いながら、「自分で言ったことだよな」と自問する。そこで一大決心をした。「とにかく、絶対に勉強と陸上を両立させてやる」。悔しさを晴らすには、それしかないと思った。

〝藤田敦史式〟勉強法

●授業中、先生の言うことを全部メモする

まず、練習で疲れるのは仕方がないことなので、練習に集中するためにも、家に帰ってからの勉強は一切しないと決めた。その代わり、授業中は寝ないで、黒板に書かれたことを板書するのは当然として、先生がしゃべることも全部ノートに書いた。テスト前にそのノートを見れば、常に授業を振り返れる状態にしておいた。授業中は速記のような状態で字が読みづらいので、休み時間にもう1回清書する。その書き直す時に、授業の内容が頭に入った。

●わからないことはすぐ先生に聞く

あとは、授業中にわからないことがあったら、授業が終わってすぐ先生に聞きに行って、それも全部メモした。そうすると、自分の頭の中で理解できる。テスト前にあわてて勉強しなくても、通学の電車の中でノートをサッと見直せば、ほとんどできた。それを続けていたら成績がグーンと上がって、その科でもひとケタに入った。それに伴って競技成績も上がってきて、高校2年の時の県高校駅伝では1区（10㎞）で区間賞を取った。その頃になってやっと親に認められた。

なにしろ、当時は「絶対にやってやる」という反骨精神しかなかった。親に対してというより、あれだけ大きなことを言ったのに、それを実行できない自分が情けなくて、自分に腹立たしくなっていた。その勉強法は大学に入ってからも続けて、前の方の席に座ってきちんとノートをとった。お陰で、3年までに卒業単位を全部取得した。

高校2年の時、福島県高校駅伝の1区で区間賞（30分11秒）に輝いたのが、藤田の高校時代、一番の戦歴と言っていい。3年の時も1区を任されたが、5位。チームは田村高に大差で負けて2位だった。

それが唯一と言っていいぐらい。高校2年の時に一気に伸びて、その区間賞でデビューしたようなかたちになったが、3年になったら貧血でまったく走れなかった。貧血というのは大学に入ってからわかったことで、当時はなぜ走れないのかわからず「練習が足りないからだ」と思って練習をガンガンやって、余計にひどくしていた。

今考えると、高校3年の時に結果が出なかったからこそ、駒澤大学に入ったのかもしれない。高校2年で区間賞を取った後には、大学や実業団からいくつか勧誘があったらしい。しかし、3年で走れなくなるとサーッと引いていって、残ったのが駒澤とどこかだった。

とはいえ、大学に入ってからも当然走れない。健康診断で少し血を抜いただけでも目の前が真っ暗になって、フラフラッと倒れるぐらいだったから、相当ひどい貧血だったのだろう。大学生になってすぐの記録会で5000mを走ったら、15分50秒ぐらいかかった。当時の監督だった森本葵さんが「こんなに走れないヤツを連れてきたのは誰だ」と言ったとか。自分でも「これはたぶんクビだなあ」と、力のなさを痛感した。

重度の貧血が判明

藤田は1995年（平成7年）4月に都内の駒澤大学経営学部へ進学。その年、駒大OBで実業団のヤクルトに在籍していた大八木弘明が、母校のコーチに就任した。

大八木さんが、入学して間もない私に「病院に行って血液検査をして来い」と言う。「僕、どこも悪くないです」と言うと、「いいから行って来い」と半ば強制されて病院に行った。そうしたら、医師が「あなた、本当に陸上やってるの？」と言う。「あ、はい」と戸惑うと「身体、大丈夫？」と心配された。「身体は大丈夫ですけど、走っててつらいです」。「それはつらいでしょう」。何と、ヘモグロビン値が9／dlぐらいだった。当時は「ヘモグロビンて何ですか？」と聞いてポカーンとしているほど無知だったのだが、結果を大八木さんのところへ持って行くと「だから言っただろう」と納得していた。

大八木さんには「時間がかかるかもしれないけど、鉄分を摂っていけば治るから、3ヵ月ぐらい練習をするな」と言われて、レバーの多い食事を用意されたり、サプリメントも与えられた。そのうちにだんだんと「走るの、楽だなあ」と思えてきて、7月頃には先輩たちと一緒に練習ができるようになった。

今は高校でも定期的に血液検査を行うところは多いだろうが、当時は何もなくて、走れなかったら「根性が足りない」というぐらいの発想だった。大八木さん自身が貧血を経験しており、気づいてもらえたから良かったものの、違う大学に行ってまったく貧血に気づかなかったら、今の私はないかもしれない。レバーとかは好きではないので、食べるのは苦痛だったのだが、それをやれば治るとわかったので、その我慢はイヤではなかった。

高校3年から大学1年の初めまで、ずっと貧血状態で走っていたので、いわば空気の薄い高地でトレーニングしていたようなもの。酸素が十分にまわらない中で走っていて、貧血が治ったら平地に下りてきたのと一緒だから、もう無敵になったように楽だった。９月に、大学に入って２度目の記録会（５０００ｍ）に出ると、14分30秒。高校２年の14分56秒がそれまでのベストだから、自己記録を一気に26秒も更新して、やっと「何とかやっていけるかなあ」と思えた。

大八木コーチと出会った大学時代

そこから、箱根駅伝のヒーローが誕生する。大八木コーチの就任と藤田らの努力で、駒大は「予選会常連校」から優勝を狙えるチームに変わっていった。

自分が雑草みたいなところからスタートしているので、逆に言えばラッキーだったのかもしれない。エリートでずっと来ていたら、ちょっとした挫折で「もういいや」と思ったかもしれないけど、雑草だった私はちょっとでも努力を怠ると「また雑草に戻るんじゃないか」という恐怖心があった。だから、努力をし続けられた。

――雑草に戻るのはイヤだった？

それはイヤだった。なにせ、体育が「１」だったから。「１」は誰でもイヤだろう。駒大は私が入学した当時、まだ「予選会の常連校」と言われていて、１年生の時の箱根駅伝は15校中12位だった。それが６位、２位、２位と上がっていくのだが、入った当初は「本戦に出られればいい」というぐらいの意識レベルだった。大八木さんが現場の指揮を執るようになってから、かなりの意識改革があって、「やる気のある選手だけでやる」と言い切った。私たちはいわば大八木門下の〝一期生〟で、実業団のような高いレベルの考えをどんどん注入された。

●実業団の同期を見よ

1年生のうちは、とにかく「考えてやりなさい」ということだけ言われた。考えてやらないと強くならない、と。3年生になって、私の力がついてきた時に初めて言われたのが、実業団の選手との比較。たとえば高卒で旭化成に入った小島忠幸が同期なのだが「同じ歳でも、学生のトップを狙うのではなくて、日本のトップを目指している選手もいるんだぞ」と言われ、「学生の中で勝った、負けたを意識しているようじゃ、お前の先はないよ」とクギを刺された。常にそういう選手がいるというのを考えて、学生とか実業団とかに関わらず、いかに対等にやれるかを考えて練習しなさい、と教えられた。自分の中で「世界」を意識し始めたのは、その時からだ。

箱根駅伝の区間順位は、1年が1区2位、2年が2区7位、3年が2区2位、4年が4区1位。箱根駅伝の人気が高まる中、最終学年では区間賞も取って、多くのファンから注目される存在になった。

多くの方に応援していただいたり、いろいろな取材を受けたり、表に出る機会が増えたが、そっちの方で目立とうという気持ちはなかった。4年生になってからは、卒業間際にマラソンをやろうと決めていたので、箱根駅伝で区間賞を取ってもそれは自分の中では当たり前のことで、周囲が騒ぐほど特別なことではなかった。それよりも、チームが優勝できなかった悔しさの方が、はるかに大きかった。

藤田が3年生の時に、箱根駅伝で2位に浮上した駒大は、ついに初優勝を狙う好機到来。1999年（平成11年）の1月2、3日。のちに藤田と富士通でチームメイトになる順大のエース・三代直樹が、2区で驚

異的な区間新をマークしてトップに立つが、「チームのために」と4区（当時20・9㎞）にまわった藤田が三代に負けじと区間新を出して逆転。駒大が初の往路優勝を成し遂げた。そのまま8区まではトップを守ったが、9区で順大に再逆転を許し、2年連続の2位にとどまった。

同じ2位でも、3年の2位と4年の2位は意味合いが大きく違って、3年の時は拍手でアンカーを迎えた。「これは来年につながる2位だ」と思えた。しかし、4年の時はみんな大泣きしながらアンカーを迎え入れた。9区の10㎞あたりまでトップだったのだから、悔しくて仕方がない。区間新を出して確かにメディアからもてはやされることはあったけれど、とてもではないが喜べる心境ではなかった。極端なことを言えば「区間賞要らないからチームの優勝をくれ」という気持ちだった。

大八木さんに出会ってなければ、その時の自分はない。そう思っていたので、大八木さんに優勝を届けたい、という思いが強かった。でも、その敗戦があったから、学生生活最後のマラソンにつながったとも言える。箱根駅伝の後も、気持ちが切れなかった。

「箱根駅伝は通過点」

——近頃は箱根駅伝が注目され、選手たちもそこで活躍することが最終目標になって、その先につながっていない、という見方もあるが……。

確かに、昔より今の方がメディアに露出されることが多くて、芸能人になったような勘違いをする選手もいると思うけど、いくらもてはやされても「俺はここで終わる選手じゃない」と思って、そこで満足しない選手もいる。それは、ただ選手自身の問題というわけではなく、大学4年間の指導方法にも関わりがあるのではないか。私の場合、初めから「箱根駅伝は通過点」と思えたわけではなくて、大八木さんの指導を受けていく中で、自ら「世界を目指したい」と思えるようになった。今の学生に「箱根は通過点だと思いなさい」といくら指導者側から言っても、選手自身がそう思わなかったら、たぶん響かないと思う。いかに選手の側が「俺はここで終わらないんだ」と思えるようにするか。そこが指導者に求められている気がする。

――具体的にどうしたらいいのか？

指導者の側に立ってまだ経験は浅いが、私としても悩んでいるところだ。今の学生を見ていると、何か淡泊な気がする。どこかでつまずくと「あ、俺はもういいや」「どうせ俺はここまでだから」とすぐにあきらめてしまう。「ナニクソーッ」と反骨精神を持ってやる選手が少なくなったなと感じる。

●努力は目標にたどり着くための手段

努力は「我慢」だと思った時点でつらくなる。まあ、我慢するものかもしれないが、目標にたどり着くための「手段」だと思わないとやっていけない。

今の選手は、目標があっても「そこまで苦しい思いをするならいいです」と淡泊で、「目標にたどり着けるなら、どんな努力も惜しまずしします」という選手は少ない。話を聞いていると、ストイックにやるというよりは、「楽しくやりたい」と言う。「そこまでしてやりたくないです」という結論に達してしまう。実業団でも、その覚悟ができていない選手が時に見受けられる。部活の延長のような気持ちで入ってきて、走ることで給料をもらっているという自覚が足りない。

2年から駒大のエースになった藤田は駅伝で大活躍しただけでなく、大学卒業間際だった1999年3月のびわ湖毎日マラソンで初の42.195kmに挑み、20年ぶりの日本学生最高記録となる2時間10分07秒で2位に食い込む大健闘を見せた

高校まで無名だった藤田（右）だが、駒大1年目の箱根駅伝で1区を務め、亜細亜大のエチオピア人留学生、ビズネ・ヤエ・トゥーラに食らい付いて2位を占めたことで徐々に注目される存在になっていった

駒大の卒業式後のワンシーン。才能を大きく開花させてくれた大八木弘明コーチ（現・監督, 右）には大学卒業後も指導を受けた

結局、今は物にしろ、情報にしろ、労せずして何でも手に入る。こんなに便利な世の中で、何でも簡単に手に入るのに、ものすごい時間と労力を使って努力を続けるなんて「格好悪くてできないよ」という感覚があるのかもしれない。

――労せずして目標に到達したい？

そう、ショートカットしたい。そういう気持ちがあるから、変なところで効率を求める。マラソンはレースより練習段階の方がつらいし、圧倒的に苦しい。なぜその苦しいことをやるかというと、レースを楽に走るため。でも、近ごろの選手は、その部分から考え方が違う。練習でもレースでも効率を求めて、結果を出そうとする。そういう時に引き合いに出すのが「だって科学的データが出てるじゃないですか」という言葉だ。確かに、今の選手は能力が高いので、効率の良い練習である程度のところまでは行く。だけど「その効率を求めた練習だけで、2時間6分台を出せた選手はいないでしょ」という話になる。日本ではまだ2時間6分台を出した選手は3人しかいない。しかも、ここ10年以上皆無だ。能力だけ見たら、今の選手と私は天と地ほどの差がある。では、何が足りないかというと、心の部分の素質がない子が多い。まず、心を鍛えないといけない。

●努力できることも才能の1つ

努力する、しないは、その人の気持ちで何とかなるものだとずっと思っていた。でも最近は、努力できることも才能の一つなのではないかと思うようになった。そういう選手が少なくなってきているから、マラソンでも結果が出ていない気がする。

初マラソン、そして世界選手権6位入賞

藤田は大学卒業前の1999年3月、びわ湖毎日マラソンで初めて42・195kmのレースを走り、1995年イエテボリ世界選手権金メダルのマルティン・フィス（スペイン）に敗れはしたが、2時間10分07秒で2位。当時、瀬古利彦（早大）が持っていた2時間10分12秒の日本学生記録を20年ぶりに塗り替えた。

その1年前、大学3年の2月に熊日30kmロードレースに出て、1時間30分21秒の学生記録（当時）を作った。大八木さんから「マラソンをやりたいのであれば、まず30kmの学生記録にチャレンジしろ」と言われたからだ。それを達成したので、「これだったらマラソンをやってもいい」と許可が下りた。

初マラソンに向けては、箱根駅伝が終わって3日後に初めて40km走をやった。それが、自分でもすごいなと思ったのだが、楽しくてしょうがなかった。最後は目の前がかすんできて、ガス欠みたいになったのに「これはすごい。マラソンはこんなふうになるんだ」と思って、逆にそれを乗り越えたくなった。次にやる時は絶対にガス欠にならないように、ジョッグは90分から120分に延ばしたりして、レースまでに5～6回は40km走をやったと思う。

初めてのマラソンは後半にみぞれが降り、寒くて、長くて大変だったが、当時自分が一番好きな選手がフィスだったので、一緒に走れるのがうれしかった。フィスは森下さんと同じイメージで、グッときつい顔をして我慢しながら走る姿が印象的だった。私は98年に初めて世界ハーフマラソン選手権の代表になってスイスに行ったのだが、その時にフィスが出ていた。あこがれの選手だったので、握手をしてもらい、Tシャツも交換した。びわ湖マラソンのドーピングルームで一緒になった時に、その時のTシャツを見せたら「おお、世界ハーフの時の……」という具合に話が弾み、楽しい時間を持てた。

同年8月にはスペイン・セビリアで世界選手権が開かれ、びわ湖毎日マラソンの結果で初めての代表に選ばれた藤田は、再びフィスと一緒に走ることになる。優勝はアベル・アントン（スペイン）で世界選手権2連覇。日本勢は、佐藤信之（旭化成）が銅メダルを獲得して翌年のシドニー五輪の代表に内定し、2度目のマラソンの藤田はトラックに入ってから清水康次（NTT西日本／現・監督）をかわし、6位入賞を果たした。

私が6位で、フィスが8位。途中並走する場面もあって、フィスに勝てた。それが一番うれしい出来事だった。私の世界大会の実績は、それだけ。貧血と足底筋膜炎で身体はボロボロだっただけに、よく6位に入れたと思う。元をたどれば、オーバーワークが原因だと思っている。初マラソンのダメージが予想以上に大きくて、なかなか調子が上がらず、無理して練習していたら足底筋膜炎になった。同時に貧血が再発。「やる以上は最善を尽くそう」と思ってやった結果が、それだった。

セビリアで無理をして走ったので、今度は足底筋膜炎が治るのに3ヵ月もかかった。富士通の当時監督だった木内（敏夫）さんに「世界選手権で入賞しているのだから、国内の選考レースで日本人1位になればシドニー五輪の代表になれるぞ」と言われたが、結局冬のマラソンに間に合わず。故障明けで無理やり出た2000年1月1日の全日本実業団対抗駅伝は、アンカーとして富士通初優勝のゴールテープを切ったけれど、マラソン練習を始めたら足の甲の疲労骨折が判明し、オリンピックの選考レースどころではなかった。

3度目のマラソンで日本最高記録達成

シドニー五輪を逃した藤田は2000年12月、福岡国際マラソンに出場して、シドニー金メダルのゲザハ

2000年はシドニー五輪への出場を逃した藤田だが、12月の福岡国際マラソンに日本最高記録の2時間6分51秒で見事に優勝

福岡ではシドニー五輪王者のアベラ（エチオピア、右）や1996年アトランタ五輪銀メダルの李鳳柱（韓国、中央）を下す殊勲の優勝だった

ン・アベラ（エチオピア）に完勝。アベラを振り切った35㎞からの５㎞は、14分44秒にペースアップ。犬伏孝行（大塚製薬）が１９９９年９月のベルリン・マラソンで出した２時間６分57秒を６秒更新する、２時間６分51秒の日本最高記録（当時）を樹立した。

福岡のマラソンは、大八木さんから「昔は世界一を決める大会だったんだ」という話を聞いていた。いずれはそこで勝てるような選手にならないと、絶対に世界に行っても通用しないと言われていたので、オリンピックがなくなった２０００年は春から福岡を目指してやり始めた。

自分で言うのもおかしいけど、金メダリストをあそこまで置き去りにして勝ちに行ったレースは、今思えば衝撃的だった。35㎞から40㎞を14分44秒、ラスト2・195㎞を６分23秒に上げられたのは、決して偶然ではない。練習の段階から意識してやって、それだけの準備をしての結果だ。

40㎞走でも、30㎞走でも、20㎞走でも、最後の５㎞は必ず一気にペースを上げた。だから、レースになっても勝手に身体が反応。あれは偶然ではなく、必然だった。

私の場合はスピードがないので、瀬古さんのようにトラック勝負で勝つというレースはできない。「じゃあ、残り５㎞から行くしかないよね」と思って始めた練習だが、生半可な切り替えではついて来ると思ったので、最初の１㎞、次の１㎞、さらに１㎞と３㎞のペースアップを考えた。そうしたら、相手は絶対に戦意喪失する。戦意喪失すれば追う気がなくなるので、そこまで離そうと思った。

勝つためには、それ相応の準備をしないと勝てない。逆に言うなら、その準備をすれば勝てるなら、それをやろう。たとえ、つらくても。という考えで、ずっとやってきた。確かに、２時間６分台というのは予想外だったが、勝つことに関しては、それだけの準備をしてきたので当然かなと思えた。

そのあたりまでは日の出の勢いを見せた藤田だったが、結局オリンピックには縁がなく、シドニー大会に

続いて２００４年のアテネも選考会のスタートラインに立てず、２００８年の北京は選考会（07年の福岡）に出たものの、選手としてのピークは過ぎていた。

オリンピックに一度も出られなかった直接の原因はケガだが、一番は日本記録を出してから、そのアプローチが自分の成功パターンだと思い過ぎたのが原因だと思う。日本記録を出したマラソン・トレーニングに固執し過ぎた。今思えば、もうちょっと柔軟に考えて「今の体調だったらこっちの方がいいんじゃないか」とうまく変更できていたら、オリンピックに行けていたかもしれない。

2時間5分台を目指して故障の連続

当然「オリンピックに行きたい」という気持ちはあったが、それよりも福岡で2時間6分台を出した後に何を考えたかというと「あれだけ余裕を持って（2時間）6分台を出せたのだから、絶対に5分台を出せる」ということ。その感覚があった。そうなると、より強度の高い練習を求めるので、ケガが多くなってしまった。

●2時間7～8分台は要らない

自分の頭には、2時間7～8分台はなかった。そんな記録は要らない。たとえ2時間7～8分台をコンスタントに出しても、世界で戦えないと思っていたので、5～6分台がほしかった。福岡のタイムが、やっと出た2時間6分台ならそうは思わなかったのだろうけど、あの時は50㎞あったとしてもさらにペースアップできたぐらい調子が良かった。それほど余裕を持ってゴールしたので、「5分台は絶対に出る」と確信した。それが命取りだった。自分の性格上、自分がこうと決めたやり方で目標を達成しないと気が済まない。頑固だった。今も頑固かもしれないが……。達成できた、できないではなくて、自分のやり方かどうかの方が大事だった。仮に目標を達成できたとしても、自分の納得したやり方でなければイヤだった。

セビリア世界選手権で6位に入賞したけれど、自分の思ったような練習はできず、ごまかしでやって、たまたま6位になった。だから、ゴールしてからも、あまりうれしくなかった。先頭集団について行って、最後に離れて6位というならまだしも、自分のペースで行って、後ろから追い上げての6位。あんなレース内容と練習過程では、納得できない。帰国していろんな人に「世界選手権で6位はすごいね」と賞賛され、「6位ってすごいんだ」と思ってしまう自分がイヤだった。だから「これは納得してはいけないんだ」と、常に自分に言い聞かせた。大学の大八木さんに世界選手権の報告に行った時、「まあ、結果的には6位だけど、あれじゃあな」と言われた。その時、初めて「自分の考え方は間違ってなかったんだ」と思えた。

それに比べて、福岡の前の練習は、ほぼ完璧だった。そうは言っても、調子が落ちている段階でレースに出たので改善の余地はあるが、試合までのアプローチやレース内容は、私のマラソンキャリアの中で、唯一完璧だったと思っている。

――そのマラソン・トレーニングの大まかな流れはどんなものだったのか？

12月3日がレースだったのだが、8月は走り込み。とにかく距離を踏んで脚をつくるので、月間1300kmぐらい走っている。9月は最後に1万mの記録会を入れたので、前半は走り込みをするけど、後半はちょっとキレを戻すような練習をしている。そのトラックレースは、マラソン練習の最中だったのに、自己記録と4秒ぐらいしか違わない28分23秒82で走っている。10月は、もう1回切り替えて走り込む。日本刀を造る過程にたとえると、8月に相当鉄を叩いて、9月は叩きながら少し磨きをかける。10月にもう1回叩きを加えて、11月は切れるように研ぎ澄ませる。11月の練習は、もう全部レースペースに近いような距離走で、レース1ヵ月前の最後の40㎞走は2時間5分44秒。試合のペースが当たり前になるように、練習でやっていた。

これを超えて「2時間5分台を出すために」という考えでやったのが、2005年の福岡。実は、その時の練習実績の方がすごい。2000年の時の練習を踏襲したのだが、タイムは大幅に上がった。2000年は2週間前にやった30㎞走のあたりでピークが来て、それ以降落ちているので、この練習をすると本当に2週間前にピークが来るのか実験をした。その代わり、2時間5分台を目指すに当たって、ペースを上げた。1ヵ月前の40㎞が、2時間4分50秒。2週間前の30㎞は1時間29分50秒。1週間前の20㎞は59分03秒。4日前の10㎞は同じぐらい。それで試合に臨んだら、2時間9分48秒（3位）。ちょうど福岡が大荒れの天気で、風が強かったが、この時はスタートラインに立った時点で負けていた。走る前から疲労感がものすごくあった。24歳と29歳という年齢の差を考慮せず、疲労を無視して練習をやってしまったのが原因だろう。

目標に向かって努力する覚悟

今の選手に「私はこうやったから、同じことをやりなさい」と言うつもりは毛頭ない。ケガが多かったのは練習のやり過ぎが原因というのは自分が一番よくわかっているので、必要以上にやれとも言わない。やり方は千差万別だ。ただ、このぐらいの気持ちを持った選手が出てきてほしい。目標を達成するために「これだけのことをやるんだ」という強い決意と覚悟を持った選手が……。何があっても、他の何を捨ててでも、とにかく成し遂げるんだ。それぐらいマラソンに心血を注ぐような選手が出て来ないと、なかなか厳しいと思う。確かに、30km、35kmあたりまでは能力で行ける。しかし、残りの7kmは強い気持ちで準備して臨まないと、絶対に走れない。

――その覚悟が足りない？

そう思う。今の世界記録は2時間2分57秒まで行ってしまったが、以前はベライン・デンシモ（エチオピア）の2時間6分50秒（1988年）がベースになっていて、マラソンのイメージは「1km3分」だった。でも、今は1km3分を切ってしまっている。そうなると「スピード、スピード」と言われがちで、トラックで実績を積んできた高岡寿成さん（カネボウ）が30歳を過ぎてマラソンで成功していることもあって、どうしてもスピードに目が向く。宗さん兄弟（旭化成）や瀬古さん、中山さん（竹通、ダイエー）がやってきたような日本の伝統的な泥臭いマラソン練習を敬遠して「スピードが必要だからスピード練習をやります」と言うが、本心は「あんなきつい練習はできないよ」ということではないか。スピード練習は当然やらないといけないけど、伝統的にやってきた我慢を必要とする練習も取り入れていかないと、日本のマラソンは厳しいと思う。高岡さんも「マラソンは別に俺のマネをしてやる必要はない」と言っている。

●日本人の良いところは我慢できる能力

2020年の東京オリンピックは酷暑の中で行われるので、おそらく耐えるレースになる。だからこそ日本人にチャンスがあるし、日本が伝統的にやってきた我慢を磨く練習が重要になる。日本人の一番良いところは、我慢できる能力だと思う。その部分の努力をおろそかにしたのでは、たぶん戦えない。

私の1万mのベスト記録は、たかだか28分19秒94（2000年）だ。今、そんな選手はいくらでもいる。でも、マラソンで2時間6分台を出せる選手は今のところいない。そういうところに強化のヒントがあるのではないだろうか。当然、私のように「トラックでは戦えないから、早い段階でマラソンをやります」という選手が出て来ていい。マラソンは、旬の時期を逃したらダメだ。30歳を過ぎてやれたのは、高岡さんだから。みんな、高岡さんにはなれない。

変われるきっかけをつかもう

私の場合、最後の瞬間的スピードはないけど、ある程度の速いペースで押して行ける自信はあった。それを武器にしようと思った。マラソンの35㎞を過ぎて、1㎞3分を切っていける選手は、日本にそういない。そこを切って行ったら、絶対に勝てる。だったら、自分はそれを武器にしようと思ってやっていた。短所を直す努力ではなく、長所をより伸ばす努力とでも言うのだろうか。当然、短所に目を向けて、強化しなければいけない時期はあると思うが……。

●人生で最大の出来事

結局、走ることで私の人生は180度変わった。マラソンとの出会いは、藤田敦史の人生で最大の出来事。かつてはスポーツで身を立てるなんて考えられなかった人が、今、スポーツの世界で生きている。「だから、可能性は誰にでもあるよ」と講演などで話すのだが、なかなか信用してもらえない。「昔から足が速かったんでしょ」と言われる。あと、よく表現されるのが「修行僧みたい」とか「ストイックだ」とか。でも、自分の中ではまったくそんな意識はなくて、目標に向かって努力することが楽しくて仕方がなかった。それはなぜかと言うと、ダメだった自分を知っているからだと思う。努力によってまた違う自分に生まれ変われると思ったら、どんどん別の景色が見たくなる。その景色を見るための手段が、努力ではないだろうか。そして、その手段がわかっているなら、私は望んで努力する。練習は苦しいけど、つらくない。「苦しいのがうれしい」というような、変な感じになる。

●がんばるということは、目標に近づいていること

苦しいというのは、自分ががんばっているから苦しい。がんばるというのは、自分が目標に近づいている実感があるので、全然苦痛ではなかった。逆に言えば、苦しくなかったら努力できていない証拠なので、目標から後退しているイメージになった。

●大きな向上心が弱い自分を超える

もちろん「うわぁ、今日は（練習）やりたくないな」という日もあった。どんな一流の選手でも、そういう部分はあると思う。メジャーリーガーのイチローだって「今日は練習を休みたいな」と思う時はあるはずだ。でも、休まない。そこでさぼってしまう人との違いは、弱い自分を超えられるだけの、どれだけ大きな向上心があるかどうかだと思う。私の中にそれがあった。弱い自分がありつつも、向上心が大きかったので、それを克服できた。弱い自分と向上心のバランスは、自分の中で変わっていく。それは、きっかけによる。性根のところでどんなに弱い人でも、変われるきっかけはあると思う。でも、そのきっかけに気づけるかどうか。私の場合は、そのきっかけに気づけた。だから、みんなも変わるきっかけを拾う努力をしてほしい。

どんな人間も、可能性を持って生まれてくる。私が小さい頃、自分にこんな可能性があるなんて微塵も思わなかった。ほんのちょっとしたきっかけがどんどん大きくなって、広がっていくものだと思うので、そのきっかけを自分がどう捕らえて、考えて、動くか。いくら気づいても、その後に動かなかったら、人生は変わっていかない。

藤田敦史のマラソン全成績

年月	大会	順位	記録
1999年３月	びわ湖毎日	２位	2.10.07＝学生最高（当時）
1999年８月	世界選手権（セビリア）	６位	2.15.45
2000年12月	福岡国際	優勝	2.06.51＝日本記録（当時）
2001年８月	世界選手権（エドモントン）	12位	2.18.23
2002年３月	東亜（韓国・ソウル）	優勝	2.11.22
2005年３月	びわ湖毎日	10位	2.12.30
2005年12月	福岡国際	３位	2.09.48
2006年12月	福岡国際	８位	2.11.50
2007年２月	別府大分毎日	優勝	2.10.23
2007年12月	福岡国際	８位	2.12.29
2009年３月	東京	10位	2.14.00
2009年９月	ベルリン	８位	2.12.54
2011年２月	別府大分毎日	５位	2.12.26
2013年３月	びわ湖毎日	－	途中棄権
2013年４月	長野	－	途中棄権

藤田敦史の年度別ベスト記録

★＝自己ベスト

	5000m	10000m	マラソン
1993～94年（高２）		14.56.	
1994～95年（高３）			
1995～96年（大１）	14.30.	29.23.7	
1996～97年（大２）	14.06.80	28.53.06	
1997～98年（大３）	14.05.1	28.43.0	
1998～99年（大４）	14.07.28	28.40.16	2.10.07
1999～00年（社１）			2.15.45
2000～01年（社２）	14.02.58	★28.19.94	★2.06.51
2001～02年（社３）		28.37.68	2.11.22
2002～03年（社４）	14.13.37		
2003～04年（社５）	13.55.62	28.25.71	
2004～05年（社６）		28.56.98	2.12.30
2005～06年（社７）	14.06.16	28.30.27	2.09.48
2006～07年（社８）	14.02.69	28.31.45	2.10.23
2007～08年（社９）		28.46.83	2.12.29
2008～09年（社10）	★13.54.65	28.25.67	2.14.00
2009～10年（社11）			2.12.54
2010～11年（社12）			2.12.26
2011～12年（社13）			
2012～13年（社14）		29.21.94	

藤田敦史 2000年の福岡国際マラソンに向けたトレーニング

9月	朝練習	本練習
1	野尻湖1周走58'	合宿先から移動
2	100'Jog	Rest
3	100'Jog	Rest
4	50'Jog	15km快調走
5	60'Jog	90'Jog
6	26km走（東大G外）1°29'56	60'Jog
7	60'Jog	90'Jog
8	50'間走	85'Jog
9	60'Jog	1km×5（2'52－2'48－2'51－2'45－2'47）
10	80'Jog	Rest
11	60'Jog	15km快調走（東大G外）
12	60'Jog	80'Jog
13	70'Jog	90'Jog　菅平合宿
14	10km走	am：**40km走（2°16'50）**／pm：60'Jog
15	60'Jog	am：90'Jog／pm：60'Jog
16	16km走	am：Rest／pm：80'Jog
17	10km走	am:1000m×10（2'54－53－54－54－52－53－52－50－50－49）/pm:Rest
18	60'Jog	am：90'Jog／pm：50'Jog
19	50'Jog	am:2000m×4（5'49－5'49－5'45－5'36）/pm:60'Jog
20	90'Jog	移動
21	60' Jog	80'Jog
22	50'間走	5000m×2（14'40－14'04）+400m×2（61"－61"）
23	50'Jog	90'クロカン
24	70'Jog	治療
25	60' Jog	80'Jog
26	50'間走	3000m×1（8'22）
27	50'Jog	60'Jpg
28	60'Jog	60'Jog
29	50'間走	1000m×1（2'46）
30	35'Jog	鴻巣ナイター記録会10000m（28'23'82）
10月	**朝練習**	**本練習**
1	Rest	80'Jog
2	60'Jog	90'Jog
3	50'間走	90'Jog
4	60'Jog	**20km走（1°08'05）**
5	60'Jog	90'Jog
6	50'間走	90'Jog
7	50'Jog	**40km走（2°15'56）**
8	80'Jog	Rest
9	50'間走	90'Jog
10	50'間走	1km×10（2'51－52－50－50－49－51－47－48－47－41）
11	60'Jog	90'Jog　西湖合宿
12	60'間走	am：90'Jog／pm：60'Jog
13	50'間走	am：**40km走（2°15'21）**／pm：60'Jog
14	60'間走	am：90'Jog／pm：60'Jog
15	60'間走	am：90'Jog／pm：60'Jog
16	50'間走	am:2000m×5（5'49－5'43－5'46－5'41－5'37）/pm:60'Jog
17	60'Jog	am：90'Jog／pm：60'Jog
18	50'間走	am：**40km走（2°12'59）**／pm：60'Jog
19	60'Jog	am：90'Jog／pm：60'Jog
20	60'間走	am：90'Jog／pm：60'Jog
21	50'間走	5km×3（14'49－14'57－14'26）
22	Rest	am：90'Jog／pm：60'Jog
23	90'Jog	60'Jog
24	50'間走	**40km走（2°15'32）**
25	90'Jog	60'Jog
26	90'Jog	予防接種のためRest
27	50'間走	100'Jog
28	55'Jog	**30km走（1°41'50）**
29	70'Jog	Rest
30	50'間走	15km快調走
31	90'Jog	60'Jog
11月	**朝練習**	**本練習**
1	50'間走	5km+3km+2km（14'39－8'40－5'44）
2	90'Jog	70'Jog
3	60'間走	80'Jog
4	50'Jog	**40km走（2°05'44）**
5	Rest	90'Jog
6	90'Jog	60'Jog
7	60'Jog	90'Jog
8	50'間走	1000m×8（2'49－52－52－51－49－48－48－45）
9	60'Jog	90'Jog
10	50'間走	90'Jog
11	50'間走	3000m×4（8'40－8'37－8'35－8'27）
12	70'Jog	Rest
13	50'間走	16km快調走（東大G外）
14	90'Jog	70'Jog
15	50'間走	2000m×4（5'43－5'45－5'42－5'36）
16	60'Jog	90'Jog
17	50'間走	90'Jog
18	50'間走	**30km走（1°31'07）**
19	Rest	90'Jog
20	50'間走	90'Jog
21	60'Jog	90'Jog
22	50'間走	5000m×2（14'44－14'10）
23	60'Jog	90'Jog
24	50'間走	80'Jog
25	50'間走	**20km走（60'08）**
26	Rest	80'Jog
27	50'間走	80'Jog
28	50'Jog	80'Jog
29	50'間走	10km（29'16）
30	50'Jog	70'Jog
12月	**朝練習**	**本練習/レース**
1	50'Jog	65'Jog
2	50'間走	1000m×1（2'48）
3	30'Jog	**福岡国際マラソン（2°06'51＝日本最高記録）**

Legend 9

Naoko Takahashi

高橋尚子

日本の五輪史に燦然《さんぜん》と輝く金メダル 「人の倍やって人並み」を日々実践した賜物

高校、大学と決して目立つ選手ではなかった高橋尚子が、有森裕子をオリンピック2大会連続メダリストに育てた小出義雄に直談判で師事を訴え、ついに世界の頂点に立ったサクセス・ストーリー。1998年のバンコク・アジア大会におけるアジア最高記録での圧勝、2000年のシドニー五輪金メダル、そして2001年９月のベルリン・マラソンでの世界最高記録（当時、２時間19分46秒）と、高橋のマラソンはどれも衝撃的だった。そこには常にきらびやかなイメージがつきまとうが、決して特別な才能の持ち主というわけではなく、高校時代の恩師に教わった「人の倍やって人並み、人の３倍やって人以上」の格言を愚直に実践した努力の結晶が光り輝いたに過ぎなかった。

長い距離に対する苦手意識

1972年（昭和47年）5月6日生まれ、42歳。岐阜市立藍川東中学校で陸上を始め、岐阜県立岐阜商業高校時代、女子800mでインターハイ（仙台）に出場経験があるが、予選落ちしている。全国都道府県対抗女子駅伝には高校2年の時に初出場。しかし、2区（4㎞）で区間45位（47人中）だった。1991年（平成3年）4月に大阪学院大商学部へ進学。教職に就いていた両親の影響もあってか、簿記や情報処理を教える商業科の教員を目指しながら陸上を続け、関西インカレでは800m、1500mで優勝。だが、日本インカレは3年、4年と同順位で1500mが2位、3000mが3位。大阪学院大で初めて日本インカレの「表彰台選手」になったものの、真ん中には立てなかった。

大学あたりまではたいした結果が出なかったので、ある意味「好き」という気持ちだけで走っていた気がする。確かに、小学生の頃は足が速い方で、中学校で陸上部に入ったが、特に目立つ選手ではなかった。というより、本当に弱い選手だった。

中学生の頃は100mや200mをやりながら、練習は長くて400mまで。それなのに、800mのレースにも出た。だから、中学時代に1度岐阜県の長距離合宿に参加させてもらった時、選手たちが1000mのインターバル走をやっているのを見て「化け物だな」と思うほどビックリした。それぐらい、長い距離を走れる人を「すごいな」という目で見ていた。

――当時「高橋は長距離走に向かない」と言われていたそうだが……。

後半になると、パタッと止まるから。あるところまでは何も考えずに全力で行って、その後急にパタッと失速する。1000mなら3分ひとケタで走れても、2000mになると6分40秒ぐらいかかってしまう。「後半がダメだね」というのは、大学時代まで言われていた。中学、高校の先生は、私が将来マラソン選手になるなんて、絶対に考えられなかっただろう。

もちろん、自分でも考えられなかった。ドラマや映画を観るのと同じようにマラソン中継をテレビで観て「速いなあ」と思ったことはある。でも、自分の世界とリンクしたことは1度もない。それを言うなら、実業団に入るまで、マラソンの世界と自分の歩む道が交わることはなかった。

「小出監督に見てほしい」

大学4年（1994年）の夏、高橋は当時リクルートの監督だった小出義雄の元へ出向き「入部させてほしい」と願い出る。前年の全日本実業団対抗女子駅伝で初優勝を飾ったリクルートには、バルセロナ五輪（92年）女子マラソン銀メダルの有森裕子をはじめ鈴木博美、志水見千子、吉田直美、五十嵐美紀ら日本を代表する長距離ランナーがズラリ。高校教員から転身して実業団選手の指導に乗り出した小出の手腕が、全国から注目されていた。

私のようなレベルでも実業団8社からお誘いを受けていたのだが、ずっと教員になりたかったので、大学4年の教育実習まではすべてお断りしていた。しかし、実際に教育実習で母校（県立岐阜商高）に行って、教職の現場を見て、どっちに進むか悩んだ時に「可能性があるならもう少し陸上を続けてみてもいいのかな」と初めて思った。そこで、高校の中澤正仁先生に「実業団で3年間やってみます」と電話をすると、「3年間だけ陸上を続けるために実業団に入るならやめてしまえ」と言われた。「日本一、世界一を目指すならいいと思うけど」というのが先生の考えだった。

――なぜ「3年間」と区切ったのか?

実業団は高校や大学のように期限がない。入っただけでダラダラやるのはイヤだったので、3年と期限を決め、その間は思いっきりやって、結果が出なかったら辞める。それから、夢だった教職の道に進んでもいいと思っていた。だから、リクルートに入った時も人事担当の人に「3年で辞めますけど、いいですか?」と聞いた。それぐらい真剣にやりたいですという意思表示もあったのだが、3年で芽が出ないようであれば、そこにいる意味はないと思った。

「たとえば小出監督に見てもらうとかならいいと思うけどな」と、中澤先生の口から出たのが、小出監督の名。私は「そんなの無理です」と言って電話を切ったが、間もなく会いに行ったのが小出監督だった。ちょうど富山インターハイに勧誘で来ているという。当時リクルートのコーチだった山下誠さんと、大阪学院大学の山内武先生が筑波大時代に同期という縁で連絡をとっていただき、富山市内のホテルで会う機会をセッティングしてもらった。

その時の最初のひと言が「うちは大卒を採らないから」ということだったのだが、それでも、と粘って北海道の合宿に自費参加させてもらって、最終的に「契約(社員)で良ければ」と採用許可が下りた。

これが大きな道が開ける第一歩になった。しかし、翌年の春、私がリクルートに入るのと同時期に、小出監督が総監督になってマラソン選手を指導し、コーチだった金哲彦さんが監督になってトラック選手を見るという体制に変わった。金さんがイヤだとか、そういう問題ではない。私は小出監督に見てほしくてリクルートの門を叩いたのに、見てもらえない。それが発表された会議で、私は泣いた。周りの人たちは「今まで見てもらったことないのに、何で泣くの?」という反応だった。私としては、人生の進路を変えてまで来たのに……。

1年目は泣く泣くそのまま過ごして、2年目の秋に「小出監督に見てほしい」と再び言いに行った。やっと特例で見てもらえるようになり、私はマラソンチームへ。でも、他の選手の邪魔にならないように、いつも最後尾につかせてもらった。

●「マラソンで世界一になる」の呪文

その時に「そうか、私も『マラソンをやる』と言ってしまえば、この中に堂々と入れるかもしれない」と、フッとひらめいた。それには伏線があって、小出監督が「高橋、マラソンをやったら世界一になるな」と1年目から言い続けてくれた。最初は「私が弱いから、そう言って励ましてくれてるんだ」と右の耳から左の耳に聞き流していたが、人間毎日毎日同じことを言われると、その気になってくるものだ。「もしかしたらそういう可能性があるのかな」と思って、初めてマラソンを意識した。

「自分は弱いんだ」という危機感

私は初めて出た都道府県対抗女子駅伝で区間45番という成績があるぐらい、基本的には弱い選手だと思っている。高校時代の先生に「人の倍やって人並み。人の3倍やって人以上」と言われ、人より努力したお陰で少しずつ少しずつ上に行った。都道府県対抗女子駅伝だったら45番から始まって、8年連続で出るうちに、

30番台、20番台、10番台と上がり、最後にエース区間で区間賞というように。「努力しないとすぐに落ちる」という危機感は、現役を退くまで持っていた。

●「高橋尚子式」減量法

体重も努力しないと、すぐに戻ってしまう。マラソンレースは45kgぐらいでずっとやっていたけど、シドニー・オリンピックの1ヵ月後には52kgになっていた。それを、また6ヵ月ぐらいかけて減量していく。「大学時代はポッチャリしていたね」とよく言われるが、51〜52kgあった。今、51kgぐらいなので、体重はそんなに変わってないけれど、見た目がふっくらしていたのだろう。それでも、自分でしっかり体重の折れ線グラフを作り、クッキー1枚からカロリーを計算して「今日は食べ過ぎた」と思ったら、夜中でも走りに行った。

私は食べることが好きなので、それを制限するとすごくストレスがかかるから、食べたいものは食べる。でも、そのカロリーを消費するために走る。今でもコンビニに行ってお菓子を買う時は、まずカロリーを見て、「これは何分走る」と割り出す。自動的にそうなってしまっているので、苦ではない。

●女子選手と減量

高校、大学と練習でぎりぎりまで追い込まなかったし、食事制限もしなかったので、骨密度は正常。生理もきちんとあった。実業団に入ってすぐにガンガンと練習ができる身体だったということは、金メダルへの近道だったのかなと思う。

ただ、私も実業団に入ってからは生理がストップする時期があって、「今日からマラソン練習をやる」と言われると、そこから半年はなかった。でも、試合が終わるとまた元通りに来るので、体調面の危機感は感じてなかった。身体が成長する時期にウエイト・コントロールに意識を置き過ぎていると、大人になった時に身体が十分成熟していなくて、そもそもの器が小さくなっている気はする。私の時代でも、極端に細い体型の子は疲労骨折になりやすくて、今だから思うのではなく、当時から「細い人は身体がもろいな」と感じていた。

やはり、練習やレースでしっかり結果を出すためには、身体が頑丈でないといけない。長い距離を走った後に食事が摂れない人もいるが、そうなると練習が3日、4日と続けられない。練習や試合に合わせた食事方法を採ることが大事で、しっかり走った後は肉を食べる、試合前には炭水化物を摂る、など。

あとは、食べ方や食べる順番も大事になる。食事で、最初に口に入れるものはすごく大切で、やはり練習をした後は一番吸収しやすいから、そこでお菓子や果物を食べると太りやすくなる。

実業団チームで走るということ

実業団に入ってしばらく「小出監督に見てもらいたいな」と思っていた時期に、トレーナーの方に「Qちゃん（実業団でつけられた高橋のニックネーム）、自分がやるべきことをきちんとやれてないのに、『見てほしい』と与えられることばかり要求してもダメだよ」と言われたことがある。「自分でやるべきことをやって、準備しておかないと、小出監督の練習はできないよ」と。「なるほどな」と思った。

自分の中で「見てもらえないから強くなれないんだ」というニュアンスだったのが、それを言われてからは「じゃあ、やれることをやろう」と前向きに変わった。その変化はすごく大きくて、時間があれば自主的に補強運動をやるようになった。

●腹筋を毎日2000回

大学時代はトレーニング場が午後8時まで開いていたので、とにかく身体を鍛えないといけないと思って、毎日閉まるまでウエイトトレーニングなどをやっていた。12種類のウエイトを1日おきにやって、70kgのバーベルも挙げていた。懸垂逆上がりも毎日50回やった。

そうしたら小出監督に会った時「〝重り〟をいっぱい背負ってるな」というような言い方をされた。余分な筋肉は長距離選手にとって重りになることをその時に知って、1度重りを全部はずそうと思ってウエイトは止めた。だから、もうマシーンは使わず、全部〝自体重〟を使ったもの。今で言う体幹を中心にしたトレーニングをやり始めた。腹筋は毎日2000回。朝に1000回やって、昼に1000回。背筋は200回、腕立て伏せは20回×4セットで80回、など。基本的に「やれることはやってみよう」という範ちゅうの補強だったが、それをやったからこそ「見てほしい」と小出監督に直訴できた。

ちょうどその頃、ものすごく衝撃的な出来事があった。小出監督に「練習終わりました」と言いに行ったら、ある選手が来て「監督はえこひいきしている。見る人と見ない人がいるのはおかしい」と言い出した。「私、変なところに遭遇しちゃったな」と戸惑いながらそこに立っていると、監督はサラッと「そんなの当たり前だろ」と言ったから、またすごくビックリした。「考えてみろ、お前たちは学生じゃないんだよ。お前らと同年齢で会社に入って働いている人たちは、自分が認められるために、自分が出世するために、仕事でがんばって上司にアピールしている。いつまでも学生気分で、みんな平等に見てもらえると思ったら大間違いだ。監督が『こいつ見てみたいな』と思うようなことをしろよ」。

そんな話だったと思う。それを聞いた私は「なるほど」と共感した。私なんかチームの下の方にいる選手だったので、そんなに練習も見てもらえないから、今日やったこと、体調の変化などを紙にビッシリ書いて、毎日監督のところへファックスした。「こういう選手がいる」と気に留めてもらえたらいいかなあと思ってやっていたことだが、監督の話を聞いて「これがプロの道なんだ」と改めて衝撃を受けた。

今日の自分に後悔しないように

今の日本の選手は「闘争心がない」とか「ハングリー精神に欠けている」とか言われるけど、確かに実業団に所属していれば、走れても走れなくても一定の給料が入ってくるという安心感に依存している部分はあると思う。アフリカの選手などは、走れなかったら即生活にかかってくる。給料をもらって陸上をやっている以上、手を差し伸べてくれるのを待っているだけでは、実業団選手として「やるべきことをやっている」とは言えない。一生懸命やれるモチベーションはどこから来るかというと、みんなそれぞれに違う。陸上は嫌いだけど、仕事としてきっちりやるんだという人もいれば、負けたくないから練習をやるという人もいる。

●手を抜きたくない

私の場合はまた違っていて、とにかく「走るのが好き」というのが一番にあったうえで「今日1日の自分に手を抜きたくない」という思いがあった。「あ、こうしておけば良かった」という〝やり残し感〟を持つのが、ものすごくイヤだった。「今日、すべてやり終えた」と思って1日を終えたい。それが強くなる一番の近道だと思っていたし、ちょっとでも後悔が残るような終わり方はほとんどしてないと思う。

●休日＝2時間ジョッグ

練習が休みでダラダラと部屋にいても、夜10時ごろになると「もうタイムリミットだ」と思って走りに出る。実業団に入って休みの日は、全部2時間ジョッグ。木曜日と日曜日も練習がやや軽めになるので、そこも2時間ジョッグを入れた。それは、自分の中で「やらなきゃいけない」日課だった。

好きだからこそできたのかもしれないが、そういう意味では仕事としてのプレッシャーがなかったので、「楽してオリンピックに行っちゃったな」という思いはある。

――とはいえ、練習が苦痛になったことはないのか？

走ったからこそ得られる充実感があるので苦痛ではないが、小出監督のメニューは本当にきついので「マジッ？」と思うことはあった。「私、こんなに疲れてるのに、やらせるのかな」と。でも、その日「40㎞」と言われたら、受け入れてやる。

大学時代に自分でメニューを作らせてもらったりしたので、私は「ああしたい、こうしたい」という変な自我があって、小出監督に見てもらえるようになってからも、それがちょっと強かった。普通は「何言ってるんだ」と言われるだろうが、監督は「いいよ、やってみな」と。しかし、結果が全然伴わない。

それを経験した後は、自分の意思を全部断ち切って、監督の言うことをすべて聞くことにした。「私は人形」と言い聞かせ、「マジッ？」と思うようなメニューでも一切顔に出さず、言われた通りにやる。それを2年間ぐらい続けた。ちょうど97年、98年あたり。バンコクのアジア大会ぐらいまで続けただろうか。

近頃のマラソンレースに出る選手の中には「1度も40㎞走をやっていません」という人がいて驚くことがあるが、私は40㎞の練習を4日間で3本やったことがある。1日目40㎞、2日目40㎞、3日目2時間ジョッグ、4日目40㎞というメニュー。最後の40㎞はさすがに「無理です」という言葉がのどまで出かかったが、監督が「Qちゃん、これをやったら階段を2段飛ばし、3段飛ばしで世界一に近づくな」と言うので、「や

大阪学院大に入学後、徐々に頭角を現した高橋（中央）は、3年と4年の日本インカレでいずれも1500m2位、3000m3位に入って表彰台に立った

高橋にとって初めての全国大会出場だった高2の都道府県対抗女子駅伝は2区で区間45位。ビリから3番目という成績だった

実業団2年目、マラソン初挑戦となった1997年1月の大阪は2時間31分32秒で7位に入って「新人賞」を受賞した高橋（中央）。小出義雄監督（右）から「よくがんばったな」と声を掛けられた

らせてください」という言葉にすり替わった。

小出監督は、そのへんのさじ加減がものすごくうまい。そうやって割り切ってやると、自分では無理だと思うようなことが意外とできたりする。毎日そうやって与えられたメニューをこなしていたら、2回目のマラソンの名古屋国際が「2時間25分の日本記録」という目標になっていた。初マラソンが2時間31分32秒なので「無理」と思ったが、そこも無になろうと決めて毎日の練習をこなしたら、本当に2時間25分48秒の日本記録(当時)が出た。

覚悟を決めて臨んだマラソン

高橋の初マラソンは1997年(平成9年)1月の大阪国際女子。同年8月にギリシャのアテネで開かれる世界選手権の代表選考レースだった。しかし、高橋は中盤から遅れて、2時間31分32秒で7位という成績。アテネ世界選手権には5000mで代表入りし、決勝に残って13位だった。この間、97年4月に小出がリクルートを辞めて積水化学へ移籍。高橋も多くのチームメイトとともに、積水化学へ移った。


初マラソンは前年の11月に「大阪でやろう」と決まり、とても楽しみにしていた。しかし、練習の途中で故障して、結局長い距離は30km1本しかできず。レースでも「マラソンは甘くないな」ということを実感した。

だから、2回目のマラソン(98年3月の名古屋国際女子)は「もし結果が悪かったらマラソンを止めよう」と覚悟を決めてスタートラインに着いた。アテネ世界選手権の5000mに出たこともあって、もしトラックレースの方が会社をアピールできるのであれば、好きな長い距離のマラソンを止めてでもトラックをやらないといけないと思った。

しかし、その名古屋国際女子マラソンで、高橋は2時間25分48秒の日本最高記録（当時）をマークして優勝。同年12月のバンコク・アジア大会の代表に選ばれた。

アジア大会を終えたあたりから、また小出監督との関係が変わった。言われたことをただやるのではなく、自分の意見を言うようになった。意見と言っても、以前のように「これがやりたい」ではなく、たとえば「今日は30㎞やるぞ」と言われたら「私、今日は40㎞行けます」と思う日もある。それを監督に伝えると、もっと良いメニューが組めるようになる。最終決定は監督がするのだが、私も「こう思ってるんですけど、どうでしょうか」とどんどん考えていることを言うようになって、2000年、2001年あたりは言うこと、考えていることが一致するようになった。私が「これをやりたい」と言うと、「俺もそれをやらせたいと思ってたんだよ」ということになり、次の日に何のメニューが出てくるか読めるようになった。

こうやって、小出監督との関係は、3段階で進化してきた。私は、強くなるためにすごく良い段階を経たと思っている。自分も納得してきちんと言うことが聞けるようになったのは、「無」の時代があったからこそ。あとは、小出監督がすごく真剣に選手と向き合ってくれたことが、結果に結びついたのだと思う。

アジア大会の金メダル

2度目のマラソンとなった1998年の名古屋国際女子は、30㎞まで超スローペース。集団の中でジッと

世界大会デビューは実業団3年目の1997年アテネ世界選手権5000m。予選をクリアし、決勝は13位という成績だった

マラソン3戦目となった1998年12月のバンコク・アジア大会では30度を超す猛暑の中で序盤から独走し、2時間21分47秒の驚異的なアジア最高記録（当時・世界歴代5位）で金メダルを手にした

2度目のマラソンとなった1998年3月の名古屋で、いきなり日本最高記録（2時間25分48秒）をマークして優勝を飾った

我慢した高橋は、30・5㎞地点にいた小出の「高橋、今だ！　行け！」の声に反応。30㎞から35㎞は16分06秒、次の5㎞も16分21秒と驚異的なペースアップで、一躍注目を集める存在になった。

30㎞から35㎞が16分06秒だが、給水を全部取り終わってからのスパートなので、30・5㎞のタイムを計ったら、たぶん15分台だったと思う。早く行きたくて仕方がなかったので、監督のGOサインが出るまで、すごく我慢を強いられた。ある意味、あれは私の中で10㎞レースだった。それまでがウォーミングアップで、10㎞区間の駅伝を走った感じ。だから、日本記録と言われてもピンとこない。自分の中では10㎞レースの感覚しかなかったから。「結果が出なかったらマラソンを止めよう」と決めて臨んだレースで、結果を出せた。逆に「この先、マラソンでやっていこう」と、違う覚悟が生まれた。

そういう意味では「転機のレース」だが、自分のマラソン歴でベストレースを挙げるとすれば、やはりバンコクのアジア大会になる。思い残すことなく、全部を出し切ったレース。ゴールした時「もう走らなくていいや」と思えたレースは、あまりない。

1998年12月のバンコク・アジア大会では、最初から5㎞16分台のスプリットタイムを刻んで突っ走り、高橋が独走。さすがに終盤になってペースが鈍ったが、名古屋の時の記録を一気に4分も更新する2時間21分47秒のアジア最高記録（当時・世界歴代5位）をマークして、見事に金メダルを獲得した。

アジア大会は、何もわからず飛び出してしまったので「（ペースを）落とせ、落とせ」と言われたが、「もう落とすのは無理」という状態。30㎞を過ぎて「世界記録が出るぞ」と言われても、当時の世界記録がいくつなのかも知らなかった。暑くて、30㎞を過ぎてからは「いつ止めようか」とずっと考えていた。「でも、日本記録が出そうだし、もったいないな」と思って、ゴールまで走った感じだ。

あの時は、小出監督に「自由に走っていいよ」と言われ、すごく解き放たれた気持ちで「よし、自由だ」

と思って走った。それを言うなら、シドニー・オリンピックも世界最高を出したベルリン・マラソンも、特に指示されることなく「自由」だった。

――初めてシドニー・オリンピックを意識したのは、アジア大会で優勝した時だろうか？

オリンピックを初めて考えたのは、５０００ｍで代表になった97年のアテネ世界選手権の時。チームの先輩の鈴木博美さんが女子マラソンで金メダルを取った大会だが、私は鈴木さんの練習パートナーで、一緒にマラソン練習をやって、私が引っ張る役目だった。それだけに、鈴木先輩が優勝したことが自分のことのようにうれしくて、と同時に「私も（マラソンを）走っていたら4～5番になれたのかな」と。そして、完璧にオリンピックが自分の進むべきレール上に組み込まれたのがアジア大会。「これなら世界でも戦えるかもしれない」と、自信らしきものが生まれてきた。

シドニー五輪の代表選考レース

金メダルが期待された１９９９年夏のセビリア世界選手権は、故障を抱えたまま現地に行き、試合当日の朝に欠場を決めるアクシデント。高橋にとって最初の挫折になった。

あの頃が自分のマラソン人生で一番走れていた時期だ。アメリカのボルダーで高地トレーニングをしていても、いつもベスト記録が出ていた。すごくもったいなかったな、という思いは今でもある。

お尻の骨がガクッ、ガクッとはずれる感じで、痛くて、注射を3本打っても痛みが引かず棄権を決めた。

レース当日の午前3時頃、ユニフォームを持って小出監督の部屋に行くと「そこに座れ」と言う。「お前は山の八合目まで登ってきたけど、吹雪になった。自分の達成感だけを求めて頂上に登っても、みんなに心配をかけるだけだし、無事に頂上に行ける保証もない。もし行けたとしても、周りの景色は何も見えないぞ。だったら、ここはいったん下山しよう。俺がもっと高い山に登らせてやるから」

出られないショックで私の身体はケイレンしたように震え、涙が止まらなかったが、監督のその話を聞いて「オリンピックに連れて行ってやる、ということだな」と思い、あきらめがついた。

だが、その後は災難が続き、ケガや病気が相次いで、2000年のシドニー五輪の代表切符は、最後の代表選考会（2000年3月の名古屋国際）でやっと手に入れた。2時間22分19秒の大会新記録で優勝。勝負強さを示した。

セビリアで欠場した後、シドニー五輪に向けては、腕を骨折したり、病院に担ぎ込まれたり、次から次へといろんなことがのしかかってきた。でも、一つひとつ淡々とこなしていったな、という気はする。

3月に名古屋のレースに出るというのに、2月にはまた病院に運ばれた。発表は「食中毒」ということになったが、本当は胃潰瘍と胃ケイレンを併発してしまって、徳之島へ合宿に行く日の朝6時まで病院にいた。でも、羽田空港にはマスコミの人たちが取材に来る。「女優になれ」と言われて「行ってきます」と笑顔を振りまき、徳之島に着いたらそのまま入院。3日間ぐらい点滴を受けていた。今度は、合宿中の公開練習だという。しかも、40㎞走だ。初めはまともに歩けなくてフラフラしていたのに、どうにかそれをこなし、翌日の新聞には「高橋、絶好調」という見出しがついた。みんな「良かったあ」と胸をなで下ろした。

とにかく、シドニー五輪の選考レースの前は大荒れで、「走ってみなきゃわからない」という状態でスタートラインに着いた。

前年のセビリア世界選手権銀メダルの市橋有里（住友ＶＩＳＡ）と、11月の東京国際女子マラソン優勝の山口衛里（天満屋）が代表を確実にした中、シドニー五輪のもう1枠は1月の大阪国際女子マラソンで日本人トップの2位に入った弘山晴美（資生堂）と、最終選考会となる3月の名古屋を走る高橋との争い。弘山のタイムは2時間22分56秒だった。

おそらく「2時間22分で走れ」と言われていたら、私はダメだったと思う。「優勝したら次につながるかもしれない」と言われて、目標を「優勝」だけに絞った。だから、前半は焦らずについて行けて、途中からスパートというわけではなく、スーッとペースを上げられた。結果的に、タイムも2時間22分19秒と、弘山さんを上回った。

これが、次のアテネ五輪の選考会（2003年11月の東京国際）は、完璧に仕上がっていたからか「（2時間）21分ぐらいは出しておこう」と言われ、最初の5㎞を16分14秒で入ってしまった。暑くて、風があったのに、そんなペースで突っ込んだことがスタミナ切れ（2時間27分21秒）につながった。普通に走っていたら、絶対に負けるような体調ではなかった。たぶん「行かなきゃ、行かなきゃ」という心理的な面もスタミナ切れに影響したと思う。

金メダル獲得のためのトレーニング

●ケガのリスクを承知で突き進む

私、アテネ・オリンピックの女子マラソンで金メダルを取った野口みずきさん（当時・グローバリー、現・

シスメックス）と会う機会があると、よくこんな話をする。

マラソン練習をやっている中で「これをやったらケガをするかもしれないな」「これをやらなかったら優勝争いに加われないな」と、やるかやらないかの選択を迫られることが何回かあった。この場合は、私も野口さんも絶対に前へ突き進むタイプ。身体が壊れるかもしれないけど、やらなければ勝てる可能性がなくなるのであれば、絶対にその練習をこなした。

そういう瀬戸際で突き進んでいけたのが大きかったのではないか。絶対に引かなかった。「もしかしたらケガをするから止めよう」という選択をする時点で、その大会を放棄しているような気分だった。

今は意外と引く人が多いのかなと思う。守りに入ってしまうというか……。これは持論だが、そのターニングポイントが２００８年の北京オリンピックだったような気がする。野口さんがケガで欠場し、土佐礼子さん（三井住友海上）もケガで途中棄権。結局、中村友梨香さん（天満屋）１人しかゴールまで走れなかった。その後はケガをしたこと、させたことに結構批判の声が出て、選手も指導者も引いてしまい、あそこからあまり練習量を積めなくなった可能性はある。


――小出監督も、野口みずきの指導者だった藤田信之監督も、そのあたりは妥協せずに、自信を持って選手に練習をやらせたのではないだろうか。

私もそう思う。ケガはするかもしれないけど、しないかもしれない。だったら、しない方に懸けてやる。そういう大事な決断は、1つの大会前に2回か3回はある。だから、シドニー・オリンピックのスタートラインに着いた時は「やり切った」という思いで一杯だった。「たぶんここに並んでいる選手の中で、私が一番走っているだろうな」という自信と、「やれることはすべてやり切った」という満足感。前だけを見て、

2000年9月のシドニー五輪で念願の金メダルを獲得。一躍、国民的ヒロインになり、
大会から1ヵ月後には「国民栄誉賞」を受賞した

とても晴れやかな気持ちでいた。

●トレーニングの1週間の流れ

小出監督の練習は毎日、気持ちを入れてかからないとできないメニューが多い。基本的に1週間の流れは決まっていて、土曜日は長い距離を走る。朝ご飯の前に40㎞。ボルダーの高地でも最後は1㎞3分10秒台に上がるので、ラスト10㎞は相当速い。終わると、遊びの10㎞。その日の昼は自由だが、私は2時間ジョッグをしないと気が済まない人なので、トータルで80㎞ぐらい走ったことになる。

日曜日はレスト。でも、私は2時間ジョッグ。月、火、水曜日は35㎞とか2000m×10本とか、きつい練習が3日間続く。35㎞も、最後は全力になる。2000mは1本目から全力で、リカバリーは3分の時もあるし、ジョッグでつなぐ時もある。木曜日はレストだが、私は2時間ジョッグ。金曜日はビルドアップ走だったり、ジョッグだったり、流動的になる。全体的に見れば、週に2回長い距離が入って、1回がスピード練習。あとはビルドアップでつなぐという感じだ。40㎞走も、高地で2時間半ぐらいでやっていたので、結構速いと思う。練習がきちんとできないうちはスピード練習をやってから35㎞。力がついてくると、それが逆になった。35㎞をやった後でも、先にやっていたぐらいのタイムで2000mを行けるようになるので、それがレベルアップの目安になっていた。

「プロ宣言」の意味

2000年9月24日。高橋はシドニー五輪の女子マラソンで、日本の五輪史に輝く金メダル（2時間23

分14秒）を獲得。日本の女子陸上では、初の快挙となった。終盤は、リディア・シモン（ルーマニア）と息詰まるデッドヒートを展開しながらも、34㎞過ぎにスパート。トラックに入ってからシモンの追い上げを受けるが、逃げ切って笑顔のフィニッシュを迎えた。

金メダルを取った翌日も、自分の中では何事も変わらず、いつも通り朝練習をやった。「な～んだ。人生がバラ色に変わるなんてことはないんだ」と、その時には思ったりしたが、帰国してからいろいろなところで大歓迎され、大きな花が開いた気がした。

そのうちに小出監督から「プロ宣言をするぞ」と言われたのだが、初めはすごくイヤだった。私は「弱い選手」というイメージをずっと持っていたので、オリンピックから帰って来てからも、みんなと同じ練習をしないとすぐに力が落ちるという危機感を持っていた。プロになってCM撮影などで時間を割かれると、練習する時間が減ってしまう。それは「困ります」という反応だった。

そうしたら、小出監督に懇々と言われた。「オリンピックで金メダルを取った選手が『はい、ご苦労さん』でまた元の仕事に戻ったら、この先、子供たちがマラソンをやりたいと思わないぞ。サッカーや野球の選手みたいに、メディアに出て『格好いい』と思われる、子供たちのあこがれの存在にならないと、この先が続かない。だから、お前はプロになる義務があるんだ」。

そう言われて「その通りだな」と思った。振り返れば、あそこであいう決断をしてもらったお陰で、今の自分がある。スポーツ選手のセカンドキャリアが厳しい中、陸上をはじめスポーツに関わる仕事をやらせてもらいながら大きく世界が広がったのは、すごくありがたいことだった。また、今の高校生、大学生が、陸上を始めたきっかけとして私の名を挙げてくれると、すごく良かったなと思う。

五輪制覇から1年後、2001年9月のベルリン・マラソンで女子では史上初の2時間20分突破となる2時間19分46秒の世界最高記録（当時）を打ち立てた

2020年東京五輪を目指すランナーたちへ

現在は、マラソンのテレビ中継の解説者を務めたり、各地でランニング教室を開いたりと多忙を極める高橋。日本陸連の理事という要職にも就いているが、2020年の東京五輪を目指す選手たちには、何を一番伝えたいだろう。

一番言いたいことは、私たちがやれたんだから、みんなもやれる。まず、自信を持ってもらいたい。自分にも可能性があるんだということを、みんなに知ってもらいたい。日本の女子で2時間20分を切った人は私を含めて3人いるが、みんなと同じぐらいの体型ではないだろうか。何より、同じ日本人だ。

●継続は力なり

中学生の時に日本代表になった人の講演を聞く機会があって、その人は「練習が終わった後に、毎日100mを3本走ることを続けたことが日本代表につながった」という話をした。「100mを3本で日の丸をつけられるわけないじゃん」と思って、その時は聞き流したが、聞いてしまった以上はやらなきゃいけない。次の日から毎日100mを3本、練習後にやるようにした。たぶん10本、20本だったらできなかったと思うが、3本なら5分で済む。それがだんだん増えていって、自分が5000mをやるようになったら、プラス5分ジョッグ、マラソンだったらプラス10分ジョッグになり、最後は練習後に1時間ジョッグ、休みの日は2時間ジョッグで落ち着いた。些細なことでも、続けて行くと全然違う方向に行く。まず、継続することだ。とにかく「これ」と決めたことはやる。まさに「継続は力なり」。

●自分自身の役目は全部やること

これは意識的な問題だが、指導者がいくらがんばっても、選手自身がウエイト・コントロールなどに真剣に取り組まなかったら、結果に結びつかない。だから私は、監督に言われた練習を全部やって、体重管理も自分でして、それでも結果が出なかったら、自分のせいではないと思うようにした。

最終的に「自分でやるべきことは全部やれた」と思えたら、すごく気持ちが楽になる。それが自分自身にしかできない役目かなと思った。そうやって意識が変わったのは、大きかった。

●「コツコツと」は日本人の武器

あとは、マラソンを狙うのであれば、もう少し距離を踏むことも必要なのではないかと思っている。これも持論だが、マラソンのアプローチの仕方で、アフリカ勢のスピードに対抗して、距離を減らしてでもスピード中心の練習を追う傾向が一時見受けられた。でも、それをやっていると、いつまでもアフリカ勢に勝てないのではないか。というのは、根本的なスピードの差があるから。

ケニアの代表的なマラソンランナーだったキャサリン・デレバとたまに食事をするが、そこでよく言われるのが「日本人の練習量はすごい。根気があり、コツコツとできるのは、日本人の大きな特長だと思う」ということ。夏のオリンピックだったら、日本人もアフリカ勢に勝ち目がないわけではない。だったらなおさら、日本人の武器である「コツコツと」を積み上げて、土台をしっかり作ればいい。そうすれば、アプローチの仕方は違っても、同じ土俵で戦えるのではないだろうか。

――なぜ距離を敬遠するのだろうか？

やっぱり故障が怖いのではないか。あるチームの監督に「Qちゃんのように身体の頑丈な子はいないんだよ」と言われたことがある。

40㎞走は意外と楽で、初めはタイムを追わなくて良い。まず1㎞4分ペースとかで走り、脚に力がついてきたらだんだんペースを上げて、ビューッと飛ばす距離を３km、５km、10kmと延ばしていく。脚がしっかりすることでスピードの強化にもつながって、私はオリンピックの10日前に10kmをロードで走って30分45秒を出した。長い距離をやっていても、スピードがなくなることはないと思う。

私は1回のレースで、40km走は15本ぐらい、30km走だと30本ぐらいやっていた。半年前にマラソン練習を始めて、週に1回は試合のような練習をこなした。マラソンは30kmまで誰でも行ける。問題はその先で、スピードも必要だが、絶対的なスピードが30km以降につながるとは限らない。女子マラソンなら５km16分台に上げられればいいわけで、15分台のスピードを求めなくても戦えると思う。

●きつくなってからが練習

「何のために練習をやっているのか」という、すごく根本的な話になる。「強くなりたい」と思うなら、「きついな」「楽をしたいな」と練習で妥協したら、何のプラスにもならない。今日、１km３分で行けたら、来週はもっと上に行ける。壁を越えるんだったら「今でしょ！」。

「今日の練習、きつくてイヤだな」と思う気持ちが芽生えた時こそ、実は一番伸びる時。乗り越えなければいけない壁にぶち当たって、その壁を乗り越えたら、一段上に行ける。

だから「きついな」と思ったら、「ようやく伸びる時が来た」と思い直して、「２０００m×10本。きついな。ありがとう」と発想を変えよう。

「楽しい」とはどういうことか？

――シドニー五輪で優勝し、ゴール地点でテレビのマイクを向けられた高橋は「とても楽しい42・195㎞でした」とコメントした。その楽しさとはどんなものだったのか？

みんなとワイワイやって楽しいとか、おいしいものを食べてうれしいというような緩い感じではなくて、必死でやったからこその充実感。すごく洗練された、ピリピリした空気を切り裂いて走って行く、という二度と来ない時間が楽しかった。ちょっとでもとがったものに触れたらバーンと壊れそうな、緊迫した空気なのに、シモンと並走している時は「このままずっと続けばいいのに」と思ったほど。

まずスタミナをつける練習をしっかりやって土台を作り、次にスピード練習で速さを求め、最後は針の穴に糸を通すような静まりかえった気持ち。スーッと研ぎ澄まされた中で走っている感覚が、すごく楽しい時間になる。そういう楽しさを、みんなにも体験してもらいたい。大きな山に狙いをつけて、きちんと準備をして、最後に精神状態をキューッと絞っていく。そのためには、オリンピックだけが勝負ではない。自信を得るためにはアジア大会や世界選手権も非常に大切な試合で、それによってオリンピックのスタートラインに立った時の選択肢がすごく増える。

２０１２年のロンドン五輪は報道する側でオリンピックを見たが、マラソンのスタートラインはみんな一緒なのに、心理状態は一緒じゃないなとすごく感じた。2時間19分のタイムを持っている人は、どうやって42㎞を走ろうか、いろんな方向から考えられる。

私は「奇跡」とか「平常心」という言葉が、あまり好きではない。「暑いから日本人にも奇跡が起きるだろう」と思ったら奇跡に頼るようなものだし、試合になっていきなり「平常心で」と言われても、選手には「がんばれ、がんばれ」としか聞こえないだろう。きちんと準備すれば「いつも通り」でいい。

高橋尚子のマラソン全成績

日付	大会	順位	記録	備考
1997年１月26日	大阪国際女子	７位	2.31.32	
1998年３月８日	名古屋国際女子	優勝	2.25.48	日本最高記録(当時)
1998年12月６日	バンコク・アジア大会	優勝	2.21.47	アジア最高記録・世界歴代５位(当時)
1999年８月29日	セビリア世界選手権	−	欠場	
2000年３月12日	名古屋国際女子	優勝	2.22.19	
2000年９月24日	シドニー五輪	優勝	2.23.14	五輪最高記録(当時)
2001年９月30日	ベルリン	優勝	2.19.46	世界最高記録(当時)
2002年９月29日	ベルリン	優勝	2.21.49	
2003年11月16日	東京国際女子	２位	2.27.21	
2005年11月20日	東京国際女子	優勝	2.24.39	
2006年11月19日	東京国際女子	３位	2.31.22	
2008年３月９日	名古屋国際女子	27位	2.44.18	

高橋尚子の年度別主要成績

	主要成績
1987〜88年（15歳・中３）	
1988〜89年（16歳・高１）	
1989〜90年（17歳・高２）	都道府県対抗駅伝２区45位
1990〜91年（18歳・高３）	東海大会800m６位，インターハイ800m予選落ち，都道府県対抗駅伝６区31位
1991〜92年（19歳・大１）	日本インカレ800m予選落ち
1992〜93年（20歳・大２）	日本学生選手権1500m１位
1993〜94年（21歳・大３）	日本インカレ1500m２位・3000m３位
1994〜95年（22歳・大４）	日本インカレ1500m２位・3000m３位
1995〜96年（23歳・社１）	全日本実業団駅伝４区２位，都道府県対抗駅伝９区４位
1996〜97年（24歳・社２）	日本選手権10000m５位，大阪国際女子マラソン７位
1997〜98年（25歳・社３）	世界選手権5000m決勝進出13位，国体5000m５位，名古屋国際女子マラソン１位
1998〜99年（26歳・社４）	大阪ＧＰ5000m１位，水戸国際10000m２位，アジア大会マラソン１位
1999〜00年（27歳・社５）	名古屋女子マラソン１位，世界選手権マラソン欠場
2000〜01年（28歳・社６）	**五輪マラソン金メダル**
2001〜02年（29歳・社７）	**ベルリン・マラソン１位＝世界最高記録（当時）**
2002〜03年（30歳・社８）	ベルリン・マラソン１位
2003〜04年（31歳・社９）	東京国際女子マラソン２位
2004〜05年（32歳・社10）	
2005〜06年（33歳・社11）	東京国際女子マラソン１位
2006〜07年（34歳・社12）	東京国際女子マラソン３位
2007〜08年（35歳・社13）	名古屋国際女子マラソン27位

愛犬・ラッピーと散歩をする高橋さん。明るく、さわやかに42.195kmを駆け抜けた彼女に憧れて長距離を志した選手はとても多い

高橋尚子の年度別ベスト記録

※太字は自己ベスト。ハーフマラソンの記録はマラソンの途中計時を含む

	800m	1500m	3000m	5000m	10000m	ハーフ	マラソン
1987～88年（15歳・中3）	2.23.						
1988～89年（16歳・高1）							
1989～90年（17歳・高2）							
1990～91年（18歳・高3）	2.13.9						
1991～92年（19歳・大1）							
1992～93年（20歳・大2）	2.12.60	4.26.69	9.30.96				
1993～94年（21歳・大3）		4.25.83	9.14.77	16.22.90			
1994～95年（22歳・大4）	**2.11.73**	**4.22.89**	**9.13.00**	16.16.1	34.02.02		
1995～96年（23歳・社1）				16.13.12		1.15.40	
1996～97年（24歳・社2）				15.37.15	**31.48.23**	1.10.35	2.31.32
1997～98年（25歳・社3）				15.23.64	32.34.50		2.25.48
1998～99年（26歳・社4）				**15.21.15**	31.55.95		2.21.47
1999～00年（27歳・社5）						**1.08.55**	2.22.19
2000～01年（28歳・社6）						1.09.10	2.23.14
2001～02年（29歳・社7）							**2.19.46**
2002～03年（30歳・社8）							2.21.49
2003～04年（31歳・社9）						1.10.03	2.27.21
2004～05年（32歳・社10）							
2005～06年（33歳・社11）						1.10.30	2.24.39
2006～07年（34歳・社12）						1.10.46	2.31.22
2007～08年（35歳・社13）							2.44.18

Legend 10

Toshinari Takaoka

高岡寿成

長いスパンで取り組んだマラソンへの道
トラックもマラソンも意識は常に「世界へ」

大学４年生（1992年）の時にいきなり男子5000mの日本記録を樹立し、その名を全国に広めたのが高岡寿成（カネボウ・コーチ）だった。身長186cmの長身ランナー。卒業後は、マラソンで一時代を築いた伊藤国光（現・専大監督）が指導する鐘紡（現・カネボウ）に入り、常に世界を見据えながらトラック、マラソンで輝かしい実績を積んできた。今も10000m、マラソンの日本記録を持つ44歳。高岡の初マラソンが31歳と遅かったために「まずはトラックでスピードを磨いてから」とマラソンを躊躇《ちゅうちょ》する風潮が一時あったが、それは1つのモデルとして「自分に合った取り組み方を見つければいい」と高岡は強調する。

平凡な選手だった中学・高校時代

2000年のシドニー五輪男子1万mで7位入賞と、特筆すべき戦歴を残しているだけに、高岡には「スピードランナー」というイメージが定着している。現に、1万mの日本記録（27分35秒09）は、14年経っても未だ破られていない。

そうは言っても、小さい頃から瞬発的なスピードがあったわけではないし、能力が高かったわけでもない。高校時代の1500mのベストは、たかだか4分09秒だ。今なら中学生でも、そんなレベルの選手は大勢いるだろう。

1970年（昭和45年）9月24日、京都府相楽郡山城町（現・木津川市）生まれ。山城中学校で陸上部に入るが、府大会どまり。私立洛南高校時代も、インターハイの出場経験はない。目指すは地元の都大路を舞台に行われる全国高校駅伝。高岡は3年間、駅伝メンバーに入り、1年が6区（5㎞）で区間11位、2年が4区（8・0875㎞）で区間12位。そして、3年の時に再び4区に起用され、23分34秒の区間新（当時）をマークして、高校時代の一番の実績と言っていい区間賞を獲得した。

小学生の頃は野球をやっていたが、大したことはない。足は速い方だった。と言っても「小さい田舎町で速かった」というだけ。小学校5年、6年と校内のマラソン大会ではトップになっている。

中学時代は全中（全日本中学校選手権）を目指してやっていたけれど、とても行けるような選手ではなかった。近畿大会すら出てない。京都府の大会で、シスメックスの現監督の本田大造にラストで抜かれて、彼が3番、私が4番。福知山商高に進んだ彼とは、中学時代からのライバルだった。

それぐらいの平凡な選手だから「将来、オリンピックに出よう」とか「マラソンランナーになろう」とか、夢にも思わなかった。今の若い世代には「夢を持って、それに向かってがんばろう」という話をたくさんするのに、自分はどうだったかと問われれば、決してそうではなかった。

それでも京都府の大会の3000mで4番に入るぐらいの選手だったから、陸上の強い高校から勧誘が来た。最終的には宇治（現・立命館宇治高）か洛南か二者択一になって、家からは宇治の方が近かったが、当時強かった選手がみんな洛南に行くというので「自分も」と洛南高に決めた。

高校時代は「全国高校駅伝で走りたい」。それだけ。運良く3年間走れたが、「走った」というだけの結果だった。3年の時の区間新も、うまく流れに乗っかれただけの話。駅伝は、流れがあって前の方でタスキをもらえば、力がなくても思いのほか走れるものだ。2番でタスキを受けた私は、前の選手が見えていたから、ただただ追いかけた。そうしたら、トップに立てたというだけのこと。チームは最終区で大牟田（福岡）に先頭を奪われ、2位だった。

インターハイ路線は、2年の時に近畿大会の5000mで11番になったのが最高。3年の時は校内の3人にも入れなかった。その時はインターハイより駅伝の方が大事だったので、残念という気持ちはあったものの、すぐに切り替えられた。

●インターハイも国体も出場経験なし

高校時代の5000mのベストが14分48秒だから、自慢できるものは何もない。高1の秋の記録会で初めて15分を切って、14分53秒が出たけど、2年の時はそれを更新できなくて、3年の時に1度更新しただけ。ケガが多くて、貧血もあったし、まだまだ意識は低かった。背がグンと伸びて、成長痛だったのか、身体のあちらこちらが痛かった記憶がある。

高3の時はインターハイが神戸、国体が京都と開催地が近かったのに、どちらも出られず。結局、インターハイも国体も、1度も出たことがない。国体は学生時代に1度だけチャンスがあったが、種目が800mだったので回避した経緯がある。ジュニアの大会も一切出場経験がないので、20歳を過ぎるまではまったく無名の存在だった。

●初代表が世界クロカン

私が世界に目を向けるきっかけになったのが、大学4年になる年、1992年3月に世界クロスカントリー選手権に行けたこと。米国のボストンで開かれた大会で、これが初の日本代表、初の海外遠征になった。結果はシニア男子の部（1万2000m）で180何人中168番と、ほぼビリ。マイナスの気温で、すごく寒かったのを覚えている。

でも、「またこういうところに来たい」という思いは持てた。勝負はできなかったけど「がんばって練習して、またこういうところで走りたい」と、気持ちがすごく前向きになれた。

大学4年で5000mの日本新

昭和から平成に年号が変わった1989年、高岡は地元・京都にある龍谷大学経営学部に進学する。「箱根駅伝を走りたい」と関東志向が高まる中で、高岡に関西から出る気はまったくなかった。

関東の大学に行っても勝負できると思っていなかったし、自分が20kmを走れる自信もなかったので「箱根駅伝を走りたい」という気持ちが湧かなかった。そのあたりは、関東で揉まれた方が良かったのか、関西でのんびりやったことが良かったのか、わからない。

当時は実業団に入って競技を続けたいという気持ちもなかったし、特に「何になりたい」という目標がなかった。「全日本大学駅伝に出られたらいいな」と思っていたぐらいだ。

ただ、1つだけ強く思ったことがある。結果が出る、出ないは別にして、練習を一生懸命やらないのなら陸上をやめた方がいい……と。陸上推薦で大学に入れてもらったということもあったかもしれないが、大学生になってトレーニングに対する意識、取り組み方が自分の中で大きく変わった。それが良い結果につながっていったのだと思う。そうは言っても、自宅通学だったので朝練習はほとんどできてないし、ごく普通の大学生活を送っていた。

そんな高岡が大きく飛躍したのが、大学4年（1992年）の時。日本インカレ（9月）も最終学年で初めて優勝（5000m）を飾るのだが、それよりも衝撃的だったのがヨーロッパ遠征中の7月2日、ストックホルムのDNガラン5000mで13分20秒43の日本新記録をマーク（5位）したこと。それまでの日本記録は、米重修一（旭化成）が1988年に出した13分22秒97だった。高岡にとって、これが初のヨーロッパ遠征。関西圏にとどまっていたランナーが、一躍「日本長距離界のホープ」にのし上がった。

あれは、一生懸命練習に取り組んだ結果に違いないが、狙って出した日本新ではない。そこまでの練習はできていなかったと思う。でも、出せたことについては良かったと思っている。その記録を〝本物〟にするために、その後苦労をすることになったが……。実業団に入った当初、伊藤（国光）監督は「よくこれで13分20秒を出したな」と思っていたことだろう。朝練習もろくにできなかったのだから。

――なぜ、そんなに練習ができなかったのか？

身体が弱かった。小さい頃から食が細くて、好き嫌いはないが、学校の給食が楽しみな子供ではなかった。

京都・洛南高時代、トラックでの実績は乏しかった高岡だが、全国高校駅伝には3年連続で出場し、3年時には4区で区間新をマークして首位に立つ快走を見せ、チームの総合2位に貢献した

地元の龍谷大に進学後も全国的には無名の高岡だったが、大学4年7月の欧州遠征中、ストックホルムのDNガラン5000mで突如13分20秒43の日本新記録を樹立して一躍脚光を浴びる存在に。9月の日本インカレ5000mが大学で初のメジャータイトル獲得だった

鐘紡入社1年目の1993年7月にはユニバーシアード（米国ニューヨーク州バッファロー）の5000mで銅メダルを獲得。高岡（先頭）のすぐ後方は優勝したハヌーシ（モロッコ）で、後にマラソンの世界記録保持者となった

内臓が弱いので、レースでも練習でも、あまり水を摂らない。水を飲むとうまく吸収できず、お腹がチャポンチャポンになってしまうタイプだった。

苦労したと言っても、記録を出したこと自体を後悔したことはない。鐘紡に入って、競技を続ける環境は申し分ないほどそろっていた。海外遠征にも毎年行かせてもらった。それでもなかなか自己ベストが出ず、苦しんだ。「なんでかな？」と悩んだ時期もある。

結局、自己記録を更新するのに6年かかった。93年入社で、98年に13分13秒40の日本新。92年に出した13分20秒43の日本記録はそれまで破られてなくて、自分で7秒更新した。

94年の広島アジア大会では5000ｍと1万ｍの2冠、96年には1万ｍでアトランタ・オリンピックに出場、97年のアテネ世界選手権も1万ｍで代表になった。それでも、大学4年で出した5000ｍの記録は更新できず、狙って記録を出すむずかしさのようなものをずっと感じていた。故障もあって、95年はトラック2本（5000ｍ）しか走ってない。

――マラソンを意識したのはいつか？

会社に入る時に「いずれマラソンをやりたい」という思いは持っていたが、実際にやれるような状況ではなかったし、やれるとも思っていなかった。陸上を始めた頃、伊藤さんが走っていた福岡国際マラソンなどをテレビで観ていたはずだが、ぼんやりと記憶にあるぐらいで、マラソン中継を楽しみにしていたということはない。所詮、それぐらいの意識レベルだった。それよりも、13分20秒43を出した92年は、ちょうどバルセロナ・オリンピックの年で、その時有効期間は過ぎていたが、オリンピックの参加標準記録Aを突破していた。「だったら、次のアトランタは行けるかな」と、96年のオリンピックが次の目標になった。

あこがれの海外レース

私は、オリンピックや世界選手権で入賞したいという思いと同時に、トップクラスの選手が集まる海外の有名な試合に出たいという思いが強くあった。今で言う「ダイヤモンドリーグ」クラスの大会だ。たぶん伊藤さんが選手時代にそういう経験をしてきているので、実業団に入ってからほぼ毎年行かせてもらった。その経験が、シドニー・オリンピックの入賞につながっていると思う。伊藤さんは、オリンピック本番のスタートラインに立った時、選手に何が必要かということを考え、そのための海外遠征にしてきたのだと思っている。

いろんなパターンがあった。１５００ｍ、３０００ｍが中心の時もあれば、５０００ｍのため、１万ｍのためと遠征のたびに目的を定め、「今回はこういう目標だから」と説明してくれた。もちろん「記録を出すこと」が最大の目標なのだが、オリンピックに向けてその年その年で立ち位置が違う。私は伊藤さんが敷いてくれたレールの上を、うまく走れたと思う。

今の選手にも、そういう大会に出てほしい。どういうかたちであっても、どういった手段を使ってもいい。「出たい」というあこがれも持ってほしい。

集団でヨーロッパに行き、ダイヤモンドリーグとまではいかないが、向こうで大会に出るのは経験になる。だが、経験値としては、そう高くない。１人で海外をまわっていると、外国選手と相部屋になることもあるし、右往左往することもたくさんある。だけど、それが精神的なタフさにつながってくる。結果はタイムとして出てしまうので、常に「成績を残さないといけない」という緊張感を持って走っていた覚えがある。

何よりも、ストックホルムのＤＮガランやオスロのビスレットゲームズは、大会の雰囲気が良かった。だから「出たい」といつも思っていた。お客さんが陸上をよく知っていて、そこで走れることが自分のモチベーションになるから、きつくてもがんばれた。最初に5000mで日本新を出した大会がDNガランだったが、その時は大会の価値を知らずに走っている。その後、DNガランは5000mで1回、1万mで1回出場した。

ただ、そういう大会はレースについて行くのに必死だ。ビスレットゲームズの5000mは、最初の1000mが2分34秒でやっとの思いでついたのに、ビリの方だった。その中でも態勢を崩さず、気持ちもつなげて、13分20秒台でゴールできたことは、私にとって良い経験になっていった。それがマラソンにどうつながるのか当時はわからなかったが、そういったことも自分のベースになっている。土台となった部分だ。今の選手たちが「ダイヤモンドリーグに出るなんて無理」と最初からあきらめているのだったらもったいないし、あの雰囲気を味わえないのは可哀相だ。

可哀相と言えば、近頃はアフリカから来た選手が国内に大勢いるので、日本人ランナーは優勝することの喜びを味わう場がなかなかない。以前は春の兵庫リレーカーニバルでも、勝てばウイニングランをさせてもらった。あれは、1つのイベントの中で良い企画だと思っている。だが、前に外国人ランナーが何人もいて、日本人トップというだけだったら、それはできない。

国際的なレースになったら必ずアフリカの選手がいるので、国内のレースがそのシミュレーションになる意義はわかる。思い切ってついて行けば、記録が出ることもある。彼らが日本の長距離界にどれだけ貢献しているかの話は別にして、私は日本の選手がもっと勝負強さを争うレースがあってもいいのかなと思っている。今は、それができる大会は日本選手権ぐらいしかない。

選手に走る環境を整えてやることは重要だ。しかし、1万mのレースで外国人ランナーをペースメーカーに起用し「27分台が出るペースで9600mまで引っ張ってあげますよ」というのは、お膳立てし過ぎじゃないかと思う時がある。それで出た27分台の価値は、どんなものだろう。

もちろん、世界大会に行くために、そうやって標準記録を突破しなくてはいけないケースは理解できる。本当に大事なのは、その先の勝負をどうするか。私はやっぱりそこだと思う。

シドニー五輪で1万m7位入賞

入社8年目を迎えた2000年（平成12年）秋、長距離2種目でシドニー五輪の代表になった高岡は、最初に行われた1万mで、この種目では日本人4人目となる入賞（7位）を果たした。自分の前は全員アフリカの選手。その中で、日本の高岡は堂々とした走りを見せ、27分40秒44の日本歴代2位の好記録でゴールした。当時の日本記録は、中山竹通（ダイエー）の27分35秒33。

高岡はその快挙に浮かれることなく、続く5000mにも出場。15位という結果で2種目入賞はならなかったが、1936年のベルリン五輪で4位に入った村社講平（中大）以来、実に64年ぶりに決勝へコマを進めた。「日本人は到底太刀打ちできない」と言われていたトラック種目で、この大会中に30歳の誕生日を迎えた高岡は、鮮やかな足跡を印した。

シドニー・オリンピックは入賞が目標だった。その前のアトランタでは1万mで予選落ちして、帰国後「マラソンをやりたい」と伊藤さんに申し出た。でも、伊藤さんからは「そうじゃない」という話をたくさんしてもらった。

私は「トラックがダメだったからマラソン」と安易に考えたが、伊藤さんは「トラックの練習はそこまでやり尽くしてないし、これからのマラソンがもっと高速になることを踏まえて、まだトラックでやっていっていいんじゃないか」と言う。26歳の年だ。

93年から私を見ていて、まだマラソンが見えてなかったのかもしれない。伊藤さんの中には、次の4年間、マラソンの土台を築きながらトラックを狙わせようという意図があった。見える部分はトラックだけど、見えない部分ではマラソンの準備を進めていた。

アトランタは「行くだけじゃダメだな」と痛切に思った。ただ「行った」というだけで、何も残らない。「やっぱり8番以内に入らないと……」。

シドニーではその目標を達成できたけれど、その時はその時で「メダルを取らないとダメだな」と思った。確かに、7番に入った時はうれしかった。でも、女子マラソンで金メダルを取った人（高橋尚子）がいて、表彰式の「君が代」を聞いたら「メダルがほしい」と心から思った。

●5000mでも決勝進出

5000mは15番だったが、予選を通って決勝に進めたことが、1万mの入賞と同じぐらいうれしかった。今までやってきたことの積み重ねで、予選はラスト勝負で生き残れた。スピードの部分の練習がある程度証明され、5000mで決勝に残れたということは人が評価するより、自分の中の自信につながった。

10日間のオリンピック期間中、1万mを2本と5000mを2本。これは絶対にマラソンにつながると思っていた。今はなくなったが、10日間の日程で行われた九州一周駅伝も3～4回出番が来た。あのスケジュールをこなせたことも、マラソンにつながっただろう。マラソンへの土台づくりという意味では、意図的にできていた部分もあるし、そうではない部分もある。ただ、それなりのことをやってきたことは確かだ。

マラソンへの転向

シドニー五輪の入賞でトラック種目に区切りをつけ、満を持して「いざ、マラソンへ」と切り替えたが、1つだけやり残したことがあった。1万mの日本記録樹立だ。

シドニーでは順番を狙って走ったわけだが、それでも27分40秒までいった。中山さんの日本記録が27分35秒。「あと5秒、何とかならないものかな」と思った。自分の中にも「達成できる」という漠然とした思いがあって、次の年（2001年）の春、アメリカへ行った。そのためだけに出た、スタンフォード大での「カーディナル招待競技会」だ。

順位は6番だったが、27分35秒09の日本新記録達成。中山さんの27分35秒33を、ちょっとだけ破った。おそらく、それを達成できずにいたら、ずっと心残りになっていたと思う。

これで、次の目標は「アテネ五輪のマラソンで金メダル」に定まった。実は、1万mの日本新を出す前からレースもマラソンにシフトしていて、2001年は2月に熊日30kmレースをやっている。まだ30kmをどうにか走れるぐらいの練習しかしていなかったが、1時間29分23秒で優勝している。

監督の伊藤は、2004年のアテネ五輪で高岡にマラソンの金メダルを取らせるために、綿密な青写真を描いた。代表選考レースを03年12月の福岡国際マラソンと決め、まず初マラソンはその舞台となる01年12月の福岡。02年は海外のレースで、外国選手との競り合いを経験し、3度目のマラソンが五輪選考会——。

完璧な青写真だった。完璧じゃなかったのは、五輪選考レースの福岡で負けたことだけ。私自身、軸としてアテネ五輪の金メダルがあり、じゃあ予選会をどこにする、海外レースはどうする、と逆算して考えられたことはすごく良かった。それがたまたま2時間9分、6分、7分というレースになったが、マラソンはず

2度目のマラソンとなった2002年10月のシカゴで2時間6分16秒の日本最高記録を打ち立てた高岡。日本のヤクルトに所属するジェンガと同タイムで3位に入った

数々の経験を積んで臨んだ2度目の五輪（2000年シドニー大会）は10000mで見事7位に入賞を果たした

2001年5月に米国・パロアルトのスタンフォード大学で10000mの日本記録を14年ぶりに塗り替える27分35秒09をマーク

っと「2時間6分35秒」をゴールタイムに描いていた。1km3分のペース。それはクリアしたいと、ずっと思っていた。

●1km3分ペースでゴールまで

アテネ・オリンピックの金メダルと、2時間6分35秒は、絶対に達成できる。練習は1回目より2回目、2回目より3回目とだんだんできるようになったので、それは可能だと信じてやっていた。

2001年12月の福岡国際マラソンで、31歳にして〝マラソン・デビュー〟を果たした高岡は、2時間9分41秒で3位という結果。翌年10月のシカゴでは2時間6分16秒の日本記録をマークするが、またも3位に終わり、03年の福岡、04年のシカゴと、高岡はマラソンを始めてから4戦続けて3位となった。初優勝が5戦目になる05年2月の東京国際マラソンで、自己セカンド記録の2時間7分41秒。10回のマラソン歴で、それが唯一の優勝になる。

初マラソンは38km過ぎに先頭集団から遅れて負けてしまったが、2時間10分を切れたことによって〝10分の壁〟のようなものにその後惑わされずに済んだことは、精神的に良かったと思う。大成功ではないけれど、失敗レースでもない。

2度目は記録を出すためにシカゴを選んだ。男子も女子も世界記録が誕生している場所だし、海外のメジャーなマラソンを経験すること、メンバーがそろっていること、などの条件を満たしていた。その中で、狙ったことを達成できた。

ただ、勝てないもどかしさは自分でも感じていた。1km3分で押していく中で、スタミナという部分に若干の問題があったのかもしれない。

そうやってマラソン練習を積み重ねていくうちに、05年の東京国際マラソンで理想のペースが作れた。05

年の東京のレースは、25kmから30kmが15分01秒、30kmから35kmも15分01秒。独走だったのだが、この10kmは1km3分ペースできっちり押して行けた。35kmから40kmは、外堀通りの上り坂を上っても15分18秒。これは、そこまでのマラソンの経験が生かされたレースだったと思っている。

1km3分ペースを自分の身体に覚え込ませるために練習を積んできて、実際にレースでできたのがその東京だった。何度も何度も反復してやってきたことだ。シドニー五輪の5000mと一緒で、自分の見えない力を証明できたところかなと自負している。マラソンの優勝はそれ1回だけに終わったが、1回でも優勝できて良かったと思っている。

無念の五輪選考レース

高岡の競技生活で最も悔やまれるレースが、アテネ五輪の代表選考会だった2003年12月の福岡国際マラソンだろう。目標を「アテネ五輪の金メダル」に定め、順調にマラソンランナーとしての道を歩み始めていたが、まず「日本代表」の3人枠に入らなければ、オリンピックのスタートラインに立つこともできない。

歴史に残る名勝負を演じた国近友昭（エスビー食品）、諏訪利成（日清食品）、高岡の3人。国近が2時間7分52秒で初優勝を飾り、3秒差の2位に諏訪、さらに4秒差で高岡。1位と3位の差がわずか7秒という大接戦ながら、国近と諏訪は代表入り、高岡は落選と明暗を分けた。もう1人の代表は、前年のパリ世界選手権で5位入賞の油谷繁（中国電力）だった。

残念な結果だったが、それに向けて精一杯努力はした。オリンピックの1年前、2003年の夏にはヨーロッパ遠征の帰り、伊藤さんとトレーナーの外舘（比呂光）さん、私の3人でアテネのマラソンコースを下見に行った。「どんな暑さかわかるように」とわざわざ同じ時期を選び、スタート地点のマラトンまで出向いた。私たちは本気で金メダルを狙っていた。

だからこそ、福岡のスタートラインに立った時には「勝つしかない」と思っていた。それがプレッシャーにつながった可能性はある。あれが、2番でも代表になれるとわかっていたら、また精神的に違っていたかもしれないし、レース展開も変わっていたかもしれない。でも、私は勝たないと代表入りはないと思っていた。敗れた原因をあえて挙げるなら、自分はプレッシャーだったと思う。

マラソンのオリンピック選考レースを経験していなかったことも、あるいは影響したかもしれない。勝手にそう思っていただけかもしれないが、独特の雰囲気はあった。トラックの選考会と比べたら、注目度がはるかに違った。そもそもトラックに事前の記者会見はない。

――マラソンの五輪選考レースを1度経験しておくべきだったか？

それはそうだが、まったく関係のない立場で出るのであれば無意味だと思う。同じような立場で経験することが大切なのではないか。シドニー・オリンピックのトラックでの成功は、前の年のセビリア世界選手権、あるいは97年のアテネ世界選手権の経験があったからだと思っている。

トラックと違って、マラソンはそんなに数が打てないという面はある。当時は違うルートで代表入りを狙っていたので一切考えなかったが、世界選手権の選考レースに出るという方法もあったのかもしれない。とはいえ、青写真が明瞭過ぎるほどはっきりしていたので、当時は何の迷いもなく、まったくぶれずにその道を進めた。

「ここと決めているから、これをやっていかないといけない」と常に言われていた。「アテネで走りたかった」という思いは今でもある。翌年のヘルシンキ世界選手権は初めてマラソンで代表になったけれど、やっぱりオリンピックとは違う。そうは言ってもメダルに手が届いたわけではなくて、4番。あの時も「精一杯勝負したい」という気持ちで臨んだレースだった。

アテネ五輪の選考レースは、福岡で3番に終わった後、04年3月のびわ湖に再挑戦するつもりでマラソン練習を始めたが、脚が痛くなって出場できなかった。計画に入ってないのに無理に練習を突っ込んだので、故障したのだと思う。

「スピード」の捉え方

高岡はトラックで高い目標を達成して、三十路に入ってからマラソンに移行したが、誰もが同じ道を歩めるわけではない。

私は、私に合ったやり方を探し、海外の選手の例などに当てはめていったらこうなった。「30歳を過ぎてマラソンを始めても遅くない」という例だ。だから、若い時にマラソンをやるならやってもいい。若い時にできない選手は、私のような方法を採ってもいいと思う。

よく「トラックでスピードを磨く」と言うが、どこまでスピードが必要かは人それぞれだ。どこで線を引くかは、本人と指導者の考え方による。マラソンで2時間3〜4分を狙うために、1万mの27分30秒が本当に必要なのか。

２０２０年の東京オリンピックを考えたら、酷暑の中のレースになるので、条件は絶対に悪くなる。条件が悪くなればなるほど、トラックのタイムが悪くてもチャンスが広がる。

そうなれば多くの人にチャンスがあるわけで、その枠の中に入るように努力すること、その中にいるのなら可能性があると思ってあきらめずにやっていくことが大切だと思う。何事もあきらめずに、夢と希望を持っていた方がいい。

内心を明かせば、私が「スピードランナー」と思ってもらえた理由は「インパクトのある大会で、インパクトのあるレースをしたから」だと思っている。「スピードがある」というのは、自分で決めることではなくて、他の人が言うことだ。冒頭でも話したが、私にそれほどスピードが備わっていたとは思えない。そもそも、何分何秒で走るのが速いのか。１５００ｍが３分40秒なら「スピードがある」と言われる。でも、それってどうなんだろう。

私が考えるスピードというのは、５０００ｍだったら、４８００ｍまでどれだけ余裕を持って走れているか。４８００ｍの地点でどれだけ力が残っているか、だけだと思う。だから、そのスピードというのは、ラスト２００ｍの努力ではなくて、４８００ｍまでいかに楽に走れるかの力をつけること。ここが次につながってくるところだと思う。たぶん、２００ｍだけ走ったら、誰でも30秒以内で走れる。それを、４８００ｍ走ってきてからの２００ｍと考えたら、30秒以内で走れる人はそういない。

１万ｍで27分30秒というと「速い」と思うかもしれないが、結局１周を66秒で回ればいい。１０００ｍが2分45秒。別に2分30秒で走る必要はない。66秒ペースをずっと続ければいい。マラソンもそれと同じ考えで、１㎞３分でずっと行ければ、２時間6分35秒で走れると思っていた。練習では、そのペースを継続できる努力をしないといけない。スピード練習であったり、距離走であったり、日頃の練習によって継続できる力が培われていく。レースでつけるのは自信だ。

――何で自信を得るか？

ほとんどの人は「練習で距離を踏んだから自信になった」と言う。マラソンはスタートラインに立った時、どれだけ不安なく、自信を持って立てるかが重要だと思う。「俺はこれだけやってきたんだから、走れないわけがない」と思う気持ち。

それが、私の場合、練習で走った距離ではなかった。私が月間で1300km、1500kmを走ったら、もっと強くなれたか。そうではないと思う。他の人と比べたら距離では到底及ばないので、それを出したら「じゃあ、俺はあかんのか」となってしまう。だから、そういう数え方はしなかった。

――では、スタートラインに立った時、自分の拠りどころにしたことは何か？

自分の取り柄は〝スピードの余裕度〟だと思っていたから、そのペースでいくら行かれても自分が一番余裕を持ってついていている。それに付随して、それなりのスタミナもつけてきた、と。練習でもその気持ちをずっと持っていた。

心が折れそうになることもたくさんあった。特に北海道の何もないところで、1人で40kmを走っている時などは何度もくじけそうになったが、「トラックでこれだけやれてるんだから、ロードでももっとやれるはずだ」と自分に言い聞かせて練習した。

●心が折れそうな時……

40km走をやる時、30kmまではそこそこ行けても終盤がまったくダメで、30kmからの5kmが20分ぐらいかかったこともある。その次の５㎞も20分かかって、30㎞から40㎞が40分。さすがに辛くて、車で伴走している監督に「伊藤さん、早く拾ってくれへんかな」と救いを求める気持ちでいた。そんな時こそ、伊藤さんは愛想なく横をサーッと抜いて行く。もう、あきらめるしかなかった。「（途中で）止めよう」なんていう甘い考えは捨てないといけないんだと思い知らされた。

目標としていることが達成できなくても、「やること」が大切な時がある。まさしく、それだった。それからは、途中で止める時は倒れる時だと思うようにした。あれが伊藤さんの〝愛情〟だったと思うが、一切止めさせてくれなかった。そうやって早くにあきらめがついたのも良かったと思う。ただ、脚が痛くて故障していたら、絶対に「やれ」とは言わなかった。

何とか40㎞を走り切ってフラフラになっていると、そこで「じゃあな」と、また先に行かれる。車に乗せてもらえず、水だけ渡されて、宿舎までダウン代わりのジョッグだ。マラソンをやるうえでは、それが当たり前の厳しさだったのではないか。

●ポイント練習ははずさない

距離はそんなに踏めなくても、ポイント練習をはずさなかったのが強みだと思う。そのための努力はした。これはトラックをやっていた時からだが、言われたタイムは一つひとつクリアした。

ポイント練習の間の休みの日も、どうしたら疲れが取れてまた練習ができるかを考えて過ごした。それが自分に課せられたもの、という認識があった。その積み重ねが、やがて大きなものになるのだと思う。

2020年東京五輪へ向けて

高岡の持つ男子マラソンの日本記録（2時間6分16秒）は、2002年に作られたもの。それ以降、2時間6分台で走った日本選手はいない。5年後の東京五輪に向けて、現日本記録保持者からの提言は――。

●青写真を描く

大会はいつと決まっている。それに向けて、やるべきことも決まっている。だったら、そこの空白部分を全部埋めていってほしい。1つの方法として、青写真を描くことが大切だと思う。東京オリンピックが来て、たまたま出られたというのではもったいない。そこで勝負するために、きちんと準備をすることが大事だ。私の場合は青写真ができていて、うまくいかなかった時もあるが、計画を持ってやれた。目標に向かうためには、結果を積み上げていかないと達成できない。

●頂上へ向かう自分のルートを見つける

取り組み方は千差万別だし、強くなる方法もいろいろあると思う。ルートはいくつもあるが、自分が頂上を目指すのにふさわしい道はどこか。人それぞれ、自分のやり方でマラソンをやれればいい。その中で結果を残せるのであれば、たとえ練習で走る距離が少なくてもいいだろう。マラソンはある程度ベースになるものができていないと走れないと思うが、距離を多く踏むことも、距離が少ないことも、間違っているとは思わない。

――自分に最適な練習をどう探し出したらいいのか？

それがまた問題だが、ある程度自分の中に見えてくるものがあるのではないか。私が距離を追いかけなかったのは、そこが見えたから。方向性として、1㎞3分で走れることを目指していた。だからと言ってスピード練習に偏っていたわけではなく、スタミナ練習もミックスされていた。そこが自分の良さだったから、質の高い練習ができていたし、実績として残せたと思っている。2002年9月の記録会では、マラソン練習の真っ只中でトラック練習は一切やってなくても、5000mを13分43秒で走れた。

――最近は、効率を優先する練習が距離を踏む練習を遠ざけていないだろうか？

その時に、質をどこまで上げられているかだと思う。その質も、マラソンにどこまで必要な質かということを理解してやる必要がある。やっぱり練習はそこそこで終わればそこまでの結果しか出ないので、きつくなってから、さらに先の練習をやって得られるものが重要になる。それができるかどうか。マラソンをやるためには、40㎞ではなくて50㎞が必要な選手がいるかもしれない。私はやってないが……。

月間にすれば、多くて1000㎞。私が距離を数えるのが嫌いなのは、たとえば月末に980㎞になっていて「あと20㎞走ったら1000㎞になるな」と思うことがイヤだった。それで20㎞を追加して「今月も1000㎞行ったな」と自己満足して終わる。あるいは、帳尻合わせの無駄な10㎞が、故障を招くかもしれない。そういうふうに考えるのがイヤだった。練習日誌に最後はトータルで書くが、途中では計算しなかった。「1500㎞走って自信になった」という人はいるかもしれないけど、私の場合、そんな目標はなかった。

●間口を広く

だから、マラソンへの可能性を探る時に、距離をたくさん走れる選手ばかりに絞るのではなく、走れない選手にも広げる。間口を大きくすれば、それだけ「やってみようかな」という選手が多くなるだろう。

念を押しておくが「練習しなくてもマラソンは走れるよ」というメッセージではない。マラソン練習のセオリーとして、月間で８００kmがいい、１０００kmがいい、と決まっているわけではない、ということだ。問題は、その中身になる。

●状況に応じて目標設定を変える

レース中、うまく目標設定を変えていけることも必要だと思う。最初は「2時間6分台」を目指していたとしても、状況でそれは到底無理になった。そうしたら「2時間7分台」に下方修正する。優勝が到底無理になったら、「絶対に2番」に入る方法を考える。

それはトラックレースでも変わらないが、2時間余もかかるマラソンは状況が一番変わりやすい種目だと思うので、その状況分析が大事になる。そうすれば、途中であきらめることはなくなる。

マラソンと年齢

高岡が初めてマラソンレースに出たのは、31歳になってから。マラソンを始める年齢はいつ頃がいいのだろうか。

人それぞれ、タイミングがあると思う。これは私の考えだが「経験だから」と言って、練習もしないでとりあえずマラソンを走るというのはいいと思わない。やはり同じような状況でやらなければ、経験にならないからだ。きちんとマラソン練習をやって挑むべきで、「30kmを2回しかやってないけどマラソンに出た」というのは、あまり意味がないと思う。どんなかたちであれ、マラソン練習をやってこそのマラソンレースだ。

それが19歳でできたなら、19歳でマラソンをやればいい。25歳なら25歳でやればいい。自分は30歳過ぎになったが「30歳を過ぎてるから歳だ」とは思わなかった。「歳がいってるから走れない」とも思わなかった。実際、34歳で2時間7分台、35歳でも2時間9分台で走れている。むしろ、マラソンに取り組むことによって練習内容が変わるので、また新しいことに挑戦する新鮮さがあった。

私の場合はトラックのタイムが出てからマラソンという図式になったが、マラソンをやりながらトラックのタイムを伸ばしている人は大勢いる。私は両方を平行してできなかった、ということだ。トラックからマラソンへ、軸足を移すメドはどこかに持っていないといけないと思うが、アプローチの仕方を変えてマラソンに取り組むのもいいのではないだろうか。

どういった時期に何が必要かの見極めが大事で、とことん練習量を追う時期、質を高める時期などがある。近ごろ、アメリカの中長距離が活況を呈しているので、日本でもその練習が積極的に取り入れられている。ただ、トラックでは成功しているが、マラソンでは必ずしも成功していない。そこはすごく感じるところである。

●マラソン仕様のフォーム

あとは、トラックの走り方とマラソンの走り方は違うと思う。私も、ストライド走法なので「このままではマラソンに不向き」とさんざん言われた。「ランニングエコノミー」という言葉もあるが、マラソン仕様の走り方を身につけるには、マラソン練習をやる必要がある。私も練習を反復することによって、マラソン向きの効率の良い走り方になっていったはずだ。

マラソンをやるからといって、無理にフォームを矯正したことはない。きちんとデータがあるわけではないが、練習をやっていく中で、ストライドは狭く、キックも弱くなっていると思う。トラックをやっている時は何度もふくらはぎを肉離れした。でも、マラソンを始めてからは1度もない。練習を積むことによって、良質な筋肉ができていったのだと思う。

●できるだけリスクを排除

これは年齢と関係ないが、私ができるだけ給水を取らなかったのは、リスクを排除したいからだ。水分を摂取しないリスクを背負っていることも理解しつつ、飲んで腹痛になること、取りに行って他の選手と交錯すること、取れなかったことによる心理的ダメージを避けたかった。ただし、夏の世界選手権に出る時は、逆に「取らないといけない」ということで、給水の練習をした。

＊

マラソン大会も「記録が出やすいように」と、しばしばコースの変更があるが、それほどフラットなコースにこだわるべきだろうか。選手は記録が出るからこそ、その大会を選ぶ。でも、なかにはフラットではなくて、上り下りに強い選手もいるはずだ。そういう選手は、どこもかしこもフラットなコースになったら、良いところが生きない。オリンピックのコースも、平坦ばかりとは限らないのだから。

記録にこだわってきた私が言うのも変だが、ペースメーカーなしのレースなどを含めて、考えなければいけないところだと思っている。

高岡寿成のマラソン全成績

年月	大会	順位	記録
2001年12月2日	福岡国際	3位	2.09.41
2002年10月13日	シカゴ	3位	2.06.16＝日本最高記録
2003年12月7日	福岡国際	3位	2.07.59
2004年10月10日	シカゴ	3位	2.07.50
2005年2月13日	東京国際	優勝	2.07.41
2005年8月13日	ヘルシンキ世界選手権	4位	2.11.53
2006年2月12日	東京国際	2位	2.09.31
2007年4月15日	長野	7位	2.15.00
2007年12月2日	福岡国際	10位	2.13.40
2008年4月6日	パリ	16位	2.11.21
2009年3月22日	東京	－	途中棄権

高岡寿成の年度別主要成績

	主要成績
1985～86年（15歳・中3）	京都府中学3000m 4位
1986～87年（16歳・高1）	
1987～88年（17歳・高2）	近畿インターハイ5000m11位
1988～89年（18歳・高3）	全国高校選手権10000m 6位，全国高校駅伝4区1位（区間新）
1989～90年（19歳・大1）	日本インカレ5000m21位
1990～91年（20歳・大2）	関西インカレ1部5000m 4位
1991～92年（21歳・大3）	日本インカレ5000m 5位，'92世界クロカン168位
1992～93年（22歳・大4）	日本選手権5000m 3位，日本インカレ5000m 1位
1993～94年（23歳・社1）	世界選手権5000m予選，ユニバーシアード5000m 3位， 日本選手権5000m 2位（日本人トップ）
1994～95年（24歳・社2）	アジア大会5000m 1位・10000m 1位， 日本選手権5000m 2位・10000m 2位（日本人トップ）
1995～96年（25歳・社3）	全日本実業団5000m15位
1996～97年（26歳・社4）	オリンピック10000m予選，日本選手権10000m 1位， '97実業団ハーフ1位
1997～98年（27歳・社5）	世界選手権10000m決勝棄権，東アジア大会10000m 1位， 日本選手権5000m 9位，'98世界クロカン（ロング）33位
1998～99年（28歳・社6）	アジア選手権5000m 1位，ワールドカップ3000m 5位， 日本選手権5000m 2位（日本人トップ）
1999～00年（29歳・社7）	世界選手権10000m12位・5000m予選，日本選手権10000m 1位
2000～01年（30歳・社8）	オリンピック10000m 7位・5000m15位
2001～02年（31歳・社9）	世界選手権10000m15位，東アジア大会5000m 1位， 日本選手権10000m 2位（日本人トップ），福岡国際マラソン3位
2002～03年（32歳・社10）	日本選手権5000m 1位，シカゴ・マラソン3位＝日本最高記録
2003～04年（33歳・社11）	日本選手権5000m20位，福岡国際マラソン3位
2004～05年（34歳・社12）	日本選手権5000m 4位・10000m11位，シカゴ・マラソン3位， '05東京国際マラソン1位
2005～06年（35歳・社13）	世界選手権マラソン4位，'06東京国際マラソン2位（日本人トップ）
2006～07年（36歳・社14）	日本選手権10000m10位
2007～08年（37歳・社15）	福岡国際マラソン10位
2008～09年（38歳・社16）	パリ・マラソン16位，'09東京マラソン途中棄権

カネボウのコーチを務める高岡氏は、自分が長年保持している10000mとマラソンの日本記録を後輩たちが早く破ってくれることを願っている

高岡寿成の年度別ベスト記録&主要成績

太字は自己ベスト，★印は日本記録（5000m，3000mは当時，日本記録）

	1500m	3000m	5000m	10000m	ハーフ	マラソン
1985～86年（15歳・中3）		9.27				
1986～87年（16歳・高1）			14.53.7			
1987～88年（17歳・高2）	4.09.2		14.58.4	31.25.99		
1988～89年（18歳・高3）			14.48.5	30.50.15		
1989～90年（19歳・大1）			14.40.6	32.04.		
1990～91年（20歳・大2）	3.54.0		14.25.55	30.00.2		
1991～92年（21歳・大3）	3.48.8		13.57.4	30.20.24	1.08.23	
1992～93年（22歳・大4）	3.44.56	8.10.07	★13.20.43	29.28.0	1.07.31	
1993～94年（23歳・社1）	3.44.7	8.02.07	13.23.98	28.28.1		
1994～95年（24歳・社2）		7.51.3	13.33.31	27.59.72		
1995～96年（25歳・社3）			13.54.66			
1996～97年（26歳・社4）			13.45.52	27.49.89	1.02.01	
1997～98年（27歳・社5）			13.27.56	27.53.03		
1998～99年（28歳・社6）		8.12.19	**★13.13.40**	27.50.08		
1999～00年（29歳・社7）	**3.40.20**	**★7.41.87**	13.21.08	27.53.37		
2000～01年（30歳・社8）	3.43.99	8.01.0	13.15.34	27.40 44		
2001～02年（31歳・社9）	3.45.56	7.57.12	13.38.87	**★27.35.09**	1.01.49	2.09.41
2002～03年（32歳・社10）		8.03.51	13.29.77	28.17.29	**1.01.07**	**★2.06.16**
2003～04年（33歳・社11）		7.53.75	13.24.66	28.03.62		2.07.59
2004～05年（34歳・社12）			13.45.90	28.00.90	1.02.24	2.07.41
2005～06年（35歳・社13）			13.37.70	28.04.80		2.09.31
2006～07年（36歳・社14）			13.43.39	28.30.28		
2007～08年（37歳・社15）						2.13.40
2008～09年（38歳・社16）					1.02.32	2.11.21

高岡の練習メニュー（レース4ヵ月前から）

10月

日	曜	朝練	本練習	
1	水	48'	↓	55'
2	木	52'	↓	1000m×3（2'57-2'52-2'48）
3	金	53'	↑	60'
4	土	30'	札	40'　フロート×3
5	日	17'	幌	**札幌ハーフマラソン 1°03'38"＝1位**
6	月	45'	↓	am：移動 pm：江泊池（10km）45'
7	火	66'		牟礼（14km）66'
8	水	42'		30km 1°43'05"
9	木	43'		牟礼（14km）62'
10	金	45'		牟礼（14km）66'
11	土	42'		牟礼（14km）62'
12	日	43'		—
13	月	42'		牟礼（14km）60'　フロート×5
14	火	52'		**5km13'54"**
15	水	60'	↑	am：— pm：60'
16	木	50'		am：— pm：**30km1°43'44"**＋1km×2（2'51"6-2'54"0）
17	金	51'	周	am：1200m×3（3'33"3-3'21"4-3'15"5） pm：50'
18	土	60'	防	am：— pm：60'
19	日	51'	大	am：— pm：**20km 61'04"**
20	月	63'	島	am：— pm：3000m（9'24"8）＋2000m（5'35"9）
21	火	60'	合	am：— pm：60'
22	水	60'	宿	am：— pm：50'
23	木	30'		am：**40km 2°10'12"** pm：—
24	金	40'w	↓	am：— pm：牟礼（14km）68'
25	土	51'		牟礼（14km）61'
26	日	41'		国道1km×4（2'54-2'49-2'51-2'42）
27	月	59'		73'　牟礼（14km）64'
28	火	52'		5km14'32"
29	水	51'		グラウンド40'
30	木	46'		5km14'25"
31	金	41'		江泊池（10km）46'

11月

日	曜	朝練	本練習	
1	土	26'		47'　フロート×2
2	日	17'		九州一周駅伝3日目：熊本6区（20.5km）60'09"区間1位
3	月	40'		—
4	火	40'		49'
5	水	40'		45'（3分×2）
6	木	33'		47'　フロート×2
7	金	18'		九州一周駅伝8日目：大分7区（19.8km）57'59"区間1位
8	土	42'		牟礼（14km）62'
9	日	43'		江泊池（10km）47'
10	月	28'		**堀周り（42km）2°34'**　（5km15'24）
11	火	40'		牟礼（14km）70'
12	水	53'		踏切（16km）　1km×2（2'58-2'56）
13	木	45'		5km14'17"
14	金	46'		牟礼（14km）66'
15	土	28'		43'　フロート×4
16	日	15'		中国実業団駅伝（世羅）3区（12.7km）37'47"区間2位
17	月	64'		国道（18km）82'
18	火	63'		江泊池（10km）48'
19	水	20'	↑	am：**40km 2°15'40"** pm：—
20	木	37'		am：— pm：60'
21	金	53'		am： pm：1000m×3（2'54-2'54'-2'44／R＝50'8-54'5）
22	土	52'	山	am：— pm：90'
23	日	51'	口	am：— pm：60'　フロート×3
24	月	53'	合	am：— pm：5km 14'15"
25	火	52'	宿	am：— pm：74'
26	水	55'		am：— pm：50'　フロート×3
27	木	30'		am：20km 59'20" pm：—
28	金	40'	↓	am：— pm：牟礼（14km）68'
29	土	30'		江泊池（10km）＋グラウンド55'
30	日	27'		1000m×5（2'57〜2'52'）

12月

日	曜	朝練	本練習
1	月	42'	国道（18km）85'
2	火	44'	牟礼下（9km）46'
3	水	42'	江泊池（10km）　1km×2（2'56-2'57）
4	木	28'	5km14'25"
5	金	28'	48'
6	土	28'	48'　フロート×3
7	日	20'w	**福岡国際マラソン 2°07'59"＝3位**

2003年福岡国際マラソンに向けた

8月				
日	曜	朝練		本練習
1	金	59'		am：— pm：青葉公園3.75km8周+1000m×2（3'01, 3'01）
2	土	48'		am：60'+300m×15（58"～53"） pm：53'
3	日	60'		am：— pm：60'
4	月	52'	千	am：120' pm：50'
5	火	52'	歳	am：1000m×5（3'05～3'02）+青葉公園3.75km5周 pm：52'
6	水	60'	合	am：— pm：48'
7	木	60'	宿	am：— pm：60'
8	金	40'		am：120' pm：50'
9	土	50'		am：1km×10（2'55～2'59／R＝1'00） pm：50'
10	日	48'		am：— pm：50'
11	月	30'		am：**40km（周回コース） 2°26'10"** pm：35'walk
12	火	40'w		am：10000m（33'12"8）+1200m×2（3'27"7-3'34"4） pm：46'
13	水	80'	↓	am：移動 pm：江泊池（10km）46'
14	木	—		牟礼（14km）57'
15	金			**早朝30km 1°43'22** pm：—
16	土	53'		1km×5（3'05～2'59）
17	日	60'		江泊池（10km）45'
18	月			**早朝40km　2°21'42"** pm：—
19	火	52'		牟礼（14km）68'
20	水	60'		牟礼（14km）63'+フロート×3
21	木			早朝20km　67'17" pm：牟礼67'
22	金	60'		1km×5（3'03～2'58）
23	土	60'		江泊池（10km）48'
24	日	40'		60'
25	月	51'		am：— pm：—
26	火	—	↑	am：移動 pm：50'+1200×2（3'38-3'35／R＝1'54）
27	水	47'	別	am：**30km 1°46'21"** pm：53'
28	木	60'	海	am：1000m×5（2'59～2'57） pm：61'
29	金	60'	合	am：— pm：51'
30	土	34'	宿	am：**40km 2°16'34"** pm：20'walk
31	日	40'		am：— pm：1000m+3000m（2'59-8'46／R=400m1'58）

9月				
日	曜	朝練		本練習
1	月	50'		am：61' pm：46'
2	火	35'		am：**40km 2°19'24"** pm：—
3	水	—		am：— pm：20'walk
4	木	—		am：20'walk pm：30'walk
5	金	35'w		am：50'walk pm：40'walk
6	土	30'w	別	am：— pm：50'
7	日	60'w	海	am：60' pm：52'
8	月	46'	合	am：73'+フロート×7（グラウンド） pm：—
9	火	47'	宿	am：— pm：20km 72'06"
10	水	47'		am：— pm：57'
11	木	49'		am：90'クロカン8周 pm：50'
12	金	50'		am：1000m×3（2'57～2'55）　down45' pm：50'
13	土	61'		am：— pm：53'
14	日	40'		am：— pm：61'+フロート×4
15	月	45'		am：— pm：**40km 2°19'30"**
16	火	30'w	↓	am：56' pm：移動
17	水	53'		山越え（17km）77'
18	木	61'		向島　1km×2（2'57-2'51）
19	金	63'		12km 35'57" down70'
20	土	52'		—
21	日	40'		牟礼（14km）67'　流し×4
22	月	63'		10km 29'58" down69'
23	火	40'	↑	53'
24	水	32'		**40km 2°17'55"**
25	木	30'w	千	am：86' pm：50'
26	金	51'	歳	60'
27	土	30'	合	**40km 2°19'27"**
28	日	30'w	宿	am：5km14'43 pm：60'
29	月	50'		51'
30	火	49'		am：20km 63'48" pm：50'

Legend 11

Yoshio Koide

小出義雄

女子マラソンで複数のメダリストを輩出
「世界一になるには、世界一になるための練習をやるだけ」

小さい頃から〝かけっこ〟大好きだった小出義雄（佐倉アスリート倶楽部代表）。自身は日本を代表する長距離ランナーになれなかったが、指導者になってからオリンピックの金メダリストを育てることにすべての情熱を傾け、2000年のシドニー五輪女子マラソンで、ついに高橋尚子を世界の頂点に立たせた。高校の教員時代にはインターハイのチャンピオンを何人も育て、全国高校駅伝でも優勝。実業団に転身してからは、高橋の快挙だけでなく、有森裕子の五輪２大会連続メダルや、鈴木博美の世界選手権金メダルなど、女子マラソンで優れた手腕を発揮した。〝小出マジック〟と言われたほどの指導の神髄は、75歳になった今も若い選手に注がれる——。

「夢」を与えてくれた中学時代の先生

1939年（昭和14年）4月15日に千葉県佐倉市に生まれた小出は、現在75歳。「後期高齢者」の仲間入りをしたが、まだまだ陸上への情熱を失っていない。自他共に認める「かけっこ大好き」人間は、いつ頃からマラソンに興味を持ったのだろうか？

まだ家にテレビがない時代、戦後間もなくの小学生の頃から、マラソンや駅伝の実況放送をラジオにかじりついて聴いていた。当時のマラソン選手は浜村秀雄さん、広島庫夫さん、貞永信義さん、山田敬蔵さんら。全国高校駅伝や箱根駅伝も、ラジオで聴いて1人興奮していた。

私より4つ上の人だから、私が中学校1年か2年の時だった。千葉県からは銚子商業高校が全国高校駅伝に出場した。1区（10㎞）の島田（武行）という選手が区間4位になって感激し、その時のタイムもずっと記憶にとどめていた。お互い歳をとってから、島田さんに会う機会があり「32分48秒でしたよね」と言うと、「よく覚えていてくれた」と涙を流された。

私は5人兄弟の男1人、農家の長男なので、山武農業高校に入学した。とにかく、トコトコ走るのが大好きで、高校時代にフルマラソンを走っている。もちろん練習もせず、遊び半分だったが、千葉県選手権に出て、先輩を破って優勝した。

なぜ、そこまでのめり込んだのか。小学校、中学校でいい先生に巡り会ったからだ。中学2年の時には先生に呼ばれて「小出、もう勉強しなくていいぞ」と言われた。走って、千葉県で1番になって、日本で1番になって、オリンピックに行け、と。私はそこで大きな夢をもらった。

今は学校の先生方の前で話をさせてもらう機会が多々あるが、「生徒に夢を持たせられる先生になってほしい」と必ず言う。勉強を教えるのも大事だが、子供たちに夢を与えられれば合格だ。先生が子供を惹《ひ》きつけると、子供が学校を大好きになる。休みの日でも行きたくなってしまう。それが始まりだ。

高校３年の１９５７年（昭和32年）、山武農高は千葉県予選で成田高を破って優勝。第８回全国高校駅伝に出場している。全国大会で小出は３区（８・１０７５㎞）を受け持ち、区間35位。チームは29位だった。

高校に陸上の専門の先生はいなかった。1週間に1回、卒業した先輩が来て、４０００ｍぐらい走って終わり。３年になってからは自分がスケジュールを立て、みんなに練習をやらせて、千葉県予選で優勝した。それほど陸上が好きだった。10人ぐらいしか部員がいなかったけど、農業高校でみんな農家の跡継ぎだから、勉強はそんなに熱心にやらない。「だったら陸上部に入れ」と誘ってガンガン練習をやらせたら、その前年も、その翌年も全国大会に行った強豪の成田高に勝ってしまった。

「箱根駅伝を走りたい」

戦前生まれの小出は、終戦の年（昭和20年）が６歳。自宅の屋根の上を米軍機のＢ29が飛んでいた光景を、はっきりと覚えているという。

佐倉駅の機関庫を囲っているレンガが、バンバン打たれて穴だらけだった。線路に落ちた真ちゅうを拾いに行って、親に怒られたのを思い出す。「ウーッ」と空襲警報が鳴ると、防空壕にもぐって身を潜めた。おばあさんは担架代わりの雨戸に乗せて連れ出す。防空壕の中では、おじいさんが炭火を起こしてかき餅を焼いたりしたこともあったけど、空気穴もないのによく一酸化炭素中毒にならなかったものだ。うちには井戸があって、近所に疎開してきた人たちがみんな使っていた。風呂は大きくて、その井戸からつるべで54杯汲まないといっぱいにならない。それが私の毎日の仕事で、小学生の頃から力があったのは、その〝ウエイトトレーニング〟のせいだと思う。

1958年（昭和33年）3月に高校を卒業した小出は、しばらく家の農業を手伝っていたが、〝かけっこ〟がやりたくて家を飛び出す。

高校を出て半年は農業をやった。秋になって稲刈りが終わり、ふと考えた。「このまま一生農業やってたら、大好きなかけっこができないな」。「箱根駅伝、走りたいな……」。一応、全国高校駅伝に行っているし、高3の時にはうちまで大学の先生が何人か勧誘に来てくれた。

家出と言うのかどうかわからないが、私は家を飛び出して、友達のところに潜り込んだり、寝ずにアルバイトをやったり、いろんなことをやった。どうしようもなくて、都内にある姉の家に半年ぐらい世話になったこともある。最後は中学時代の先生が見かねて、「本当に小出は走るのが好きなんだなぁ」と言って就職先を斡旋してくれた。新小岩にあった「昭和高圧」というガスボンベを製造している会社で、昼休みに練習時間をくれるという。私は、会社のそばにあった中川の土手で、昼休みに走った。

それで、たまたま東京～新潟間駅伝の東京都代表になった。20歳ぐらいの時だ。監督が、のちに瀬古利彦を育てた中村清さん。まだ40歳そこそこで若く、怖かった。後年、私が千葉県の高校教員になり、佐倉高にいる頃、中村さんと合宿で一緒になったことがある。中村さんは私のことを覚えていてくれて、「佐倉の先生ね」と話しかけてくれた。指導している様子を見て、気になったのだろう。「ストップウォッチを下げて（タイムを取りながら）見ているようじゃダメだよ。ずっと選手の走る姿を見ていなさい。時計なんか要らないよ」。昭和50年か51年頃の話だ。

小出は3年の〝浪人生活〟を経て、1961年（昭和36年）に順天堂大学体育学部に入る。あこがれの箱根駅伝は3回走り、1年の第38回大会が5区で区間10位、2年、3年は8区を受け持ち、区間3位、5位だった。4年の時は故障で出られなかった。

大学はどこでもよかった。ただ、お金がないから、自宅通学を許可してくれた順大はありがたかった。高校の同期が順大でマネージャーをやっていて「小出がこういう考えでいる」と大学の関係者に伝えてくれた。中学2年の時に「勉強しなくていい」と言われたから、勉強は何もやってない。でも、「本気でやればできる」という自信はあった。

面接試験は当時の体育学部長がやってくれた。東龍太郎さんという元東京都知事の弟。「君、何しにこの大学に来たの？」と聞くから、「僕は箱根駅伝をやりに来ました」と答えた。「他の学生は、みんな『勉強して教員になりたい』と言うよ」と厳しい目で見られたが、何とか合格できた。

箱根駅伝は1年でいきなり山上り（5区）をやったけど、練習が十分にできてないから、区間10位。4年の時は体重も絞れて、最高に調子良かった。そうしたら、秋の青森～東京間駅伝で腱鞘炎を起こして、長距離ブロックの主任をやっていたのに出られなかった。あれは悔しかった。

当時の関東インカレにはマラソンが種目にあって、私は3年の時が3位（2時間35分21秒）、4年の時が4位（2時間28分21秒）。4年の時は折り返し地点で後続に1分50秒も差をつけてトップ。「絶対に勝ったな」と思ったら、あと3㎞で動かなくなってしまった。練習ができてないから、そんなものだ。トラックを走れないのがマラソン組だから練習は誰も見てくれず、ただ「行って来い」と言われるだけ。当時、順大のキャンパスがあった津田沼から、佐倉の方をグルッと回ってくるのが練習だった。

マラソンはその後、大学を卒業して長生高に赴任した年の冬（1966年2月）、別府大分毎日マラソンを1回走っている。のちに母校の監督を務めた澤木啓祐君が1学年下で、大学4年の時にそのマラソンを走って8位（2時間16分06秒）だった。「別府の温泉に行こうか」というぐらいの軽い気持ちで一緒に行った私は、2時間26分46秒で46位という散々な結果に終わった。

「高校日本一」を育てた教員時代

1965年（昭和40年）3月に大学を卒業した小出は、25歳で千葉県の高校教員（保健体育）になり、県立長生高を振り出しに、同佐倉高、市立船橋高で教鞭を執った。その間、インターハイ・チャンピオンは何人も育て、その第1号は長生高2年目（66年）で青森インターハイ男子5000mを制した関谷守。83年に市立船橋高に赴任してからはさらに指導に磨きがかかり、84年の秋田インターハイでは現在順大の男子駅伝監督を務める仲村明が、2年生ながら男子5000mで優勝。翌年の金沢インターハイでは、仲村が2位。この大会から始まった女子3000mでは、河合美香が初代チャンピオンになった。さらに、86年には全国高校駅伝で市立船橋高を頂上に導き、2時間6分30秒の高校最高記録（当時）をマークした。

こういう言い方をすると高校の指導者に失礼に当たるかもしれないが、インターハイのチャンピオンを育てることはさほどむずかしいことではなかった。教員になった1年目に、10何人連れて全国インターハイに行っている。

1年目の大分インターハイには、2年生の関谷を男子5000mで連れて行った。そうしたら、周回遅れでビリだった。でも、翌年に関谷は優勝を果たし、見事にその屈辱を晴らした。長生高には長距離選手は数

続々と「高校日本一」になった小出門生

大学卒業後は体育教師となって千葉・長生高に赴任し、指導した陸上部の選手がめきめき成長。教員2年目の1966年青森インターハイで教え子・関谷守（右から2人目）が早くも男子5000mのチャンピオンになった

教え子のインターハイ優勝第2号は1970年和歌山インターハイの男子3000m障害を制した伊藤裕。1500mでも3位に食い込んだ

1983年に市立船橋高に転任した小出監督は、翌84年の秋田インターハイで仲村明（右、現・順大駅伝監督）を5000mで2年生優勝に導いた

女子3000mが初めてインターハイに採用された1985年の金沢大会で初代女王となったのは小出門下の河合美香だった

1986年には全国高校駅伝も制覇。市立船橋のアンカー・小池誠（右）がわずかに先行していた藤沢商（神奈川、現・藤沢翔陵）をかわし、当時の高校最高記録となる2時間6分30秒でVゴール。4連覇を目指した2位の報徳学園（兵庫）を13秒差で抑えた

都大路でも頂点を極め、選手たちに胴上げされた小出監督

人しかいなかったが、私が佐倉高に異動した年（1970年）の和歌山インターハイで、鈴木秀夫（現・ユニクロ監督）が5000m2位、伊藤裕は1500m障害で4分15秒0の高校新（当時）を出して優勝してしまった。

高校の部活動だから、長距離種目だけでなく跳躍や投てきの選手も入ってくる。砲丸投もやり投も技術はあまりわからないけど、「やらせてください」と入ってくるから「いいよ」と言って、毎日120本ずつ投げさせた。すると、砲丸投で7m半ぐらいだった子が、高3の夏には17m半も投げるようになる。やり投で国体3番になった選手もいた。陸上競技の指導書を見ると、著名な先生方が「一日、だいたい30本程度」と目安の練習量を書いている。でも、私は毎日毎日、それこそ1年365日力仕事をやっている農家の親父を見てきた。人間の身体は、そんなにヤワではない。それがわかっていたから、生徒に120本投げさせられた。

そして、その練習を長距離に応用した。目標は全国高校駅伝の優勝だったが、特に佐倉高は進学校だったので部員が集まらず、野球部やサッカー部、バレー部から選手を借りた。そういう寄せ集めの駅伝チームを見ているうちに「長距離は2ヵ月の練習でこれぐらいになる」という目安がわかってきた。ケガをしないようにちょっとペースを落として、本数を増やす、とか。すると、どんどん選手が強くなって「これなら進学校でも戦える」という手応えをつかんだ。

――ただ、小出の練習は時に「やり過ぎだ」という批判を生むことにつながった。

要するに、人間というのはみんな「自分が正しい」と思っている。特に、輝かしいキャリアを持っていたり、机上の科学的な理論に精通している方々からは、私の練習は批判的に受け止められた。「非常識」と思われたのだろう。だけど私は、日本で1番になりたかったら、日本で1番になるトレーニングをやらせる。世界で1番になりたかったら、世界で1番になるトレーニングをやらせないといけないんだと思っていた。足がそんなに速くない選手でも、その子の体力に応じたモチベーションと栄養を考えて、「この子を1番にするにはどんなトレーニングがいいかな」と、寝ても覚めても考えた。

有森、鈴木、高橋は三人三様

――オリンピックの金メダルを取ろうと思ったのは、いつ？

それはずっと前から。昭和40年に教員になった時から思っていた。そのために、いろんな選手で試していた。私のところに100mの選手が来ると、みんな800mに転向させられてしまう。長生高に女子100mで千葉県3位の桑田富代という小柄な選手が入って来て、800mをやらせた。そうしたら、昭和43年（1968年）の広島インターハイで、3番に食い込んでしまった。優勝候補は成田高の根本しげ子だったのに、同記録（2分18秒2）着差ありでその根本を破った。その頃から、オリンピックの金メダルを取ることを夢見ていた。

――最終的に、なぜ女子マラソンにターゲットを絞ったのか？

男子はレベルが高すぎるから。しかも、女子マラソンは始まったばかりで歴史が浅い。1984年のロサ

リクルートで最初に五輪代表となったマラソンの有森裕子（右）は、1992年バルセロナ大会で見事に銀メダルを獲得。続く1996年アトランタ大会でも銅メダルを手にした

1988年に実業団女子長距離チームのリクルートの監督に転身した小出氏。情熱あふれる指導で〝世界〟を目指した

小出監督にとって市立船橋高時代からの教え子である鈴木博美が1997年アテネ世界選手権の女子マラソンで金メダルに輝いた

世界一の快挙を喜んだ師弟

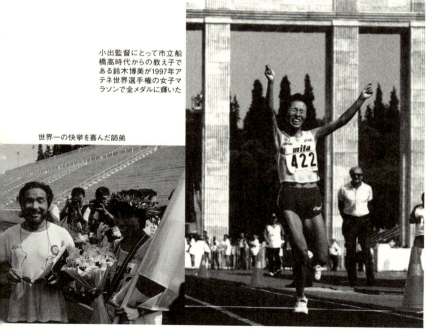

ンゼルス・オリンピックから正式種目になることが決まっていたのもプラス材料だった。必ず女子マラソンブームは来る。ケニアやエチオピアが参入して来る以前のことだ。

●女子マラソンの教え子第1号は倉橋尚巳

長生高に5年間いて、佐倉高に移ってから、女子の倉橋尚巳が入部してきた。成田高の増田明美と同世代だ。学年は1つ下か。増田が高校を卒業する前の1982年（昭和57年）2月、千葉県光町で行われた県選手権の女子マラソンで2時間36分34秒の日本最高記録（当時）を出すが、高校2年の倉橋もそれに出場させた。本人はあまり乗り気ではなかったものの、2時間41分33秒の日本歴代3位（同）でゴールした。その時に「絶対、世界で勝てる時が来る」と確信した。

「オリンピックで金メダル」の夢を実現すべく、小出は教員を辞めて1988年（昭和63年）に女子長距離チームのリクルート・ランニング・クラブに監督として転身。全日本実業団対抗女子駅伝の優勝なども あるが、何と言っても世界の舞台での、女子マラソンの活躍が輝かしい。有森裕子が1992年のバルセロナで銀、96年のアトランタで銅と、オリンピック2大会連続のメダリストに。リクルートの主だった選手を連れて、97年に積水化学に移籍してからは、その年のアテネ世界選手権で鈴木博美が金メダル。そして、2000年のシドニー五輪で、高橋尚子がついに悲願の金メダルを手中に収めた。

有森は入ってきた当初、3000mが9分55秒ぐらいの選手だった。しかし、「マラソンをやりたい」という気持ちだけは誰にも負けない。私は誰もやってない練習を有森にやらせた。そして、入社2年目（1991年1月）の大阪国際女子マラソンで日本最高記録（2時間28分01秒）を出し、その年の東京世界選手権の代表になり、翌年のバルセロナ・オリンピックに行った。

鈴木は市立船橋高時代からの教え子で、素質はピカイチだった。昭和61年（1986年）の山口インターハイ女子3000mは市立船橋トリオが1、2、4位だったのだが、その時の2番が鈴木。トラックのスピードは有森の比ではなく、同じコースで30㎞走をやったら、有森よりも10分速かった。

ただ「私は長い距離の練習は嫌いです」と言って、マラソン練習をやりたがらなかった。最終的に「世界で通用するのは1万mではなくてマラソン」と自分で悟って、世界選手権の金メダルを手にするが、オリンピックはマラソンで出てない。


――有森がオリンピックで銀と銅、鈴木が世界選手権で金メダルを取っても、指導者としてまだ満足できなかった？


オリンピックの金メダルが目標だから、満足できっこない。男子マラソンでは孫基禎さんが1936年のベルリン五輪で金メダルを取ったが、韓国の人だ。女子は1928年のアムステルダム五輪で、人見絹枝さんが800mの銀メダルを取っただけ。でも、早世している。これだけ裕福な国で、それはおかしい。「俺が金メダルを取ってやる」という気概は強かった。

最後の砦が高橋だった。2000年のシドニー五輪の年には、還暦を迎えている。そこで取れないと、永久に取れない可能性もある。入部してきて「私は中距離がやりたい」と言っていた高橋には、ずっと「マラソンをやったら世界一になれるよ」とささやき続けた。

スピードは持って生まれた能力によるところが大きいが、スタミナはトレーニングによってつけられる、ということを彼女はわかってなかった。だから、初マラソン（1997年の大阪国際）で2時間31分32秒もかかって、7番になってしまった。

「もう二度と（マラソンは）やりません」と言ったけれど、またいろいろと説得して「じゃあ、1回だけで

2000年のシドニー五輪女子マラソンで期待通りの優勝を果たした高橋尚子

高橋は2001年9月のベルリン・マラソンで2時間19分46秒の世界最高記録を樹立。〝小出マジック〟によって記録でも世界のトップに上り詰めた

すよ」と高橋。98年の名古屋（国際女子マラソン）に出た。ここで2時間25分48秒の日本最高記録（当時）をマークして優勝。朝比奈三代子（旭化成）の2時間25分52秒（94年）を破った。

「これ1回で止めるか？」と聞くと、「止めません」と言う。選手は結果さえ出れば、気持ちが大きく変わるものだ。

鈴木が最初から「マラソンをやる」と言えば、有森のメダルはなかったかもしれないし、高橋も2回目のマラソンで失敗していたら、その先はなかった。人間には運と巡り合わせがついて回る。

さて、オリンピックの金メダル取りに向けて、これが最後のチャンスと思うと熱が入る。私は高地トレーニングの拠点にしている米国ボルダーに、男一世一代の勝負を懸けて家を買った。住宅ローンを組もうと思ったら、アメリカに永住権がないから一括払いだという。多額の借金をして、女房に怒られた。その借金の返済に役立ったのが、本の印税だった。シドニー五輪の直前に高橋の本を出したいという出版社があって、「君ならできる」というタイトルの本を出版すると、予想通りの金メダル。本は当たった。

これは蛇足になるが、その本の最後に次の夢として「東京の銀座を走るマラソンを開催したい」と書いた。なぜかというと、私はマラソンが好きだから、世界一のマラソン大会を日本で開催したい。「ジョギングやウォーキングをやれば、健康維持に役立ちますよ」ということもみんなに訴えたい。当時の石原慎太郎都知事も「小出さんの提案で作った」という話をしていたが、近頃の東京マラソンの隆盛には目を見張るものがある。

強くなる選手の資質

――大学時代にそれほど実績があったわけではない高橋に「マラソンやれば世界一になるよ」と言い続けたという話だが、その見極めのポイントは何か？

それは走らせてみたらわかる。体型を見ても、肩幅があって脚が長い。脚はまっすぐスーッと伸びている。こういう子を一流にしなかったらダメだ。走り方は、首がやや左に傾いていた。実は、高橋は左脚が右より数ミリ長い。それがわかってから２年半は、道路の右端を走らせた。道路は大抵かまぼこ型で両側が少し下がっているから、端っこをずっと走っていると、ずれていた骨盤がだんだん元に戻って起きてくる。骨盤がまっすぐになると、ストライドは２～３㎝伸びる。そこまでに２～３年かかった。

メンタル面では、あれほど素直な子はいなかった。高校の先生に「人の倍やって人並み」と言われ、自分で努力できる選手だった。来た時は何を食べさせても「おいしい、おいしい」と言いながら食べて、親に厳しくしつけられたんだなというのがわかった。

指導者の言葉かけは大事で、私は「この練習ができたらオリンピックで勝てるかもしれないよ」という言い方をした。メニューを出して「やれ」とはひと言も言ってない。そうすると、選手は「やろうかな」という気になるものだ。

●素直な気持ちが信頼関係の基

選手、指導者の双方を〝その気〟にさせるのは、愛情に他ならない。高橋のように素直な性格の子だったら、誰でも「強くしてやろうかな」という気になる。だから、どんなにいいものを持っている選手でも、まっすぐな性格かどうかで伸びしろが変わってくる。指導者はイヤなことがあっても、選手の話をよく聞いてやる必要がある。たまには「このヤロー」と思うこともあるが、「そうか、そうか」と聞くことが大事だ。だけど、選手は強くなって、いい気になったら終わり。上に「ちょっと怖いな」というぐらいの人がいないと、人間は絶対に成長しない。「自分だけでできる」と勘違いしたら先はない。

●選手のうちは車を持つな

それから、私がいつも言っているのは、マラソン選手が現役のうちに車を買ったら、力が一気に落ちる。車に乗るような日本人だったら、マラソンなんかやらない方がいい。それが努力だと思う。ケニアやエチオピアの選手は、どこへ行くにも徒歩だ。「せめて選手時代は車を持つな」と言いたい。

今の若い選手たちは「そんな考え、ちょっと古いよ」と言うだろう。でも、決して古くない。それぐらいの覚悟がないと、マラソンはできない。

人間は若いうちに苦労を味わっておかないと、感謝の気持ちを持てない。感謝の気持ちがなかったら「がんばろう」という気持ちも起きない。「よし、この人のためにがんばろうかな」。「会社のためにがんばろうかな」。そういう気持ちが生まれてこない。これは理屈ではない。今は時代が良すぎて、労せずして何でも手に入るから、我慢することがきつい。忍耐力がないのは、夢がないからでもある。でっかい夢、たとえば「オリンピックで金メダルを取りたい」という夢があったら、何でも我慢できる。

――なぜ夢を持てなくなってしまったのだろうか？

時代が良すぎちゃったのだろう。食べるものは手に入る。お金も稼げる。これは仕方がないことだ。そう考えると、日本に合う種目は他にあって、マラソンは向かなくなってきている、とも言える。そんな苦しい種目は、誰もやりたがらない。ただのジョギングはブームになっているが、みんな「世界一になろう」なんて思ってない。実業団に入ってくる選手ですら、意識はそんなに高くないのが実状だ。

言い方は悪いが、人にやらされて、ちょっと走れただけの選手で、想像力のない子は、絶対に大きく羽ばたけない。学校の勉強ができる、できないは関係ない。頭を使えて、夢を持てる子。小学校、中学校の先生の影響はもちろんのこと、小さい頃からの生活環境で覚えることも多々あるだろう。

「世界一」になるために何が必要か？

——2020年に再び東京でオリンピックが開催される。1964年の大会に女子マラソンはまだなかったが、今度は女子マラソンが注目の種目になるだろう。日本人が金メダルを取るにはどうしたらいいか？

母国開催のオリンピックということで、夢を持った子がどんどん出てきてくれればいいが、今の日本のやり方では厳しいだろう。一番気になるのが、中学生、高校生の段階から目一杯走っていることだ。女子選手の無月経や疲労骨折などが問題視されるようになっているが、過度の体重制限などで、実業団に来る頃には身体を壊している選手もいる。そんな状態ではマラソンはとても無理で、これは国として考えないといけない。

高橋は高校2年で初めて全国都道府県対抗女子駅伝に出たが、その時は区間45位だった。それぐらいだから良かった。今は器が小さいまま年齢が上がっていくけれど、高橋は年齢とともに器が大きくなって、私のところへ来た。選手が大きく花開く時は「本格的に練習を始めてだいたい何年目ぐらい」という、ピークの目安がある。実業団に入ってきた時には、身体も気持ちも焼き切れて「あと2年ぐらいしか持たないな」という選手も多い。だから、みんなの目の色が変わらない。

確かに、中学の全国大会、高校の全国大会があれば、指導者も子供たちも「勝ちたい」と思う。私も高校の教員をやっていたから、すごくよくわかる。だけど、鈴木博美のように、インターハイ2番で、実業団に入ってからさらに伸びる選手もいる。高校、大学時代の高橋は貧血気味の時があったようだが、サプリメントも造血剤も知らなかったという。そういう〝素人〟だから、伸びる余地が大きく残っていた。そんな選手に巡り会うしかない。

●栄養・練習コース・寝るところ

「世界一になるために何が必要かな」と考えた時に、栄養が世界一、練習コースが世界一、寝るところ（睡眠）が世界一。この3つがそろえば勝てると思った。

ボルダーに行った当初は、アパートを3軒借りて合宿していた。でも、それだと夜眠れなかったり、選手が故障したり。毎日の生活にゆとりがなくて、ごみごみしていた。「これじゃ、金メダル取れない」と思って家を買ったわけだが、私は毎朝1階にいて、高橋が下りてくる階段の足音を聞いていた。「（目覚めは）どうか？」と聞くと、「最高です」と言ってニコニコしている。自己満足の世界かもしれないけれど、「これで今日もいい練習ができる」と私は思った。

高地トレーニングはやらないとダメだ。試しに測定してみたら、2ヵ月間高地で練習すると、血液検査のヘモグロビン値が「2」上がった。そうすると、5000mで15分30秒の選手が15分05秒まで行く。私も標高3000m以上の高地へ行くと最初のうちは苦しいが、日本に帰ってくると、成田空港に着いた途端、空気がいっぱい吸えるような感覚になる。

これは余談だが、60歳の時、高地の練習コースで高橋と一緒に走ったことがある。24㎞上って行って、またそこを下るコースだが、ハンデをもらって先に出た私は、折り返しまで行かないうちに、16・5㎞あたりで高橋につかまった。

経験から編み出したトレーニング

――では、実際の〝小出流〟のマラソン・トレーニングは、どんな流れになるのだろうか？


それは、人によってみんな違う。体格も、能力も、生育環境も人それぞれのように、練習も違ってくる。「この子はだいたい6ヵ月かかるな」とか「この子は2ヵ月間じっくりと歩かせて、ジョッグさせて、まず身体の基礎を作らないとダメだな」とか。マラソン練習はだいたい3ヵ月と言われるが、私はそうは思わない。高橋は1年間を費やして準備した。「1ヵ月間は山登りだけ」と決めて、連日朝から8時間歩くこともある。長い期間だから、気持ちが続くように、しょっちゅう馬鹿なことを言ったり、リフレッシュのためにしゃれたレストランへ食事に行ったり。惹きつけながらやっていく。

練習のやり過ぎも言われたが、「何でこんな暑い時にやるんだ」と練習時間帯を問題視されたこともある。「練習は涼しくなってからやるものだ。暑い時にやって体力を消耗するのはいけない」と。それは、経験のない人が言うことだ。一番暑いところで練習をやると、涼しいところに行ったらガンガン走れる。私の練習は、研究者が考えることと自分の経験とが、半々に入っている。アメリカで暑い時に練習したら、あまりにも肌がジリジリ焼けるから、長袖を着せて走らせたこともある。高橋は炎天下、トラックで1万m×3本のインターバル走をやった。そもそも気温35度でも、平気で1時間ぐらい走る選手だった。

●42㎞持たせるには、どうしたらいいか

要するに、42㎞身体を持たせるにはどうしたらいいかな、と考えればいい。世界で1番になるためには、そのための練習をしないとダメだ。

本当は、昼間の暑い時はゴロンと横になっていて、夕方涼しくなってからジョッグして勝てるなら、それが一番いい。でも、それでは勝てない。練習が多いか少ないかが問題ではなく、「1番になるためにはどうしたらいいかな」と考えて、その練習を編み出し、選手にやらせればいいことだ。

——「ケガが怖いから練習で追い込めない」という指導者もいる。

ケガは付きものだが、怖がってはダメだ。極論するなら、マラソンは40日前にケガをするぐらいの練習をやらせないと、結果は望めない。たとえマラソン練習中にケガをしても、10日ぐらい休めばほとんど回復する。その間は他のことをやらせておいて、レース1ヵ月前に30㎞のタイムトライアルをやると、みんなケガをする前より2～3分は速くなっている。それはわかっている。

鈴木も40日前に故障した。有森も、高橋も故障はある。でも「大丈夫、大丈夫」と言って休ませる。10日間は休ませて大丈夫だ。「まだ休め」と言える。そして、治ったら3日ぐらいジョッグをやって、その後30㎞をやると元気一杯になって走る。人間の身体は、そうなるようにできている。これは自分の中で確立しているが、経験がないとわからない。今の時期は何をやったらいいか。長い経験で、全部頭に入っている。

マラソンを全力で走り通せる身体を作る

――小出式のマラソン・トレーニングをやるには、まずその練習をこなせるだけの体力をつけることが必要か？

違う。「こなせる体力」ではなくて、「勝つにはこれだけやらなければダメだな」という練習をやる。体力がある、ないではない。1番になるためには体力をつけることからやらないといけないが、「この子は体力がない」とか「華奢《きゃしゃ》だな」と言っていたら、1番になるトレーニングはできない。そう考えるから、みんな1番になれないのだ。それが高じて「小出は無茶だ」という話になる。

私は「世界中、間違ったトレーニングは1つもない」と思っている。指導者の考え方で、それは大きく違う。ただ、国内で勝つだけのトレーニングと、世界で勝つためのトレーニングには、大きな隔たりがあるということだ。「国内で勝てばいい」というぐらいの甘い考えで練習していたら、世界では絶対に勝てない。瀬古とか宗兄弟とか男子マラソンで世界一を狙った選手たちは、多い時には5時間も6時間も走っていた。42・195kmのマラソンを、最初から最後まで全力で走れるような身体を作って、それで戦っていた。

国内のマラソン大会を見ていると、30～35kmまでは先頭集団で走れても、そこからガクンとペースを落とす選手が多い。それは、人間の身体は誰でも30kmあたりまでは走れるようになっているから。誰でも、と言っても鍛えられた人だが、そこからの12kmがマラソンは大事になる。その12kmを持たせるにはどうしたらいいかな、と考えて、私の頭で練習法を探す。

30kmまでは世界新ペースで行っても、そこからバネがなくなり、心も沈んできて、抜かれても抜き返す力がなくなる。そこの練習をやらないといけない。だから、高橋には毎週40何キロを走らせて、彼女はそこからまた1時間ぐらい走る。それが、脚を持たせる練習になった。

ケニアやエチオピアの選手が「練習で30kmまでしか走らない」と言っても、その後に電車やタクシーに乗るわけではなく、何時間も歩いている。そこの差だ。

●コンディショニングの方法

いくら練習をしても、レース前のコンディショニングで調子を落とすことがある。調整のミスで、ラスト7km、あるいはラスト10kmでパタッと脚が止まってしまうケースだ。たとえ40km走を10回やって準備しても、調整期間に入ってからグンと練習を落とすと、人によっては調子がすぐに落ちてしまう場合がある。それで失敗する人は多い。落とし過ぎると筋力が低下し、肺の力も弱って、集団について行けないのだ。

調整法も人それぞれ、みんな違う。何日前に30kmやって、何日前に20kmやって、と各々に考える。那須川瑞穂（ユニバーサルエンターテインメント）は筋力が落ちるのが早いから、レース前日でもみんなより倍以上走らせたり、高橋は何日か前に長い距離を1回走らせて筋力が落ち過ぎないようにしたり。だから、選手を毎日見てないとわからない。

●マラソンの魅力

マラソンは奥が深い。やればやるほど深い。死ぬまで勉強だと思っている。私なんか、まだまだ素人だ。

――まだ「極めた」とは思えない？

思えない、75歳だけど。私の場合は、走って60年経つから、たまたま1つオリンピックの金メダルをいただいた。それは、金メダルを取れる選手にたまたま巡り会っただけで、経験さえあれば誰でもできる。ただ

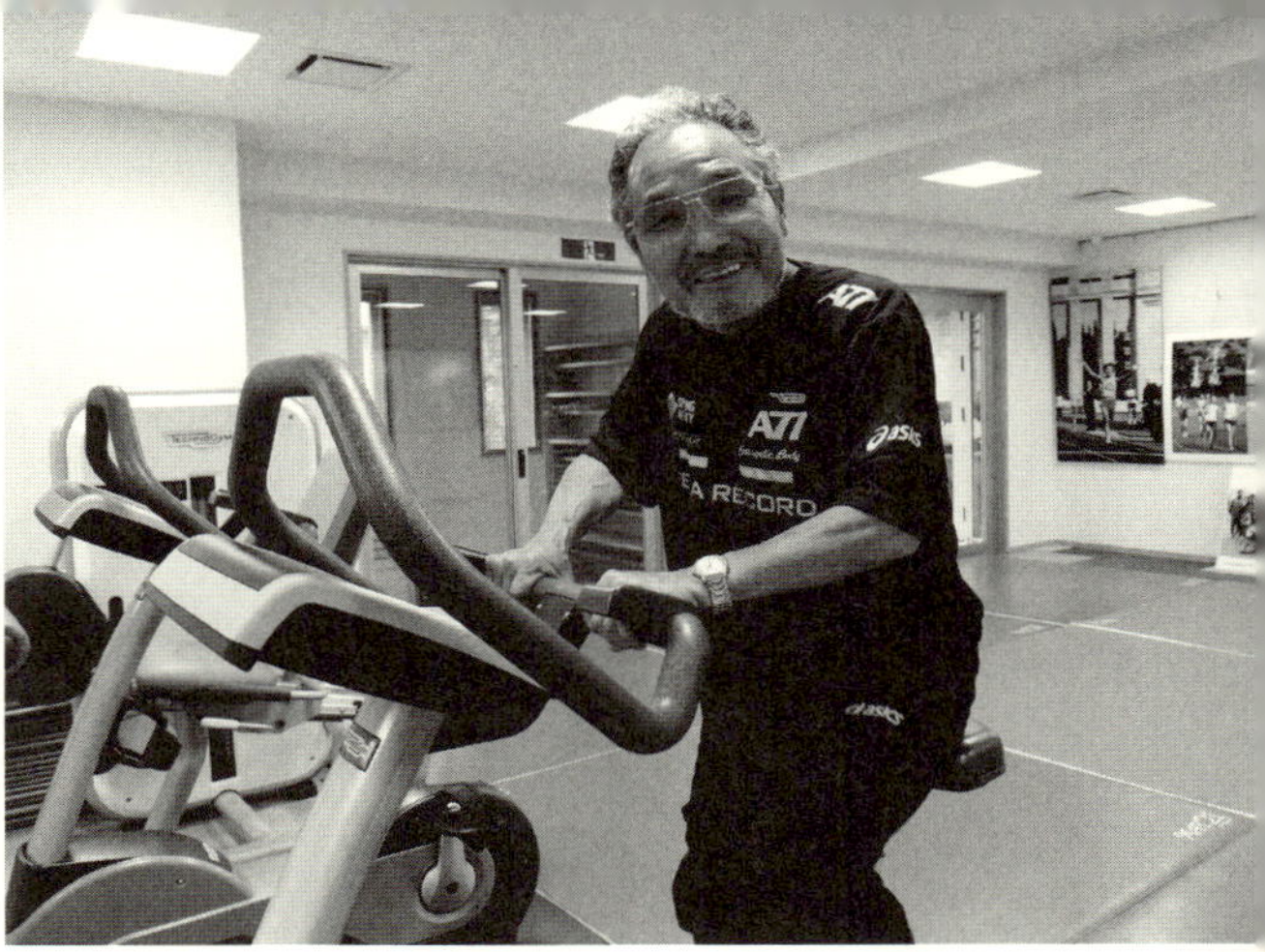

自らが代表を務める佐倉アスリート倶楽部のクラブハウスにて。「いい素材に巡り会えば，もう一度、世界に挑戦したい」と話す

し「勝ちたい、勝ちたい」という強い想いがないとダメだ。

有森もそう、高橋もそう、決して高校・大学のトップ選手ではなかった。縁あって私の元に来て、オリンピックのメダリストになったが、それは本人の意欲はもとより、会社一丸となって、チーム一丸となって、成し得た結果だ。老体を奮い立たせる素材が出てくれれば、もう一度挑戦したいと思う。

■小出義雄が育成した主な選手

有森　裕子	1992年 バルセロナ五輪女子マラソン銀メダリスト
	1996年 アトランタ五輪女子マラソン銅メダリスト
鈴木　博美	1992年 バルセロナ五輪女子10000m代表
	1996年 アトランタ五輪女子10000m代表
	1997年 アテネ世界選手権女子マラソン金メダリスト
五十嵐美紀	1992年 バルセロナ五輪女子10000m代表
吉田　直美	1993年 シュツットガルト世界選手権女子10000m代表
志水見千子	1996年 アトランタ五輪女子5000m 4位入賞
	2000年 シドニー五輪女子5000m代表
高橋　尚子	2000年 シドニー五輪女子マラソン金メダリスト
千葉　真子	2003年 パリ世界選手権女子マラソン銅メダリスト
宮井　仁美	2005年 ヘルシンキ世界選手権女子10000m代表

Legend 12

Nobuyuki Fujita

藤田信之

女子の400mからマラソンまで 数々の「日本記録ホルダー」を育成

野口みずきのマラソン金メダルはトラックの延長

東に小出義雄あれば、西に藤田信之あり。女子長距離の指導者として数々の足跡を残した〝名伯楽〟2人は、その情熱と緻密な戦略で、女子マラソンのオリンピック金メダリストを育てた。藤田の愛弟子・野口みずき（グローバリー、現・シスメックス）が2004年のアテネ五輪で真ん中の表彰台に立ち、日本は2000年シドニー五輪の高橋尚子（積水化学）に続いて女子マラソンで２連覇。だが、その後は2008年の北京、2012年のロンドンとメダルはおろか８位入賞にも届いていない。女子の400m、800m、1500m、5000m、10000m、マラソン、それに4×400mリレーと、７種目で日本記録保持者を輩出した藤田は、74歳になった今、日本の現状をどう見ているのだろうか。

“駅伝要員”で急きょ実業団入り

藤田は1940年（昭和15年）10月4日生まれの74歳。小出義雄（佐倉アスリート倶楽部代表）とは、1つ違いになる。同じ時期、競うようにして女子長距離の指導に情熱を燃やすが、そこにたどり着くまでの経歴は異なり、生まれも育ちも京都市一途の藤田が「世界」を意識するのは三十路に入ってからだった。

「小さい時から走るのが好きだったか？」と聞かれれば、「別にそんなに好きではなかった」と答えるしかない。中学校ではバスケットボール部に入ったが、練習をサボるからすぐクビになって、その後は何もしていなかった。

陸上競技との出会いは、中学2年の時。体育の時間に体力テストがあって、その種目に1500m走が入っていた。たまたま私のタイムが陸上部員の記録より良くて、先生の目に留まった。翌年の春、何もわからないのに「春季大会に出ろ」と言われて、陸上部の下駄箱に置いてあるスパイクから合うのを探して京都市の大会に行くと、1500mで2番になった。さらに、三都市大会でも2番だった。

●6ヵ月間の病気療養

しかし、その後すぐに乾性肋膜炎に罹っていることがわかって、中学3年の6月から11月末まで、6ヵ月間も学校に行ってない。当時、結核に罹っているかどうかを調べるのに、ツベルクリン反応検査というのがあった。腕に注射して、赤い発疹が10ミリ未満だと陰性で、結核予防のワクチンであるBCGを接種する。10ミリ以上は陽性で、結核菌が体内にある可能性があるので運動は禁止された。

私は陽性だったのだと思う。陸上の大会に出るといっても、大した練習はしてない。それなのに、すごくしんどかったのを覚えている。あの頃は、結核の治療にストレプトマイシンという抗生物質を投与した。そう簡単に手に入らない時代だったが、親父が銀行員で、銀行の健康保険組合から50本のストレプトマイシンを調達してもらい、それを持って毎日病院に行き、注射してもらった。

病気が治って学校に行き始めた中学3年の暮れ、25㎞ぐらいの〝適応遠足〟というのがあった。私たちの時代、冬にはどこでもやっていた「耐寒マラソン」。学校からは「走ったらいかん」と言われていたが、それを無視して走ったら、思っていた以上に走れた。「これなら陸上やれるわ」と思って、高校では陸上部に入った。

1956年（昭和31年）4月に、京都府立洛北高校へ入学。本格的に陸上を始めた藤田だが、全国大会は無縁に終わっている。

1500mを主にやっていて、ベストは4分08秒ぐらい。近畿大会で敗れて全国インターハイには行ってない。大学には行きたかった。しかし、受験勉強もせずに東京教育大（現・筑波大）を受けて、案の定、不合格。「さて、どうしようかな」と思った時に、京都市役所の陸上部に誘われて、入ったものの、役所勤めは自分に向いてないことがすぐにわかって、3ヵ月で辞めた。その後は遊んでいた。

親父が「どうせ東京の大学に行っても陸上しかやらんのだろうから、もう東京の大学を受けるのはダメだ」と言う。「地元だったらええわ」ということで、京都にある立命館大学に決めて、浪人中も練習は立命館に行ってやっていた。

その年（昭和34年）の秋、東京・国立競技場で「全国青年大会」という高卒者までの大会が開かれ、私も出ることに。夜行の汽車賃だけ親にもらって、スパイクは高校へ行って後輩のものを借りた。千駄ヶ谷にある日本青年館に泊まったのを覚えている。その時の1500mで、記録は4分12～13秒とそんなに良くなかったが、2番になった。優勝した選手は、確か実業団チームのリッカーミシンの所属だった。たまたまその結果が新聞に載って、私は京都にある日本レイヨン（のちにユニチカ）に誘われた。実は、高校を卒業する時にも声をかけてくれた会社なのだが、「大学に行きたいから」と断った。今度は「駅伝メンバーが足りないから、すぐに来い」という話になった。しかし、来春には立命館大学に行く約束をしてある。「それなら、来年の春まででいいから」と言われ、１９５９年（昭和34年）11月30日付けで日本レイヨンに入った。

●全日本実業団対抗駅伝に出場

入社してすぐ、12月初めには関西実業団駅伝に出た。１区の選手がトップでタスキを持って来たのは驚きで、２区をまかされた私は５人に抜かれた。チームは３位に入って全国大会の代表権を得たから良かったが、私は散々な結果。会社に戻ると「えらい奴を採用した」と言われた。

全日本実業団対抗駅伝は１９５７年（昭和32年）３月３日に第１回大会を開催。当時は、三重県の伊勢神宮外宮前を発着点とし、志摩半島の賢島を折り返す７区間８３・５㎞のコース。１９６０年（昭和35年）は第４回大会（昭和34年度分）が２月に、第５回大会が12月に行われているので、１年に２回の開催となった。

全国大会に出られた日本レイヨンは、昭和35年２月の第４回大会で５番に入っている。優勝は八幡製鉄で、同い年の君原健二が４区で区間賞を取った。私もその10㎞区間を走ったが、まだ舗装もされてなくて、デコボコの砂利道だった。その後、全日本実業団対抗駅伝は12月に定着し、〝ニューイヤー駅伝〟として元日に行われるようになったのは、群馬のコースに移された昭和63年からだ。

実業団で走ることがおもしろくなり、結局、大学進学はあきらめ、そのまま日本レイヨンに在籍して、実業団の駅伝はその後も何回か出ている。しかし、５位になったのが最高成績で、以降はふたけた順位に低迷した。19歳で実業団入りし、芳しい成績も残せず現役を退いたのが27歳だった。

指導者として目覚めたヨーロッパ遠征

初めて東京で開かれたオリンピックが1964年（昭和39年）。藤田が24歳の時だった。

20歳の時、京都の駅伝で「成人式を迎えた選手にインタビュー」というコーナーがあって、マイクを向けられた私は「東京オリンピックに出ます」と答えている。二流選手なのに、よくもまあぬけぬけと言ったものだ。駅伝は好きだった。東京～大阪間や大阪～下関間の駅伝などに出ると1週間は会社を休める。走れて、しかも会社に行かなくていいのだから、駅伝が大好きだった。その頃の私は、世界なんて全然見てない。

27歳で結婚と同時に選手生活にピリオドを打った藤田は、会社の仕事に専念するかたわら後輩たちの面倒を見始める。

結婚と同時に陸上部を辞めたが、勤務を終えて家に帰ってもやることがない。元々フルタイムで働いてから陸上の練習だったので、その時間がポッカリと空いた。「困ったな」と思っているうちに、自然と足はグラウンドに向かっていた。後輩たちにアドバイスをしていたら、「来年1人女の子が入ってくるから、お前が面倒見ないか」と言われて、見るようになった。河野信子の1つ上の代だ。

大分県の高校を出て、河野が入社してきたのが1969年（昭和44年）。その年、会社はユニチカと社名を変更した。

藤田の一番弟子になる河野信子は、ユニチカに在籍した丸6年間のうちに、400m、800m、1500m、4×400mリレーを合わせ計23回の日本新記録を樹立。最初の日本新は、1970年（昭和45年）6月の実業団・学生の対抗戦（小田原）。400mで56秒4を出した。

男子走幅跳の山田宏臣（東急）が、日本人で初めて8m（8m01）を跳んだ。歴史に残る、あの大会だ。

実業団のユニチカ（元・日本レイヨン）に所属していた藤田氏（右）は27歳で選手生活を終えた後、仕事をしながら後輩たちの指導をはじめ、一番弟子の河野信子が400m、800m、1500mで次々に日本記録を塗り替えた

藤田門下生の日本記録樹立 ※個人五輪種目のみ

■女子400m				
河野信子（ユニチカ）	56.4	実業団対学生	1970. 6. 7	小田原
〃（〃）	55.7	日本選手権	1971. 5.29	国　立
〃（〃）	55.6	国際競技会	1971. 8.15	シンガポール
〃（〃）	55.1	実業団対学生	1973. 6.10	小田原
〃（〃）	54.4	国際競技会	1973. 7. 4	モントリオール
■女子800m				
河野信子（ユニチカ）	2.10.1	全日本選抜	1971. 9.24	世田谷
〃（〃）	2.09.6	国　体	1971.10.29	紀三井寺
〃（〃）	2.09.4	スポニチ選抜	1972. 5. 7	国　立
〃（〃）	2.06.5	国　体	1972.10.27	鴨　池
〃（〃）	2.05.1	国際競技会	1973. 7. 1	オタワ
池田真理子（ワコール）	2.04.53	日本選手権	1994. 6.12	国　立
■女子1500m				
河野信子（ユニチカ）	4.26.2	スポニチ選抜	1973. 5. 6	千　葉
〃（〃）	4.25.6	太平洋5ヵ国	1973. 6.27	トロント
石橋美穂（ワコール）	4.14.72	京都府選手権	1990. 6.30	西京極
田村育子（グローバリー）	4.10.39	中距離サーキット	2002. 6.23	小田原
■女子5000m				
太田利香（ワコール）	15.24.35	スーパー陸上	1991. 5. 6	草　薙
■女子10000m				
真木　和（ワコール）	31.40.38	兵庫リレーカーニバル	1992. 5. 3	神　戸
■女子マラソン				
野口みずき（グローバリー）	2.19.12	ベルリン・マラソン	2005. 9.25	ベルリン

河野が出た女子４００ｍはちょうどそれに重なって、私は自分のストップウォッチを止めて「日本新やなあ」と思っていたが、何の放送もない。山田の８ｍ突破で、会場はワーッと盛り上がっていた。「先ほどの女子４００ｍは日本新記録でした」とアナウンスがあったのは、レースが終わって30分以上経ってからだった。

河野はその年、４００ｍと８００ｍでアジア大会（バンコク）の代表にも選ばれた。そんな時、社内で「河野は素質があったから記録を出したのであって、藤田の力ではない」と言われた。「クソーッ」と思って、〝コーチ魂〟に火がついた。

２年後（１９７２年）にはミュンヘン五輪がある。４００ｍより８００ｍの方が世界に通用すると思い、８００ｍをメインにして、２分05秒７か８だったと思うが、参加標準記録を狙った。しかし、河野が２分05秒１を出したのは、ミュンヘン五輪の翌年。オリンピックの年の日本選手権（国立）は「絶対に標準記録を破れる」と意気込んで行ったが、前日から土砂降りの雨で「もう、あかん」と思った。実際、優勝はしたものの、２分12秒１もかかった。

１９７３年（昭和48年）にはユニチカの監督になり、河野とともに次のモントリオール五輪（１９７６年）を目指して強化を始めた。それまで、アジア大会でもどこでも、河野が遠征する時に私が一緒について行くことはなかったのだが、１９７４年のヨーロッパ遠征だったか、河野が「コーチも行かないと私は行かない」と言い出した。当時、日本陸連の強化委員長は帖佐寛章さん。河野のその話を聞いて、帖佐さんは「コーチの勉強を兼ねて藤田も行って来い」と言ってくれた。初めてのヨーロッパだ。これが、その後の私の生き方を大きく変えるきっかけになった。

ヨーロッパの各地をまわっているうちに、世界新記録の誕生シーンを５つぐらい見た。ワルシャワでは、女子４００ｍのイレナ・シェビンスカ（ポーランド）が49秒９。初めて50秒を切った。河野も走ったが、まったく歯が立たない。「ホンマにすごいなあ」と感心するしかなかった。同じ大会で、男子３０００m障害の小山隆治（クラレ）は、８分21秒６の日本新を出した。他の種目も「うわぁ、すごいなあ」と目を見張るばかり。しかも、どこに行ってもトラックは全天候型。「こんな田舎のグラウンドなのに」と驚かされた。日本ではまだまだ全天候の競技場は少なかった。

河野は結局、モントリオール五輪の年を待たず、１９７５年（昭和50年）３月に退社して大分に帰った。藤田も河野が辞めた翌年に監督をはずれ、一時は大阪の本社勤務を経験。オイルショックによる繊維産業の不景気などもあり、紆余曲折を経て、１９８６年（昭和61年）４月にユニチカを退社した。

モントリオール五輪の前年になったら、河野が「もう、よう我慢せえへん」と言い出した。そんなに練習が好きではないのに、オリンピックが近づいて、だんだん厳しい練習になってきていた。

現在63歳の河野が先日、写真を添付してメールを送ってきた。何かと思ったら、河野が辞める時に私が贈った色紙だという。未だに持っていたとは……。当時の河野はガリガリに痩せていたから「ホネ子」とか「ホネ子」とか呼んでいた。

「ホネ、苦しかった毎日のトレーニングを、厳しかったレースでの勝利の喜びを、いつまでもいつまでも忘れないで」

そんなことを書いて、さらに「お前の後継者を育てます」というようなこともつけ加えていた。34歳の頃の話である。

ワコールで女子陸上部を創部

ユニチカを退社した年（1986年）の6月、藤田は京都市内に本社を置くワコールに入社して、女子陸上競技部を立ち上げた。ヨーロッパで受けた衝撃を胸に抱えながら、いよいよ世界へ目を向ける時がやって来た。

全国都道府県対抗女子駅伝が京都で開かれていることもあったし、昭和63年（1988年）に京都国体も控えている時期だった。ちょうどワコールの創業社長の塚本幸一さんが京都商工会議所の会頭で、私が都道府県対抗女子駅伝の京都チームの監督をやっていたので、塚本さんに「駅伝と国体の強化を」と言われ、「うちで何人か選手を抱えていい」という話で「うちに来い」と声をかけてもらった。

「都道府県の駅伝で勝ったら、好きなことをやらせてくれますか?」と聞いたら、「お前の好きな陸上競技をしたらええ」と言う。だったら、日本一のチームを作って、選手を日本一にして、世界の大会に出したい。夢が大きく広がった。

●まず真木和が世界選手権の代表入り

都道府県の女子駅伝も、全日本実業団の女子駅伝も勝った。次は世界に向けて焦点を合わせ、まず真木和《いずみ》が1991年（平成3年）の東京世界選手権で1万mの代表になった。

私がワコールの女子陸上部を立ち上げた1986年、時を同じくして、女子長距離の実業団チームがいくつもできた。小出さんのリクルートもそう。あとは、九州に拠点を置くニコニコドーと沖電気宮崎。おのずと選手争奪も激しくなって、インターハイで予選落ちの選手なども採用した。

――ワコールの選手は、最初からストライドが大きくて、伸びやかな走りをするタイプが多かった。

そうでないと、世界では戦えないと思っていた。高校、大学でいくら速くても、ピッチで稼ぐ〝ちょこちょこ走り〟の選手には、魅力も将来性も感じなかった。だから、採る時にはできるだけストライドが大きく、腰高で、バネのある子がほしいと思っていた。できたら、即戦力より、伸びしろがある方がいい。真木だって、魅力はストライドが大きいだけ。高校時代、四国で4～5番手の選手だった。

そのうちに女子のトラック種目も、3000mが5000mになり、1万mもやるようになった。河野が400m、800m、1500mで日本記録を作り、種目が増えてきてからは「自分が教えている種目で、全部日本記録を出させたい」と思うようになった。結局、マラソンまでそれができたが、3000m障害があとから正式種目になったので、そこまでは手が届かなかった。あと何年か監督をやっていたら、それも達成できたと思う。

――マラソン選手を育てようと思ったのは、いつ頃か？

当時、ダイハツの鈴木従道監督に「藤田さんは絶対にマラソンをやらないと思っていた」と言われたことがあるが、最初は自分でもまったく思ってなかった。ただ、1992年（平成4年）のバルセロナ五輪に真木が1万mで行って、12番。真木よりスピードのない有森裕子（リクルート）が、女子マラソンで銀メダルを取った。「オリンピックでメダルを取るにはマラソンだ」と思ったのは、その時だ。しかし、当の真木は、マラソンをやる気がまったくなかった。

ユニチカを退社した1986年、藤田氏はワコールに入社して女子陸上部を立ち上げ、監督としてチームを牽引。1989年に全日本実業団女子駅伝で初優勝を果たし（写真）、以後4年連続V5。エースの真木和（右から3人目）は10000mで日本記録を樹立し、1991年東京世界選手権、1992年バルセロナ五輪、1993年シュツットガルト世界選手権に連続出場するなど成長した

真木に憧れて三重・宇治山田商高から藤田門下に入った野口みずき（左）。社会人3年目の1999年には世界ハーフマラソン選手権でいきなり2位を占めて一躍注目される存在になった。優勝は当時のマラソン世界記録保持者でもあったテグラ・ロルーペ（ケニア、中央）、3位は後にマラソンで野口のライバルとなるキャサリン・デレバ（ケニア）だった

1996年3月の名古屋で初マラソン初優勝（2時間27分32秒）を果たして同年のアトランタ五輪代表となった真木だが、五輪本番は12位にとどまった

〝即席〟で失敗した真木のマラソン挑戦

真木が「マラソンをしてもいい」と言ったのは、アトランタ五輪の年（1996年）の1月だ。東京シティハーフマラソンに連れて行って、前日の歓迎レセプションの席でも「マラソンをやれ」と口説いていた。それが周りの人には選手を叱っているように見えたらしく、「試合の前なのに……」と眉をひそめられた。そのハーフマラソンで、真木は1時間8分18秒の日本最高記録を出した。下りのコースということでのちに非公認になるが、このタイムが自信になったのか、レース後に真木が初めて「マラソンをします」と口にした。

真木はアトランタ五輪の最後の代表選考会になる3月の名古屋国際女子マラソンに出場を決め、初マラソン初優勝（2時間27分32秒）。見事にオリンピック代表の座を射止めたが、本番は12位に終わり、またも銅メダルの有森の陰に隠れた。

1月に決めて、3月の名古屋だから、やることなすこと全部〝即席〟だ。だから、故障した。故障したまま名古屋を走って、優勝したけれど、今度はリフレッシュする間もなく本番に向けての合宿。そんな状態では、とても良い結果は望めない。「即席の計画ではダメだ」ということが、野口（みずき）の時のベースになっている。

真木の名古屋のレースを見て、真木にあこがれ「マラソンをやりたい」と言ってワコールに入ってきたのが、三重・宇治山田商高卒の野口みずきだった。真木とはちょうど10歳違う。藤田は、全面的に支援してくれた塚本会長が1998年6月に亡くなったのを機にワコール退社を決意。真木、野口らとともに、1999年3月にグローバリーへ移籍する。

野口がいくら「マラソンをやりたい」と言っても、世界で通用するのはやっぱりトラックのスピードがある選手と思っていたから、「当面は5000m、1万mでスピード強化の上、マラソンを」と考えていたが、2001年のエドモントン世界選手権に1万mで行くことになった。

私は「ちょっと待ってよ」という気持ちだった。真木は1992年の兵庫リレーカーニバルで31分40秒38の日本新（当時）を出し、日本選手権でも勝ってバルセロナ五輪の代表になった。野口は、日本選手権で3番。記録も31分51秒13だ。9年前の真木が戦えなかったのに、それより記録が悪い野口が今頃1万mで世界に出て行っても、戦えるわけがない。私は、野口に「行くな」と言った。しかし、本人は「行きたい」と言う。「勝手にしたらええわ」という気持ちで、エドモントンに行かせた。

果たして、結果は13番だったが、行かせて良かったのは、そこで野口が世界を見た。それまでも世界ハーフマラソン選手権など、ハーフの大会には何度も行っているが、それはあくまでもハーフマラソンだけの世界。初めて陸上競技の世界大会に出て「こういうところで戦いたい」と思った。私が初めてヨーロッパへ行った時の〝カルチャーショック〟と一緒だ。そもそも野口には2001年にマラソンをやらせようかと、そのタイミングを見計らっていたので、1年ずれたが、エドモントン世界選手権は経験させて良かった。

野口みずきのアテネ五輪金メダル

●ハーフはトラックの練習をしたら走れる

これは私の持論だが、ハーフマラソンまでは5000m、1万mの練習をしたら走れる。マラソンの練習

2003年パリ世界選手権のマラソンで銀メダルを獲得した野口は、翌04年のアテネ五輪で悲願の金メダルに輝いた

では、スピード対応という点で疑問がある。トラックの1万mが強い方がハーフは強い。教え子にもハーフで日本新を出した選手が何人かいるが、みんなトラック練習の延長でハーフの大会に出ていた。でも、それだけではマラソンは走れない。その中から、さらにマラソンをやれる選手を選別しないといけない。ハーフまでは行けても、その先、みんながマラソンに行けるわけではない。ベースになる5000mや1万mの持ちタイムは、できるだけ速い方がいい。さらに、マラソンの素養があるかどうかを見極める必要がある。

身長が150cmと小柄な野口は、いずれにせよ5000m、1万mを続けていたら、とうにエンジンが焼き切れていた。マラソンに距離を延ばせば、練習もレースももう少し遅いスピードで走れる。そんなこともあって、実業団の合宿などに行くと「マラソン組」に入れた。最初のうちは30kmを過ぎると離されていたが、非常に良いリズムで走っているのが目を引いた。

真木が名古屋国際女子マラソンでデビューして6年後（2002年）、野口も同じ大会で初マラソン初優勝を飾り、そこからは破竹の勢いで2004年（平成16年）のアテネ五輪金メダルまで駆け上っていく。

誰もが否定した。「野口は絶対にマラソンは無理」と。小柄な割にはストライドが大きく、バネを利かせて弾むように走る。でも、私は「練習で30kmや40kmをリズム良く行けるんだから走れる」と断言した。

2002年の名古屋でマラソン初出場初優勝を果たしたが、その年の釜山アジア大会を断った。2年後のオリンピックを見据えてのことだ。当時の日本陸連の澤木啓祐強化委員長が、京都の事務所へアジア大会に出場させない理由を聞きに来た。私は「2004年のオリンピックには絶対に出すから」と前置きして、「こういう計画でいる」と白板に書いて説明した。03年のパリ世界選手権で、メダルを取って日本人トップなら、04年のアテネ五輪の代表切符がもらえる。それなら、03年の大阪国際女子マラソンでパリの代表を勝ち取り、パリでメダルを狙う。これを話したら、強化委員長も納得してくれた。

●金メダルまで丸2年の青写真

野口のマラソンは、まず「選考会をどこで走ろうか」というところから始まる。11月の東京、3月の名古屋は、時に気温が高くなる。1月の大阪が、一番気温がぶれない。それに、いい選手が集まる。「それなら大阪だ」と決めた。

レースをどこにするのかだけ決めたら、野口のマラソンは他に何もない。普通にトラックやハーフをやっていて、レースの3ヵ月前になって初めてマラソンのためのトレーニングに入る。大阪の前もそう、パリの前もそうだ。大会から逆算して、3ヵ月前にマラソン・トレーニングに入った。バチッとそこで切り替えて、試走も3ヵ月の間に行く。

――あえてそう切り替えを図ったのか？

別に決めた大会以外、マラソンレースに出す気はないから、ダラダラと1年を通してマラソン・トレーニングはやらない。オリンピックか世界選手権のマラソンを狙うなら、その代表になるための選考会だけ。そうすれば、その間にマラソンのベースとなるスピードを、トラックレースなどで磨ける。5000mだって、1秒でも速くした方がいい。

――それで、スタミナ面で問題はないか？

ハーフまでの練習をしていたら、問題ないだろう。といっても、1ヵ月に1回ぐらい30km走が入るぐらいだ。野口はハーフも出るから、5000m、1万mの選手よりは長い距離をやった。みんなが15km行く日に、野口だけは20km行くとか。同じ練習の中で、距離を少し延ばした。40km走は、マラソン・トレーニングの期間に入ってからだ。私がそれだけトラックのスピードにこだわるのは、選考会で2時間21分ぐらいで走らないと代表になるべきでないと思っているから。ただ上位に来ただけで代表にするのは、どうかと思っている。ペースメーカーなしで、自分たちでレースを作り、なおかつ2時間20～21分で国内の選考レースを走らないと、世界の舞台でメダルなんて絶対に狙えない。

●相手を知る

アテネ五輪は「メダルは取れる」と思ったが、金メダルを狙いに行ったわけではない。初めからそう思って行ってない。出てくる選手をずっと見ていると、だいたいわかる。世界記録保持者のポーラ・ラドクリフ（英国）は、寒い時にしか記録を出してないので「暑さにはそんなに強くないだろう」と踏んでいた。本番では、スタート地点でもう「あかんな」と思った。結局、途中棄権した。

パリ世界選手権はキャサリン・デレバ（ケニア）に負けて銀メダルだったが、走法にやや難点があった。日本選手全体に言えることで、上りが弱くて下りで離される。スピードの切り替え対応だ。パリでは33km過ぎの上りで、デレバが抜け出した。それでも、野口だけはいったん27秒ぐらいまで広げられた差を、ゴールでは19秒に縮めた。

パリ世界選手権の後、帖佐さんに「日本の女子はみんな上りが弱くて、下りで一気に離される。もっとアップダウンのあるところで走らせろ」と指摘を受けた。それまでも起伏のあるところでやっていたが、そこまでは意識してなかったので、クロスカントリーなどをできるだけ入れるようにした。アテネ五輪の前も、パリの時と同じスイス・サンモリッツで高地トレーニングを積んだ。そこでは、1年前よりアップダウンを意識したメニューを組んだ。

アテネでは野口が25㎞でロングスパートを仕掛けて逃げ切った。飛び出してからは「追われるか」と後ろが気になったが、追い上げてきた2位のデレバに12秒の差をつけて勝った。

確かに、うれしかった。でも、マスコミの人に「藤田さん、金メダル取って集大成ですか」と聞かれたが、そんな気持ちはまったくない。というか、結果は単に〝通過点〟にすぎず、何も思わなかった。

オリンピック2連覇を懸けた2008年（平成20年）の北京五輪は、度重なるケガを克服して野口が代表切符を手にしたが、またも故障に泣き、スタートラインに立つ前に欠場を余儀なくされた。

ケガなく出場できていたら、色はわからないがメダルは取れていたと思う。ただ、ケガと紙一重のところまで練習しなかったら、メダルなんて狙えないのも事実だ。

最近は、指導者が「こんなことをやらせたら故障するな」と、やらせる前から心配して内容を変えたり、選手が「こんなのはできません」と言ったりするケースがあるとか。私は、指導者が「こんな結果を出したかったら、これぐらいのことをしないと」と指導するのが責務だと思っている。

選手だけでなく指導者も意識改革を!!

――現在は、日本陸連が男女マラソンのナショナルチームを編成し、強化委員会が主導で男子、女子それぞれの強化合宿を実施したりしている。

はっきり言って、年に数回の合同合宿をやるだけで、選手は強くならない。各企業や大学から寄せ集めでやっていても、無理だろう。やるなら、指導者も選手も所属企業から離れて、陸連が費用を負担して徹底的に強化するしかない。それができないなら、それぞれの企業にまかせて、陸連はいろいろな情報だけを現場に流せばいいと思う。

現場の指導者は、誰に言われようが言われまいが「この選手を次のオリンピックに出したい」と思ってやっている。そう思わない指導者がいるとしたら、私には理解し難い。確かに、駅伝を優先に考える企業もあるだろうが、「この選手をオリンピックに出したい」「あの選手を世界選手権に出したい」と言えば、会社は必ず理解すると思う。駅伝は、チームとしての強化の一環でいいのでは……。

●駅伝のためのトレーニングは要らない

たとえば駅伝で勝とうと思ったら、トラックの5000m、1万mで速い選手を何人か作ったらいい。駅伝のためのトレーニングなんて要らない。駅伝で勝てばテレビに映ると言うけれど、その基礎はトラックの競技力を向上させることだ。その延長線上に駅伝がある。駅伝でがんばり、オリンピック代表も出せば、社内で指導者として評価される。でも、それだけ？　それ以上のことは望まないのだろうか……。

●指導者の夢はないのか？

これは意見を求められた時、陸連の上層部の人にも言ったことがある。指導者の意識改革をしない限り、選手の意識改革はできない。選手に求める前に、指導者の意識を変えないとダメだ。指導者に大きな夢はないのか？　目標はないのか？

――どうやったら指導者の意識をもっと高いものにできるのか？

今の日本の女子長距離・マラソンのレベルは、年々低下している。トラックの大会もしかり、駅伝もしかり。全日本実業団対抗選手権の女子1万mは、1996年に弘山晴美（資生堂）が31分44秒86で走っているのに、それから18年も経った2014年の大会で32分を切った日本人は3人だけ。何も進歩してない。

それでも、実業団チームは存続し、指導者も選手も収入が得られる。指導者のサラリーマン化か？ 本当は「走ってなんぼ」の世界なのに、生活が安定しているから楽なところで収まっている。

前の時代の方がもっとガツガツして、戦う姿勢があった。小出さんのところからメダリストが出れば「ナニクソッ」と思ったし、ダイハツの浅利純子がシュツットガルト世界選手権（1993年）の女子マラソンで金メダルを取れば「負けたくない」と思ってやってきた。今は、指導者も選手も〝仲良し〟で、ライバル関係にあるとは思えない。


――2020年の東京五輪まであと5年しかない。どう強化したらいいか？


5年後に戦うには、その2年前に女子マラソンのトップにいないといけない。そこで選考会に勝って、本大会に進む必要がある。そう考えると、あと4年しかない。

私がやるなら、マラソンで戦うためにトラックでそれなりの記録がほしい。5000mなら15分半、1万mなら31分半ぐらい。それぐらいの走力を持ってして、なおかつマラソンの資質がある人間を発掘しないといけない。そう考えると、今手元に素材を持ち合わせていない私には、時間が足りない。しかし、各チームの指導者は、現時点で素材を持っている。5年先を見据えられる。

今後に向けて陸連が強化に乗り出すなら、今の中学生、高校生からタレントを発掘し、長いスパンで見ていかないとダメだろう。たとえば、エリートアカデミー制度でNTC（ナショナルトレーニングセンター）に有望選手を集めて強化している卓球やフェンシングのように、マラソン選手を抱え込む。ただ、それは一部のシステムを変えないと無理だろう。学校制度に依存する今の横割り社会だと、指導者は中学なら中学で、高校なら高校でチャンピオンを作りたいと思う。外から見たら「そんなの練習のやらせ過ぎだ」と言えるが、そこの指導者は各カテゴリーで「日本一にしたい」と思うのは当然だが、中学チャンピオンで将来日本チャンピオンになる選手は皆無に近い。

●箱根駅伝はマラソンの弊害ではない

話がそれるが、男子マラソンで時に「箱根駅伝が弊害だ」と言われるけれど、私は弊害でも何でもないと思っている。箱根駅伝のために大学へ行って、みんなそこで勝つことを目指してやっているのだから、「将来のマラソン選手の育成をやってくれ」と言っても無理な話だ。それを弊害と言う必要はない、と私は思う。箱根駅伝を「将来、マラソンをやるための基盤づくり」と思うかどうかは、選手個々の問題だ。

段階を踏んで目標タイムをクリア

――今、目の前に「2020年の東京オリンピックでメダルを狙いたい」という女子マラソン選手が現われたら、どう育てるか？

その目標が確固たるものでないと困る。「メダルを取るためにはこれとこれとこれをやらないといけないが、ちゃんと耐えてやれますか？」と問わざるを得ない。「やります」と言ったら、こちら側がそこに向かうプロセスをじっくりと考え、「この種目でこれぐらいの記録を出して……」と段階的に計算しないといけない。そこはもう指導者のやるべき範ちゅうで、計画を持って実行するために選手にも説明する。

私たちスタッフは、野口を見ていて「マラソンをしたい」という本人の気持ちが強いのがわかったから、「マラソンをやらせるならこのへんで」と計画を立て、そのうえでトラックばかりやらせていた。

ただ最近は、初めから「マラソンをしたい」という夢を持つ選手があまりいないのではないだろうか。

――マラソン・トレーニングは、どうしても「苦しい」というイメージがあって、「苦しい思いをしたくない」という気持ちが強いのだろうか?

苦しいのはしようがない。でも、その苦しさも、段階を踏んでいく必要がある。いくら苦しいことをやっても、記録に結びつかなかったら「そんなのしたくない」と思うはずだ。例えば5000mで16分を切りたかったら、インターバル走のペースはこれぐらい、リカバリーは何秒で、本数はこれぐらい、と決める。力量を上回るようなペース設定でガンガンやらされたら、毎日の練習がきつくてイヤになる。

その選手が目標タイムをクリアするためには「まずこんな練習があるな」と考える。選手がその苦しさなら我慢できる程度にし、記録は段階的にしか上げられないが、いっぺんに上を狙っても、ただきついだけの練習になってしまい、それをやらせても、選手の身につかないだろう。

●目標をクリアするための苦しさなら我慢

練習は苦しかったけど、目標をクリアできた。「じゃあ、次の目標をクリアするために、もう少し速い練習にするぞ」。そうすれば、選手も納得ずくでできる。意味もわからず、ただ速くするためにきつい練習をやらせるのとは違う。「この練習はこういうために、このペースでやるんだよ」と、本人に理解させる必要がある。

たまに中学生に指導する機会があるが、3000mの練習だったら、3000mを10回に切って、300mを10本やる。「君が300mを10分で走りたかったら、300mを60秒で行けば、そのままリカバリーなしなら10分で走れるね」と話す。しかし、練習では1本ずつ間に休息があるから「あと1~2秒速めのスピードで走ろう。休息は○○秒ぐらいでジョッグで行こうか」と説明してやらせる。そうしたらレースの速さを身体で覚えるし、それをつないでいったら自分の目標をクリアできる。

そんな練習で繰り返していくとか、ちょっと長めの600mとか1000mで目標タイムに合わせて設定してやり、「これなら行ける」という設定で何回か練習していったら、きちんと走れるようになるから、と話すと、中学生でも納得する。

一方的にやらされている練習ではダメ。何のためにこの練習をしているのかを理解させ、指導者が「ここは苦しいよ」「ここは我慢せなあかんよ」と声をかけるのも有効だろう。

マラソン・トレーニングの流れ

――では、藤田式の3ヵ月のマラソン・トレーニングは、どのような流れなのだろうか?

選手にもよるけど、大まかな流れは初期の頃から変わってないと思う。期間中に40km走が何回できるか、とか。同じ長い距離でも、最初は脚をつくるための走り込みから始まる。その頃はまだ、タイムは関係ない。レースに近くなるにつれ40km、30kmのタイムトライアルが入り、もっとスピードが要る。何度も言うが、トラックの練習の延長線上に長い距離が入っていくだけだ。

――別に40㎞走にはこだわらない？

こだわってない。10日に1回とか、ある周期では走らせたいと思うけど。でも、その間に全然長い距離を走らないのかというと、それは違って、30㎞もあるし、20㎞もある。もっと短いのもやる。

トータルの距離も、朝練習を含めたら、1日だいたい40㎞ぐらいになる。朝練習で16～17㎞。身体づくりの時のジョッグで6～7㎞。その後、トラックで1000ｍを10本やっても、10㎞になる。さらにダウンのジョッグなどを入れれば、当然1日の走行距離は40㎞を超える。マラソン選手だったら、40㎞を超えないのはおかしい。レースは42・195㎞だが、時には50㎞走があってもいいと思う。「50㎞行ける」というスタミナと自信、これは大事だ。でも、タイムは求めない。

●40㎞走は仕上がり具合の指針

私がトレーニングメニューに40㎞走を組み入れていたのは、そのタイムを見たら仕上がり具合が推し量れるから。マラソン練習に入った頃は2時間28～29分だった40㎞走が、だんだん上がってきて、最後は2時間21～22分あたりまで行く。合宿中にそれがわかれば「これだったら、これぐらいで走れるわ」というのが読める。あまり40㎞走をやらない人は、何を持って調整段階の指針にするのだろうか。

●科学と合理的は違う

マラソン練習は、ベースとしてどれだけ走っているかが大事だと思う。男子でも、今指導者になっている人たちは、選手時代に無茶苦茶走っているはずだ。だったら、何でそれを指導する選手に求めないのか。

男子マラソンの日本歴代記録を見ても、2010年代に入ってから2時間7分台を出しているのは藤原新

（東京陸協、現・ミキハウス）だけで、上位に来ているのはみんな〝過去の人〟。1万mだって、日本記録の高岡寿成（カネボウ）の次に、まだ中山竹通（ダイエー）の名前があるぐらいだ。その人たちがどんな練習をしていたかを紐解くことも必要ではないか。

私は、科学的な応用は必要だと思う。しかし、科学の導入は「練習量を少なくして」ということとは違う。「合理的に」と言うが、「これとこれを省いて強くなります」ということはあり得ない。さらなる記録を狙うということは、より原始的にチャレンジすることだ。「より速く」「より遠く」「より高く」は、より動物的なことを求めているのに、楽な道を進もうとしても無理だ。

過去の人が2時間6分、7分で走っているのだったら、まずそこに追いつくことが第一目標。そこに行かなかったら、先に進めない。今、2時間7分以内で走れたら、オリンピックや世界選手権で入賞する確率が高まる。それを、2時間8分台ぐらいで歓喜していたらダメだ。

●やるべき時は「今」

2020年の東京五輪を考えたら、やるべき時は今だ。暑さがどうこうというトレーニングより、母国開催のオリンピックのマラソンのための戦力は、今からつけて行かないと間に合わない。今、そこに行くための努力が必要だと、痛切に思う。

周到な計画で世界の頂点に立った藤田監督と野口。アテネ五輪の翌年には、9月のベルリン・マラソンで現在も日本記録・アジア記録として残る2時間19分12秒を打ち立てて優勝を飾った

野口みずきのアテネ五輪ゴールドプラン

			計画	狙い	成果
2003年	8月	五輪内定			
	9月				
	10月				
	11月	プラン①	月に1回のハーフマラソン①	徐々にスピードを上げる	1時間9分52秒（神戸）
	12月		月に1回のハーフマラソン②		1時間10分04秒 ※強風（山陽）
2004年	1月		月に1回のハーフマラソン③	最終的には自己ベストの更新	1時間7分47秒＝自己新（宮崎）
	2月	プラン②	30kmからフルマラソンへ	勝負を度外視して地力の確認	1時間39分09秒＝自己新（青梅） ※高橋尚子のコースレコードを2分48秒破る
	3月				
	4月	プラン③	トラックの10000m実施	スピードの強化	31分21秒03＝自己新（約30秒更新）
	5月	プラン④	アテネ向きの脚力養成		
	6月		昆明・麗江合宿（走り込み）	起伏を利用	1350kmの起伏地を走り込んだ
	7月		アテネを試走		コース・暑さへの対応，対策を得た
			サンモリッツ合宿（上り・下り練習）	ラスト10kmの下りの想定	ラスト想定練習（上り10km・下り10km）を2度取り入れた
	8月		フランクフルトで時差調整		良い調整ができた
		アテネ五輪	金メダル	25kmからロングスパート	金メダル獲得

野口みずきの主要成績　★＝自己ベスト，網掛け＝マラソン成績

1999年２月	犬山ハーフマラソン	優勝	１時間10分16秒	
1999年３月	まつえレディースハーフマラソン	２位	１時間11分56秒	
1999年７月	札幌国際ハーフマラソン	２位	１時間10分01秒	
1999年８月	士別ハーフマラソン	３位	１時間15分19秒	
1999年10月	世界ハーフマラソン選手権（イタリア・パレルモ）	２位	１時間９分12秒	
1999年11月	名古屋ハーフマラソン	優勝	１時間８分30秒	
2000年７月	札幌国際ハーフマラソン	３位	１時間10分36秒	
2000年８月	士別ハーフマラソン	優勝	１時間13分26秒	
2000年11月	世界ハーフマラソン選手権（メキシコ・ベラクルス）	４位	１時間11分11秒	
2000年12月	山陽女子ロード(ハーフマラソン)	優勝	１時間９分44秒	
2001年３月	実業団ハーフマラソン	優勝	１時間８分45秒	
2001年５月	東アジアハーフマラソン	優勝	１時間11分18秒	
2001年６月	日本選手権10000m	３位	31分51秒13	
2001年７月	札幌国際ハーフマラソン	２位	１時間９分51秒	
2001年８月	世界選手権（カナダ・エドモントン）10000m	13位	32分19秒94	
2001年10月	世界ハーフマラソン選手権（英国・ブリストル）	４位	１時間８分23秒	
2001年11月	名古屋ハーフマラソン	優勝	１時間８分28秒	
2002年１月	宮崎女子ロード（ハーフマラソン）	優勝	１時間８分22秒	
2002年３月	名古屋国際女子マラソン	優勝	２時間25分35秒	
2002年５月	世界ハーフマラソン選手権（ベルギー・ブリュッセル）	９位	１時間９分43秒	
2002年８月	網走ハーフマラソン	優勝	１時間９分49秒	
2002年９月	グラスゴー・ハーフマラソン	２位	１時間10分06秒	
2002年11月	名古屋ハーフマラソン	優勝	１時間９分38秒	
2003年１月	大阪国際女子マラソン	優勝	２時間21分18秒	大会新，日本国内最高
2003年３月	実業団ハーフマラソン	優勝	１時間８分29秒	
2003年８月	世界選手権（パリ）	２位	２時間24分14秒	
2003年11月	神戸全日本女子ハーフマラソン	優勝	１時間９分52秒	
2003年12月	山陽女子ロード（ハーフマラソン）	優勝	１時間10分04秒	
2004年１月	宮崎女子ロード（ハーフマラソン）	優勝	１時間７分47秒	
2004年２月	青梅マラソン（30km）	優勝	★１時間39分09秒	日本最高
2004年４月	兵庫リレーカーニバル10000m	４位	★31分21秒03	日本歴代７位(当時)
2004年８月	オリンピック（アテネ）	優勝	２時間26分20秒	
2005年７月	札幌国際ハーフマラソン	３位	１時間９分46秒	
2005年９月	ベルリン・マラソン	優勝	★２時間19分12秒	アジア記録，世界歴代３位(当時)
2006年２月	丸亀ハーフマラソン	２位	★１時間７分43秒	日本歴代２位
2006年３月	実業団ハーフマラソン	優勝	１時間８分49秒	
2006年７月	札幌国際ハーフマラソン	優勝	１時間８分14秒	
2006年11月	上海国際ハーフマラソン	優勝	１時間９分03秒	大会新
2007年１月	宮崎女子ロード（ハーフマラソン）	優勝	１時間８分30秒	
2007年５月	仙台国際ハーフマラソン	優勝	１時間８分54秒	
2007年７月	札幌国際ハーフマラソン	優勝	１時間８分22秒	
2007年11月	東京国際女子マラソン	優勝	２時間21分37秒	
2008年５月	仙台国際ハーフマラソン	優勝	１時間８分25秒	
2008年８月	オリンピック（北京）	欠場	—	
2011年12月	山陽女子ロード（ハーフマラソン）	５位	１時間10分48秒	
2012年３月	名古屋ウィメンズマラソン	６位	２時間25分33秒	
2012年９月	リスボン・ハーフマラソン	４位	１時間12分20秒	
2013年３月	名古屋ウィメンズマラソン	３位	２時間24分05秒	
2013年５月	仙台国際ハーフマラソン	優勝	１時間10分36秒	
2013年８月	世界選手権（モスクワ）	—	途中棄権	

7/10	土	雨のため50'Jog	補強B	15:30〜　1km×10（3'15"）	32km
7/11	日	雷のため60'Jog	ウエイト	15:30〜　**30km（1°51'49"）**	48km
7/12	月	70'Free Jog		16:00〜　80'Jog	49km
7/13	火	70'Jog	30'Jog　補強C	15:30〜　アップダウン20km	44km
7/14	水	70'Jog	30'Jog　補強A	15:10〜　**40km（2°25'11"）**	61km
7/15	木	80'Free Jog		16:00〜　70'Jog	33km
7/16	金	70'Jog	30'Jog　ウエイト	16:00〜　100'Jog　フロート	44km
7/17	土	70'Jog	30'Jog　補強B	16:00〜　300m×20	33km
7/18	日	70'Jog	Walk　補強A	15:30〜　30km（1°49'46"）	43km
7/19	月	65'Free Jog	Walk　補強	16:30〜　70'Jog	50km
7/20	火	70'Jog	30'Jog　ウエイト	15:30〜　2km×5　P:6'30"	33km
7/21	水	70'Jog	Walk　補強	15:10〜　**40km（2°25'13"）**	61km
7/22	木	90'Free Jog			18km
7/23	金	70'Jog	30'Jog　補強C	16:00〜　80'Jog　フロート	39km
7/24	土	70'Jog	Walk　ウエイト	16:00〜　（雨のため変更）Jog	39km
7/25	日	70'Jog	30'Jog　補強A	15:30〜　3km×5	35km
7/26	月	70'Free Jog	30'Jog　補強	15:30〜　300m×16（上り・下り）	43km
7/27	火	70'Jog	20'Jog　補強B	18:00〜　80'Jog　様子を見る	32km
7/28	水	70'Free Jog	30'Jog　補強	16:30〜　Jog　200m×10	36km
7/29	木	70'Jog	30'Jog　ウエイト	16:00〜　400m×15	36km
7/30	金	70'Jog	Walk　補強	15:10〜　**40km（2°27'00"）**	60km
7/31	土	60'Free Jog		16:30〜　Jog	40km
8/1	日	70'Jog	30'Jog　補強C	16:00〜　90'Jog　120m×10	40km
8/2	月	70'Jog	30'Jog　ウエイト	16:00〜　12000mビルドアップ走	38km
8/3	火	70'Free Jog	Walk　補強	15:45〜　5km×3	38km
8/4	水	70'Free Jog		16:00〜　Jog	25km
8/5	木	70'Jog	30'Jog　補強C	16:00〜　100'Jog	43km
8/6	金	70'Jog	Walk　補強	15:30〜　2km×5　P:6'00"　R=30"	33km
8/7	土	70'Jog	30'Jog　ウエイト	16:00〜　15km走（上り・下り）	39km
8/8	日	70'Free Jog		16:30〜　Jog	24km
8/9	月	40'Jog	**20km（1°07'55"）**	50'Jog　補強	42km
8/10	火	65'Free Jog	Walk　補強B	16:30〜　Jog	26km
8/11	水	70'Jog	30'Jog　ウエイト	15:30〜　1km×8　P:3'00"　R=12"	36km
8/12	木	70'Free Jog		移動（サンモリッツ〜フランクフルト）　Jog	25km
8/13	金	70'Jog	30'Jog　補強B	16:00〜　70'Jog　フロート	35km
8/14	土	65'Jog	Walk　補強C	16:00〜　PR16000m（88"-86"-84"-82"）	36km
8/15	日	70'Jog		16:30〜　Jog	30km
8/16	月	65'Jog	30'Jog　補強	16:30〜　5km+3km+1km	37km
8/17	火	55'Jog	移動（フランクフルト〜サンモリッツ）	16:30〜　Jog	31km
8/18	水	80'Jog		16:30〜　Jog	24km
8/19	木	60'Jog		16:30〜　2km×2	28km
8/20	金	65'Jog		16:30〜　Jog	28km
8/21	土	65'Jog		16:30〜　Jog　フロート	24km
8/22	日	45'Jog		**アテネ五輪女子マラソン 優勝**	54km

中国・昆明合宿

月日	曜	朝練習	午前練習	午後練習	距離
5/21	金				
5/22	土	65'Jog（15.5km）		15:30～　100'Jog	40km
5/23	日	60'Jog（15.5km）	30'Jog　補強C	15:30～　染王山120'Jog	48km
5/24	月	70'Jog（17.0km）	30'Jog　ウエイト	15:30～　クロカン25km	49km
5/25	火	70'Jog（14.0km）		15:30～　90'Jog	32km
5/26	水	70'Jog（17.0km）	30'Jog　補強B	15:30～　400m×20　P:78"　R=1'	36km
5/27	木	70'Jog（17.0km）	25'Jog　ウエイト	15:30～　**30km（18kmで中止）**	44km
5/28	金	70'Jog（17.0km）	移動（昆明～麗江）	16:00～　80'Jog	35km
5/29	土	70'Jog（16.5km）	30'Jog　補強C	15:30～　120'Jog	50km
5/30	日	75'Jog（17.5km）	30'Jog　ウエイト	15:30～　**30km（1°56'45"）**	55km
5/31	月	40'Jog		16:00～　80'Jog	24km
6/1	火	70'Jog（16.5km）	30'Jog　補強B	15:30～　400m×20　P:78"　R=1'	37km
6/2	水	65'Jog（15.5km）	ウエイト	15:10～　**40km**	58km
6/3	木	60'Jog（13.0km）	移動（麗江～昆明）	16:00～　80'Jog	29km
6/4	金	70'Jog（16.5km）	30'Jog　補強C	16:30～　120'Jog	48km
6/5	土	65'Jog（16.0km）	ウエイト	15:30～　1km×10　P:3'00"　R=15"	33km
6/6	日	70'Jog（13.5km）		15:30～　70'Jog	28km
6/7	月	70'Jog（16.5km）	補強B	15:15～　クロカン中止（90'Jog）	36km
6/8	火	60'Jog（15.5km）	ウエイト	15:15～　**30km（1°52'55"）**	50km
6/9	水	70'Jog（14.0km）	移動（昆明～麗江）	15:30～　70'Jog	28km
6/10	木	70'Jog（17.0km）	30'Jog　補強C	15:30～　60'Jog　200m×10	40km
6/11	金	65'Jog（14.5km）	25'Jog　ウエイト	15:15～　**30km（1°53'55"）**	52km
6/12	土	65'Jog（12.5km）		15:30～　75'Jog	27km
6/13	日	70'Jog（16.5km）	25'Jog　補強B	15:30～　1km×10　P:3'00"　R=20"	39km
6/14	月	70'Jog（14.0km）	ウエイト	15:10～　**40km（2°31'55"）**	58km
6/15	火	65'Jog（12.5km）	移動（麗江～昆明）	16:00～　60'Jog	25km
6/16	水	70'Jog（16.5km）	30'Jog　補強C	15:30～　100'Jog	41km
6/17	木	70'Jog（17.0km）	30'Jog　ウエイト	15:30～　PR18000m　200m×5	45km
6/18	金	70'Jog（17.0km）	補強A	15:15～　クロカン30km	50km
6/19	土	70'Jog（13.5km）		15:30～　70'Jog	28km
6/20	日	70'Jog（14.0km）	30'Jog　補強	15:30～　400m×20　P:76"　R=1'	32km
6/21	月	70'Jog（16.5km）	30'Jog　ウエイト	15:20～　クロカン25km（93'43"）	48km
6/22	火	70'Jog（13.5km）		16:00～　80'Jog	29km
6/23	水	70'Jog（17.0km）	30'Jog　補強C	15:30～　1km×10　P:3'00"　R=15"	38km
6/24	木			移動（帰京）	

スイス・サンモリッツ合宿

月日	曜	朝練習	午前練習	午後練習	距離
7/5	月	80'Jog	移動（アテネ～サンモリッツ）		
7/6	火	70'Jog	30'Jog　補強	18:00～　100'Jog	43km
7/7	水	70'Jog	30'Jog　ウエイト	18:00～　PR18000m（93"－89"－85"）	49km
7/8	木	70'Jog	30'Jog　補強	18:30～　400m×20　P:76"　R=60"	45km
7/9	金	70'Jog	30'Jog　補強A	18:00～　80'Jog	35km

あとがき

女子マラソンのジュニア日本最高記録は今も増田明美さんが保持していて、樹立されてからすでに30年以上が経つ。当時「月刊陸上競技」で、１９８４年のロサンゼルス五輪を目指す増田さんの追跡ドキュメント「めざせエベレスト」を連載していた私は、幼子２人を夫に託して米国オレゴン州ユージンまで取材に出かけ、19歳の増田さんが2時間30分30秒で走ったそのレースを現地で見た。女子マラソンが新種目に採用されたロス五輪の、前年のことだ。

今、指導者として米国の長距離界を牽引するアルベルト・サラザール氏が、表彰式のプレゼンターだった。千葉・成田高時代から増田さんを指導した故・瀧田詔生監督やスタッフが「これでオリンピックの代表に近づいた」と大喜びしていたのを、昨日のように思い返す。

増田さんの連載取材で合同合宿先にお邪魔し、そこで知り合ったのが旭化成の宗兄弟だった。最初は分厚いメガネの奥から「このおばさんは誰？」という目で見られたが、年齢が近いこともあって話が弾むようになり、やはり「月刊陸上競技」で連載された宗兄弟のマラソン談義は「振り向いたら負けや」という書籍にまとまった。

それ以降、数多くのマラソンレースを取材し、代々のトップ選手に話を聞き、オリンピックや世界選手権でメダルを取る瞬間にも立ち会わせてもらった。選手たちが流す涙にもらい泣きしたことも、1度や2度ではない。２０２０年の東京オリンピック開催が決まると同時に脳裏に浮かんだのが、１９９１年東京世界選手権の最終日、男子マラソンで金メダル・ロードを突っ走った谷口浩美さんの輝く笑顔――。

そう、東京で再びあの走りが見たい。新国立競技場にトップで入ってくる日本人ランナーを、大歓声とともに迎えたい。「東京オリンピックでメインポールに日の丸を揚げたいね」という「月刊陸上競技」編集部内での話が、連載「先人たちのマラソン哲学」（２０１４年1～12月号）のきっかけだった。

幸いにも、ここに登場いただいた元選手やコーチの方々が趣旨を汲んでくださり、快くインタビューに応じてくれた。これまで何度もお話をうかがった方ばかりなのに、初めて聞くエピソードもあり、歴史を刻んだ人たちの語りは色褪《あ》せていなかった。そして、何人もの方が「やっぱりこれは1冊にまとめた方がいいですよ」と言ってくれたのも、「後輩たちへ伝えたい」という熱い想いからだろう。

皆さんに共通するのは、豊富な練習と確固たる決意だが、誰も「これを真似しなさい」と上から目線で言っているわけではない。自分がどうやってマラソンと向き合い、何をやって頂点に到達したか。その歩みを包み隠さず公開してくれているだけだ。

ただ、繰り返して読むうちに、自分の胸に響く言葉のいくつかが必ず見つかるだろう。結果を出した人が紡ぎ出す言葉の一つひとつは、実に重くて説得力がある。多くの人に、何度もページを繰っていただきたい。

最後に、大変お忙しい御身ながら、貴重な時間を割いてくださった12人の方々に衷心より感謝申し上げます。

２０１５年1月末日

「月刊陸上競技」記者　小森貞子

男子マラソン日本歴代50傑

2.06.16	高岡　寿成	(カネボウ)	2002.10.13
2.06.51	藤田　敦史	(富士通)	2000.12. 3
2.06.57	犬伏　孝行	(大塚製薬)	1999. 9.26
2.07.13	佐藤　敦之	(中国電力)	2007.12. 2
2.07.35	児玉　泰介	(旭化成)	1986.10.19
2.07.40	谷口　浩美	(旭化成)	1988.10.16
2.07.48	藤原　　新	(東京陸協)	2012. 2.26
2.07.52	油谷　　繁	(中国電力)	2001. 3. 4
2.07.52	国近　友昭	(エスビー食品)	2003.12. 7
2.07.55	諏訪　利成	(日清食品)	2003.12. 7
	<10>		
2.07.57	伊藤　国光	(鐘　紡)	1986.10.19
2.07.59	森下　由輝	(旭化成)	2001. 3. 4
2.08.00	前田　和浩	(九電工)	2013. 2.24
2.08.05	三木　　弘	(旭化成)	1999. 2.14
2.08.07	早田　俊幸	(アラコ)	1997.12. 7
2.08.09	松村　康平	(三菱重工長崎)	2014. 2.23
2.08.12	藤原　正和	(中　大)	2003. 3. 2
2.08.14	川内　優輝	(埼玉県庁)	2013. 3.17
2.08.15	中山　竹通	(ダイエー)	1985. 4.14
2.08.18	小島　忠幸	(旭化成)	2004. 3. 7
	<20>		
2.08.24	堀端　宏行	(旭化成)	2012.12. 2
2.08.27	瀬古　利彦	(ヱスビー食品)	1986.10.26
2.08.28	清水　康次	(NTT西日本)	2003. 3. 2
2.08.35	武井　隆次	(エスビー食品)	2002. 3. 3
2.08.35	中本健太郎	(安川電機)	2013. 2. 3
2.08.36	大崎　悟史	(NTT西日本)	2008. 3. 2
2.08.37	尾方　　剛	(中国電力)	2003.12. 7
2.08.43	小島　宗幸	(旭化成)	1998. 3. 1
2.08.44	山本　　亮	(佐川急便)	2012. 3. 4
2.08.45	西田　隆維	(エスビー食品)	2001. 2. 4
	<30>		
2.08.47	佐保　　希	(旭化成)	1997.12. 7
2.08.48	佐藤　信之	(旭化成)	1998.12. 6
2.08.49	奥谷　　亘	(SUBARU)	2006.12. 3
2.08.50	実井謙二郎	(日清食品)	1996. 2.12
2.08.51	小林　光二	(SUBARU)	2014. 2.23
2.08.52	帯刀　秀幸	(富士通)	2001. 3. 4
2.08.53	森下　広一	(旭化成)	1991. 2. 3
2.08.54	大西　雄三	(日清食品)	2008. 3. 2
2.08.55	宗　　　猛	(旭化成)	1983. 2.13
2.08.56	高塚　和利	(小森コーポレーション)	2004. 3. 7
	<40>		
2.09.03	尾田　賢典	(トヨタ自動車)	2011. 2.27
2.09.04	川嶋　伸次	(旭化成)	2000. 3. 5
2.09.05.6	宗　　　茂	(旭化成)	1978. 2. 5
2.09.07	黒﨑　拓克	(Honda)	2014. 2.23
2.09.10	細川　道隆	(大塚製薬)	2005. 3. 6
2.09.10	石川　末廣	(Honda)	2013. 3. 3
2.09.10	酒井　将規	(九電工)	2014. 2.23
2.09.11	大家　正喜	(佐川急便)	1997. 4.20
2.09.11	清水　　昭	(杵築東芝)	1998. 2. 1
2.09.12	森田　知行	(カネボウ)	2012. 3. 4

男子マラソン世界歴代10傑

2.02.57	D.キメット	(ケニア)	2014. 9.28
2.03.13	E.ムタイ	(ケニア)	2014. 9.28
2.03.23	W.キプサング	(ケニア)	2013. 9.29
2.03.38	P.マカウ	(ケニア)	2011. 9.25
2.03.59	H.ゲブルセラシェ	(エチオピア)	2008. 9.28
2.03.02	G.ムタイ	(ケニア)	2011. 4.18
2.04.05	E.キプチョゲ	(ケニア)	2013. 9.29
2.04.23	A.アブシェロ	(エチオピア)	2012. 1.27
2.04.27	D.キベト	(ケニア)	2009. 4. 5
2.04.27	J.クワンバイ	(ケニア)	2009. 4. 5

男子10000m日本歴代20傑

27.35.09	高岡　寿成	(カネボウ)	2001. 5. 4
27.35.33	中山　竹通	(ダイエー)	1987. 7. 2
27.38.25	佐藤　悠基	(日清食品グループ)	2009. 4.24
27.38.31	大迫　　傑	(早　大)	2013. 4.28
27.38.99	鎧坂　哲哉	(旭化成)	2014.11.29
27.40.69	宇賀地　強	(コニカミノルタ)	2011.11.26
27.41.10	三津谷　祐	(トヨタ自動車九州)	2005. 6.29
27.41.57	宮脇　千博	(トヨタ自動車)	2011.11.26
27.41.75	松宮　隆行	(コニカミノルタ)	2008. 5. 4
27.42.17	瀬古　利彦	(ヱスビー食品)	1985. 7. 2
	<10>		
27.43.04	米重　修一	(旭化成)	1988. 5.13
27.43.94	大森　輝和	(くろしお通信)	2004. 5.22
27.44.5	新宅　雅也	(ヱスビー食品)	1983.11.29
27.45.13	花田　勝彦	(エスビー食品)	2000. 9.22
27.45.59	竹澤　健介	(早　大)	2007. 4.29
27.46.16	阿久津浩三	(福島病院)	1988. 5.13
27.46.39	渡辺　康幸	(エスビー食品)	1998. 4.26
27.47.35	伊藤　国光	(鐘　紡)	1980. 7. 7
27.47.79	渡邊　和也	(四国電力)	2011. 6.25
27.48.59	喜多　秀喜	(神戸製鋼)	1980. 7. 7

男子マラソン世界記録の変遷〔1965年以降〕

2.12.00	重松 森男（日本）	1965. 6.12	チズウィック
2.09.36.4	D.クレイトン（豪州）	1967.12. 3	福岡
2.08.33.6	D.クレイトン（豪州）	1969. 5.30	アントワープ
2.08.18	R.ディ・キャステラ（豪州）	1981.12. 6	福岡
2.08.05	S.ジョーンズ（英国）	1984.10.21	シカゴ
2.07.12	C.ロペス（ポルトガル）	1985. 4.20	ロッテルダム
2.06.50	B.デンシモ（エチオピア）	1988. 4.17	ロッテルダム
2.06.05	R.ダ・コスタ（ブラジル）	1998. 9.20	ベルリン
2.05.42	K.ハヌーシ（モロッコ）	1999.10.24	シカゴ
2.05.38	K.ハヌーシ（米国）	2002. 4.14	ロンドン
2.04.55	P.テルガト（ケニア）	2003. 9.28	ベルリン
2.04.26	H.ゲブルセラシェ（エチオピア）	2007. 9.30	ベルリン
2.03.59	H.ゲブルセラシェ（エチオピア）	2008. 9.28	ベルリン
2.03.38	P.マカウ（ケニア）	2011. 9.25	ベルリン
2.03.23	W.キプサング（ケニア）	2013. 9.29	ベルリン
2.02.57	D.キメット（ケニア）	2014. 9.28	ベルリン

男子マラソン日本記録の変遷〔1960年以降〕

2.20.42	中尾 隆行（中京大）	1960.12. 4	福岡
2.18.54	中尾 隆行（中京大）	1961. 3.21	名古屋
2.18.52	中尾 隆行（東　急）	1962.10.21	オークランド
2.16.18.4	寺沢　徹（倉　レ）	1962.12. 2	福岡
2.15.15.8 ◎	寺沢　徹（倉　レ）	1963. 2.17	別府
2.14.48.2	寺沢　徹（倉　レ）	1964.12. 6	福岡
2.14.38.8	寺沢　徹（倉　レ）	1965. 2. 8	別府
2.12.00.0 ◎	重松 森雄（福岡大）	1965. 6.12	チズウィック
2.11.17.0	佐々木精一郎（九州電工）	1967.12. 3	福岡
2.10.37.8	宇佐美彰朗（桜門陸友会）	1970.12. 6	福岡
2.09.05.6	宗　茂（旭化成）	1978. 2. 5	別府大分
2.08.38	瀬古 利彦（ヱスビー食品）	1983. 2.13	東京
2.08.15	中山 竹通（ダイエー）	1985. 4.14	広島
2.07.35	児玉 泰介（旭化成）	1986.10.19	北京
2.06.57	犬伏 孝行（大塚製薬）	1999. 9.26	ベルリン
2.06.51	藤田 敦史（富士通）	2000.12. 3	福岡
2.06.16	高岡 寿成（カネボウ）	2002.10.13	シカゴ

◎＝当時の世界最高記録

男子10000m日本記録の変遷〔1964年以降〕

28.52.6	円谷 幸吉（郡山自衛隊）	1964. 8.27	札幌円山
28.35.2	沢木 啓祐（順大教員）	1968. 6.27	ヘルシンキ
28.10.6	高尾 信昭（鐘　紡）	1975. 6.30	ストックホルム
27.48.63	鎌田 俊明（鐘　紡）	1977. 6.30	ヘルシンキ
27.43.44	瀬古 利彦（ヱスビー食品）	1980. 7. 7	ストックホルム
27.42.17	瀬古 利彦（ヱスビー食品）	1985. 7. 2	ストックホルム
27.35.33	中山 竹通（ダイエー）	1987. 7. 2	ヘルシンキ
27.35.09	高岡 寿成（カネボウ）	2001. 5. 4	パロアルト

※2015年1月31日現在のデータ

女子マラソン日本歴代50傑

2.19.12	野口みずき	（グローバリー）	2005. 9.25
2.19.41	渋井　陽子	（三井住友海上）	2004. 9.26
2.19.46	高橋　尚子	（積水化学）	2001. 9.30
2.21.45	千葉　真子	（豊田自動織機）	2003. 1.26
2.21.51	坂本　直子	（天満屋）	2003. 1.26
2.22.12	山口　衛里	（天満屋）	1999.11.21
2.22.46	土佐　礼子	（三井住友海上）	2002. 4.14
2.22.56	弘山　晴美	（資生堂）	2000. 1.30
2.23.23	重友　梨佐	（天満屋）	2012. 1.29
2.23.26	大南　博美	（ＵＦＪ銀行）	2004. 9.26
	<10>		
2.23.30	小﨑　まり	（ノーリツ）	2003. 1.26
2.23.30	尾崎　好美	（第一生命）	2008.11.16
2.23.34	木﨑　良子	（ダイハツ）	2013. 3.10
2.23.43	大南　敬美	（ＵＦＪ銀行）	2002. 4.21
2.23.48	原　裕美子	（京セラ）	2007. 1.28
2.24.09	赤羽有紀子	（ホクレン）	2011. 4.17
2.24.21	福士加代子	（ワコール）	2013. 1.27
2.24.25	大島めぐみ	（しまむら）	2005. 3.13
2.24.27	加納　由理	（セカンドウィンドAC）	2008.11.16
2.24.28	中里　麗美	（ダイハツ）	2012. 3.11
	<20>		
2.24.33	松岡　理恵	（天満屋）	2002. 4. 7
2.24.33	森本　友	（天満屋）	2006. 5. 7
2.24.54	江田　良子	（ヤマダ電機）	2005. 3.13
2.24.57	野尻あずさ	（第一生命）	2012. 1.29
2.25.10	嶋原　清子	（セカンドウィンドAC）	2009. 8.30
2.25.14	小幡佳代子	（営団地下鉄）	2000. 1.30
2.25.21	橋本　康子	（セガサミー）	2005. 3.13
2.25.26	伊藤　舞	（大塚製薬）	2012. 3.11
2.25.31	早川　英里	（ＴＯＴＯ）	2014. 3. 9
2.25.38	那須川瑞穂	（アルゼＡＣ）	2009. 3.22
	<30>		
2.25.40	藤永　佳子	（資生堂）	2011. 4.17
2.25.51	中村友梨香	（天満屋）	2008. 3. 9
2.25.52	朝比奈三代子	（旭化成）	1994. 4.17
2.25.56	渡邊　裕子	（エディオン）	2013. 1.27
2.26.01	松尾　和美	（天満屋）	2001. 3.11
2.26.02	小川　清美	（京セラ）	2005. 3.13
2.26.03	伊藤真貴子	（第一生命）	1997. 4.20
2.26.05	田中　智美	（第一生命）	2014. 3. 9
2.26.08	大久保絵里	（セカンドウィンドAC）	2012. 2.26
2.26.09	安部　友恵	（旭化成）	1994. 1.30
	<40>		
2.26.09	藤村　信子	（ダイハツ）	1994. 1.30
2.26.09	大平　美樹	（三井住友海上）	2008. 1.27
2.26.10	浅利　純子	（ダイハツ）	1994. 1.30
2.26.11	堀江　知佳	（積水化学）	2002. 8.25
2.26.21	岡本　幸子	（沖電気宮崎）	2001. 3.11
2.26.23	宮内　洋子	（京セラ）	2012. 3.11
2.26.26	小鴨　由水	（ダイハツ）	1992. 1.26
2.26.26	吉田　光代	（ダイハツ）	1994. 1.30
2.26.27	鈴木　博美	（リクルート）	1996. 1.28
2.26.37	後藤　郁代	（旭化成）	1996. 1.28

女子マラソン世界歴代20傑

2.15.25	P.ラドクリフ	（英国）	2003. 4.13
2.18.20D	L.ショブホワ	（ロシア）	2011.10. 9
2.18.37	M.ケイタニー	（ケニア）	2012. 4.22
2.18.47	C.デレバ	（ケニア）	2001.10. 7
2.18.58	T.ゲラナ	（エチオピア）	2012. 4.15
2.19.12	野口みずき	（日本）	2005. 9.25
2.19.19	I.ミキテンコ	（ドイツ）	2008. 9.28
2.19.31	A.メルギア	（エチオピア）	2012. 1.27
2.19.34	L.W.カブー	（ケニア）	2012. 1.27
2.19.36	D.カスター	（米国）	2006. 4.23
	<10>		
2.19.39	孫　英傑	（中国）	2003.10.19
2.19.41	渋井 陽子	（日本）	2004. 9.26
2.19.44	F.キプラガト	（ケニア）	2011. 9.25
2.19.46	高橋 尚子	（日本）	2001. 9.30
2.19.50	E.キプラガト	（ケニア）	2012. 4.22
2.19.51	周　春秀	（中国）	2006. 3.12
2.19.52	M.ディババ	（エチオピア）	2012. 1.27
2.19.57D	R.ジェプトゥー	（ケニア）	2013. 4.21
2.20.03	G.チェロノ	（ケニア）	2015. 1.23
2.20.14	P.ジェプトゥー	（ケニア）	2012. 4.22

D＝後に薬物違反

女子10000m日本歴代10傑

30.48.89	渋井　陽子	（三井住友海上）	2002. 5. 3
30.51.81	福士加代子	（ワコール）	2002.10. 8
30.56.70	新谷　仁美	（ユニバーサルエンターテインメント）	2013. 8.11
31.09.46	川上　優子	（沖電気宮崎）	2000. 7. 1
31.10.02	絹川　愛	（ミズノ）	2011. 6.22
31.15.34	羽鳥　智子	（第一生命）	2004. 4.25
31.15.34	赤羽有紀子	（ホクレン）	2008. 6.27
31.19.40	鈴木　博美	（リクルート）	1996. 6. 9
31.20.46	千葉　真子	（旭化成）	1996. 6. 9
31.21.03	野口みずき	（グローバリー）	2004. 4.25

女子マラソン世界記録の変遷〔1978年以降〕

2.32.29.8	G.ワイツ（ノルウェー）	1978.10.22	ニューヨーク
2.27.32.6	G.ワイツ（ノルウェー）	1979.10.21	ニューヨーク
2.25.41.3	G.ワイツ（ノルウェー）	1980.10.26	ニューヨーク
2.25.28.7	G.ワイツ（ノルウェー）	1983. 4.17	ロンドン
2.22.43	J.ベノイト（米国）	1983. 4.18	ボストン
2.21.06	I.クリスチャンセン（ノルウェー）	1985. 4.21	ロンドン
2.20.47	T.ロルーペ（ケニア）	1998. 4.19	ロッテルダム
2.20.43	T.ロルーペ（ケニア）	1999. 9.26	ベルリン
2.19.46	高橋　尚子（日本）	2001. 9.30	ベルリン
2.18.47	C.デレバ（ケニア）	2001.10. 7	シカゴ
2.17.18	P.ラドクリフ（英国）	2002.10.13	シカゴ
2.15.25	P.ラドクリフ（英国）	2003. 4.13	ロンドン

女子マラソン日本記録の変遷〔1980年以降〕

2.52.35	佐々木七恵（岩手盲学校教）	1980.11.16	東　京
2.50.31	村本みのる（大阪陸協）	1981. 2. 1	別　府
2.40.56	佐々木七恵（盛岡一高教）	1981. 4.20	ボストン
2.36.34	増田　明美（成田高）	1982. 2.21	光　町
2.35.00	佐々木七恵（盛岡一高教）	1982. 6. 6	クライストチャーチ
2.30.30	増田　明美（川崎製鉄千葉）	1983. 9.11	ユージン
2.29.37	宮原美佐子（旭化成）	1988. 1.31	大　阪
2.29.23	小島　和恵（川崎製鉄千葉）	1989. 4.30	パ　リ
2.28.01	有森　裕子（リクルート）	1991. 1.27	大　阪
2.26.26	小鴨　由水（ダイハツ）	1992. 1.26	大　阪
2.26.26	山本　佳子（ダイエー）	1992. 4.20	ボストン
2.26.26	浅利　純子（ダイハツ）	1993. 1.31	大　阪
2.26.09	安部　友恵（旭化成）	1994. 1.30	大　阪
2.26.09	藤村　信子（ダイハツ）	1994. 1.30	大　阪
2.25.52	朝比奈三代子（旭化成）	1994. 4.17	ロッテルダム
2.25.48	高橋　尚子（積水化学）	1998. 3. 8	名古屋
2.21.47	高橋　尚子（積水化学）	1998.12. 6	バンコク
2.19.46◎	高橋　尚子（積水化学）	2001. 9.30	ベルリン
2.19.41	渋井　陽子（三井住友海上）	2004. 9.26	ベルリン
2.19.12	野口みずき（グローバリー）	2005. 9.25	ベルリン

◎＝当時の世界最高記録、所属は記録樹立時

女子10000m日本記録の変遷〔33分未満〕

32.48.1	増田　明美（川鉄千葉）	1982. 5. 2	王　子
32.19.57	松野　明美（ニコニコドー）	1988. 9.26	ソウル
31.54.0	松野　明美（ニコニコドー）	1989. 4.30	水前寺
31.40.38	真木　　和（ワコール）	1992. 5. 3	神　戸
31.31.12	片岡　純子（富士銀行）	1995. 5. 7	水　戸
31.28.15	千葉　真子（旭化成）	1996. 4.21	神　戸
31.19.40	鈴木　博美（リクルート）	1996. 6. 9	長　居
31.09.46	川上　優子（沖電気宮崎）	2000. 7. 1	ブランズウィック
30.48.89	渋井　陽子（三井住友海上）	2002. 5. 3	パロアルト

※2015年1月31日現在のデータ

マラソン ペース表

1km	5km	10km	15km	20km	ハーフ	25km	30km	35km	40km	フィニッシュ
2.50	14.10	28.20	42.30	56.46	59.47	1.10.50	1.25.00	1.39.10	1.53.20	1.59.33
2.51	14.15	28.30	42.45	57.00	1.00.08	1.11.15	1.25.30	1.39.45	1.54.00	2.00.15
2.52	14.20	28.40	43.00	57.20	1.00.29	1.11.40	1.26.00	1.40.20	1.54.40	2.00.58
2.53	14.25	28.50	43.15	57.40	1.00.50	1.12.05	1.26.30	1.40.55	1.55.20	2.01.40
2.54	14.30	29.00	43.30	58.00	1.01.11	1.12.30	1.27.00	1.41.30	1.56.00	2.02.22
2.55	14.35	29.10	43.45	58.20	1.01.32	1.12.55	1.27.30	1.42.05	1.56.40	2.03.04
2.56	14.40	29.20	44.00	58.40	1.01.53	1.13.20	1.28.00	1.42.40	1.57.20	2.03.46
2.57	14.45	29.30	44.15	59.00	1.02.14	1.13.45	1.28.30	1.43.15	1.58.00	2.04.29
2.58	14.50	29.40	44.30	59.20	1.02.35	1.14.10	1.29.00	1.43.50	1.58.40	2.05.11
2.59	14.55	29.50	44.45	59.40	1.02.56	1.14.35	1.29.30	1.44.25	1.59.20	2.05.53
3.00	15.00	30.00	45.00	1.00.00	1.03.17	1.15.00	1.30.00	1.45.00	2.00.00	2.06.35
3.01	15.05	30.10	45.15	1.00.20	1.03.39	1.15.25	1.30.30	1.45.35	2.00.40	2.07.17
3.02	15.10	30.20	45.30	1.00.40	1.04.00	1.15.50	1.31.00	1.46.10	2.01.20	2.07.59
3.03	15.15	30.30	45.45	1.01.00	1.04.21	1.16.15	1.31.30	1.46.45	2.02.00	2.08.42
3.04	15.20	30.40	46.00	1.01.20	1.04.42	1.16.40	1.32.00	1.47.20	2.02.40	2.09.24
3.05	15.25	30.50	46.15	1.01.40	1.05.03	1.17.05	1.32.30	1.47.55	2.03.20	2.10.06
3.06	15.30	31.00	46.30	1.02.00	1.05.24	1.17.30	1.33.00	1.48.30	2.04.00	2.10.48
3.07	15.35	31.10	46.45	1.02.20	1.05.45	1.17.55	1.33.30	1.49.05	2.04.40	2.11.30
3.08	15.40	31.20	47.00	1.02.40	1.06.06	1.18.20	1.34.00	1.49.40	2.05.20	2.12.13
3.09	15.45	31.30	47.15	1.03.00	1.06.27	1.18.45	1.34.30	1.50.15	2.06.00	2.12.55
3.10	15.50	31.40	47.30	1.03.20	1.06.48	1.19.10	1.35.00	1.50.50	2.06.40	2.13.37
3.11	15.55	31.50	47.45	1.03.40	1.07.10	1.19.35	1.35.30	1.51.25	2.07.20	2.14.19
3.12	16.00	32.00	48.00	1.04.00	1.07.31	1.20.00	1.36.00	1.52.00	2.08.00	2.15.01
3.13	16.05	32.10	48.15	1.04.20	1.07.52	1.20.25	1.36.30	1.52.35	2.08.40	2.15.44
3.14	16.10	32.20	48.30	1.04.40	1.08.13	1.20.50	1.37.00	1.53.10	2.09.20	2.16.26
3.15	16.15	32.30	48.45	1.05.00	1.08.34	1.21.15	1.37.30	1.53.45	2.10.00	2.17.08
3.16	16.20	32.40	49.00	1.05.20	1.08.55	1.21.40	1.38.00	1.54.20	2.10.40	2.17.50
3.17	16.25	32.50	49.15	1.05.40	1.09.16	1.22.05	1.38.30	1.54.55	2.11.20	2.18.32
3.18	16.30	33.00	49.30	1.06.00	1.09.37	1.22.30	1.39.00	1.55.30	2.12.00	2.19.15

1km	5km	10km	15km	20km	ハーフ	25km	30km	35km	40km	フィニッシュ
3.19	16.35	33.10	49.45	1.06.20	1.09.58	1.22.55	1.39.30	1.56.05	2.12.40	2.19.57
3.20	16.40	33.20	50.00	1.06.40	1.10.19	1.23.20	1.40.00	1.56.40	2.13.20	2.20.39
3.21	16.45	33.30	50.15	1.07.00	1.10.40	1.23.45	1.40.30	1.57.15	2.14.00	2.21.21
3.22	16.50	33.40	50.30	1.07.20	1.11.02	1.24.10	1.41.00	1.57.50	2.14.40	2.22.03
3.23	16.55	33.50	50.45	1.07.40	1.11.23	1.24.35	1.41.30	1.58.25	2.15.20	2.22.46
3.24	17.00	34.00	51.00	1.08.00	1.11.44	1.25.00	1.42.00	1.59.00	2.16.00	2.23.28
3.25	17.05	34.10	51.15	1.08.20	1.12.05	1.25.25	1.42.30	1.59.35	2.16.40	2.24.10
3.26	17.10	34.20	51.30	1.08.40	1.12.26	1.25.50	1.43.00	2.00.10	2.17.20	2.24.52
3.27	17.15	34.30	51.45	1.09.00	1.12.47	1.26.15	1.43.30	2.00.45	2.18.00	2.25.34
3.28	17.20	34.40	52.00	1.09.20	1.13.08	1.26.40	1.44.00	2.01.20	2.18.40	2.26.17
3.29	17.25	34.50	52.15	1.09.40	1.13.29	1.27.05	1.44.30	2.01.55	2.19.20	2.26.59
3.30	17.30	35.00	52.30	1.10.00	1.13.50	1.27.30	1.45.00	2.02.30	2.20.00	2.27.41
3.31	17.35	35.10	52.45	1.10.20	1.14.11	1.27.55	1.45.30	2.03.05	2.20.40	2.28.23
3.32	17.40	35.20	53.00	1.10.40	1.14.33	1.28.20	1.46.00	2.03.40	2.21.20	2.29.05
3.33	17.45	35.30	53.15	1.11.00	1.14.54	1.28.45	1.46.30	2.04.15	2.22.00	2.29.48
3.34	17.50	35.40	53.30	1.11.20	1.15.15	1.29.10	1.47.00	2.04.50	2.22.40	2.30.30
3.35	17.55	35.50	53.45	1.11.40	1.15.36	1.29.35	1.47.30	2.05.25	2.23.20	2.31.12
3.40	18.20	36.40	55.00	1.13.20	1.17.21	1.31.40	1.50.00	2.08.20	2.26.40	2.34.43
3.45	18.45	37.30	56.15	1.15.00	1.19.07	1.33.45	1.52.30	2.11.15	2.30.00	2.38.14
3.50	19.10	38.20	57.30	1.16.40	1.20.52	1.35.50	1.55.00	2.14.10	2.33.20	2.41.45
3.55	19.35	39.10	58.45	1.18.20	1.22.38	1.37.55	1.57.30	2.17.05	2.36.40	2.45.16
4.00	20.00	40.00	1.00.00	1.20.00	1.24.23	1.40.00	2.00.00	2.20.00	2.40.00	2.48.47
4.05	20.25	40.50	1.01.15	1.21.40	1.26.09	1.42.05	2.02.30	2.22.55	2.43.20	2.52.18
4.10	20.50	41.40	1.02.30	1.23.20	1.27.54	1.44.10	2.05.00	2.25.50	2.46.40	2.55.49
4.15	21.15	42.30	1.03.45	1.25.00	1.29.40	1.46.15	2.07.30	2.28.45	2.50.00	2.59.20
4.20	21.40	43.20	1.05.00	1.26.40	1.31.25	1.48.20	2.10.00	2.31.40	2.53.20	3.02.51
4.25	22.05	44.10	1.06.15	1.28.20	1.33.11	1.50.25	2.12.30	2.34.35	2.56.40	3.06.22
4.30	22.30	45.00	1.07.30	1.30.00	1.34.56	1.52.30	2.15.00	2.37.30	3.00.00	3.09.53

マラソン哲《てつ》学《がく》
日本《にっぽん》のレジェンド 12人《にん》の提言《ていげん》

2015年2月20日　第1刷発行
2016年3月18日　第2刷発行

構　成／小森貞子《こもりていこ》
編　者／月刊陸上競技《げっかんりくじょうきょうぎ》

発行者／峰岸延也
発行所／株式会社 講談社
〒112-8001　東京都文京区音羽２-12-21
販売 ☎03-5395-4415
業務 ☎03-5395-3615
編　集／株式会社 陸上競技社
〒101-0051　東京都千代田区神田神保町３-２-６-２F
月刊陸上競技編集部 ☎03-5215-8881

印刷所／株式会社 東京印書館
製本所／株式会社 国宝社

ISBN978-4-06-219348-1
定価はカバーに表示してあります。